网络安全技术丛书

数字银行
安全体系
构建

网商银行信息安全部 著

人民邮电出版社

北京

图书在版编目（CIP）数据

数字银行安全体系构建 / 网商银行信息安全部著. — 北京：人民邮电出版社，2024.1（2024.3重印）
（网络安全技术丛书）
ISBN 978-7-115-62793-3

Ⅰ. ①数… Ⅱ. ①网… Ⅲ. ①数字技术－应用－银行业－安全管理－研究 Ⅳ. ①F830.49

中国国家版本馆CIP数据核字(2023)第188246号

内 容 提 要

本书内容来源于网商银行在网络信息安全方面的一线实战经验，主要介绍网商银行作为一家数字银行是如何进行网络信息安全体系建设的，覆盖的安全子领域包括基础设施安全、业务应用安全、数据安全、威胁感知与响应、红蓝演练等。本书分为六部分：第一部分介绍数字银行安全体系建设的整体架构与方法论；第二部分介绍默认安全机制，讲述如何高效控制所有已知类型的安全风险；第三部分介绍可信纵深防御，讲述如何应对未知类型的安全风险和高级威胁；第四部分介绍威胁感知与响应，讲述对于可能存在的威胁如何有效感知和处置；第五部分介绍实战检验，讲述如何通过实战攻防演习的方式检验安全体系的有效性和安全水位；第六部分介绍安全数智化，讲述如何通过数字化、自动化、智能化实现安全工作的高效开展。

本书面向的读者主要包括信息安全从业者、企业技术负责人、基础技术架构师等，以及其他想了解数字银行安全体系建设的相关从业人员。

◆ 著	网商银行信息安全部	
责任编辑	佘 洁	
责任印制	王 郁 焦志炜	

◆ 人民邮电出版社出版发行　北京市丰台区成寿寺路11号
邮编　100164　电子邮件　315@ptpress.com.cn
网址　https://www.ptpress.com.cn
北京盛通印刷股份有限公司印刷

◆ 开本：800×1000　1/16
印张：18.75　　　　　　　　　　2024年1月第1版
字数：423千字　　　　　　　　　2024年3月北京第4次印刷

定价：89.80元

读者服务热线：(010)81055410　印装质量热线：(010)81055316
反盗版热线：(010)81055315
广告经营许可证：京东市监广登字 20170147 号

编委会

高嵩、张园超、吴飞飞、高佩明、孔令河、邱崇飞、高亭宇、郭冰

撰写

张园超、吴飞飞、高佩明、孔令河、邱崇飞、高亭宇、郭冰、金天禄、连志永、肖苏阳、张亮、刘磊、陆茂斌、王龙、江嘉航、陈遥、李恒、王滨、陈明、陈怡航、柳寒、戴梦杰、朱浩文、魏辰、齐睿、李东、宫泽慧、姚翠、陈嘉钰、史艳语、赵永福、周钊宇、姚锐、李静、陈振翔

鸣谢

金晓龙、冯亮、江浩、高嵩、韦韬、王宇、吕军、陈春宝、溥琳、许玉勤、马晓航、张晓霞、韩冰、王泽睿、苏贤明、张海涛、蒋维杰、李晋、曹晶、胡蓓、刘一珺、刘光徽、周君、冯丽娜、徐婷、田苗、陆碧波、孙佳培、李婷婷、王珉然、刘焱、朱泽韬、周楠楠、张鑫、吴昀灿、凌质亿、郭晓康、刘霄宇、金璐、吴斌、赵勇、韦俊琳、林怡旭、薛兆云、张华、邓靖琦、杜宜伦、张昕、周红洋、刘玉华、郭飞、程岩、边立忠、徐子腾、余瞰、华巍、刘兆鑫、陈蕾、张何兵、刘宇江、何智鑫、盛锦辰、彭嘉毅、顾为群、郑旻、黄琳、靳宇星、宋玉成、杨玉彪、赖寒冰、南野、赵跃明、方亮、许蓓蓓、陈薇婷、姚尧、陈逸凡、李志鹏、巢震阳、彭泽文、白鹏、谭国涛、苏航、谈鉴锋、张绪峰、沈安琪、杨昭宇、陈歆、杨玉彪、刘润、杨超、刘鹏程、武鹏、付颖芳、侯伟星、洪澄、卞恩泽、张恒茂、蒋成满、王嘉水、吕伟、徐乾、王国伟、曾欢、陈超、江英豪、谭杰、丁云翔、李强、周子彦、师婷婷、姜辽、王明、朱同涛、龙孝武、高星宇、黄苏豫、杨鹏迪、陈宇、王伟、王柏柱、叶峻延、刘学章、陈启源、戴鹏飞、高继强、杨海龙、左依婷、周君、姜志辉、来晓慧、沈亚飞、杨志蓉

推荐语

金融行业同时具备源自网络安全的监管压力和内生动力，是愿意尝试新的安全理念、技术、产品的先锋客户。网商银行自诞生之日起就是一家纯数字银行，其安全实践经验对数字化转型浪潮中的其他银行，乃至其他行业用户都有很大的参考价值。本书是网商银行安全团队多年实战经验的总结，强烈推荐网络安全从业者研读！

谭晓生　北京赛博英杰科技有限公司董事长

数字化在全面重塑银行系统业务的过程中，也必然驱动网络安全防御能力的重塑。在复杂泛化的资产业务体系中融入安全基因，在传统合规和安全赛道式建设的基础上构建一个动态综合、实战化运营的防御体系，都是非常艰巨的工作，需要方法体系和实践指南，本书就是这样一份指南。本书编写小组对金融体系场景和网络安全技术均有深入的理解和丰富的实践经验，基于银行信息系统运营基础好、可管理性强的特点，结合我国基础 IT 结构换道重塑的历史契机，提出了可信环境塑造的有效路径；积极推动"安全切面"创新技术和多种安全能力的组合运用，实现了安全边界的重塑；发挥数字银行 IT 资产的规模和纵深的优势，构建了体系化的防御能力和层次化的防御阵地。

肖新光　中国网络安全产业联盟理事长，安天首席架构师

本书非常具有参考价值，它基于可信纵深防御理念，深入探讨了数字银行领域的安全挑战和落地解决方案。本书为金融技术从业者和安全专家提供了宝贵的建议，可有效帮助他们构建更加稳固和可信的数字银行安全体系。

聂君@君哥的体历　北京知其安科技有限公司 CEO，《企业安全建设指南》作者

作为网络安全行业的资深技术人，我深知数字化转型中的种种难题。尤其在银行业，高度的业务复杂度与对准确度的极致要求使得安全与数字化的结合成为一大挑战。本书为此提供了有价值的答案。继《数字银行可信纵深防御白皮书》之后，本书更进一步展开，完整揭示了网商银行在这一挑战中践行的安全策略。对银行与数字化领域的从业者来说，这是一本不可错过的参考读物。

陈宇森　薮猫科技联合创始人

在全社会推进数字化转型的今天，数据资产已经成为继技术和人才之后企业的又一个不可或缺的核心资产，是新时代的"石油"。数据安全也因此成为又一个重要的热点话题。

随着数字化转型的推进，企业和社会面临融入生态、开放网络和业态的现实要求，数字安全也就面临着更加复杂的场景和威胁。基于数字银行本身的特点，本书系统介绍了如何在开放生态下实现对金融数据资产的立体式纵深防御，为数字银行安全体系构建提供了一套完整的方法论，以及大量的实践案例，可供读者借鉴。

何启翔　中国农业银行信息安全与风险管理处处长

网商银行以可信计算为基础，贯穿硬件、固件、系统软件、应用软件等安全切面，形成完整的信任链，构建了安全可信的纵深防御体系，在数字银行场景有了很好的落地实践，其安全架构值得银行业的从业者学习和借鉴。

陈德锋　中国建设银行金融科技安全架构管理处副处长

安全是银行数字化转型顺利推进的基石。网商银行作为一家原生的数字银行，在保障数字银行安全方面探索多年并有了一定积累。本书作为其实践经验和方法论的总结，相信对银行业数字化转型后的安全防护有一定的参考意义。开卷有益！

宋歌　平安银行金融科技部总经理助理

本书由网商银行信息安全团队的骨干共同编写而成，是他们在基础设施安全、金融业务安全方面多年的实践总结。特别是数字银行安全体系建设的整体架构与方法论、默认安全机制、可信纵深防御体系、威胁感知与对抗体系、实战攻防检验以及安全数智化部分，充分体现了网商银行在安全保障领域的系统化、实战化、常态化的思考，可指导企业快速提升实网对抗的防护水平，对传统金融体系数字化转型有非常好的借鉴意义。

王昱（猪猪侠）　长亭科技副总裁

银行业深入数字化转型在带来更高效率的同时，也面临着更加复杂多变的网络安全风险。如何有效地平衡数字化诉求和高安全合规要求，实现安全原生化，对攻击产生最小代价天然免疫？本书结合网商银行多年的领先实践，首次分享了基于可信纵深防御理念的安全体系建设与落地经验，对行业安全从业者和CISO们来说，是一本不可多得的参考书籍。

Flanker（何淇丹）　黑客奥斯卡奖得主，Pwn2Own冠军，京东集团首席安全研究员、高级总监

数字化转型是传统行业在互联网时代的必经之路，在这个过程中不可避免地会遇到各种前所未见的安全问题，如何应对数字化转型带来的安全风险呢？本书从网商银行自身实践出发，给大家展示了许多接地气的经验，既有理论推演又有最佳实践，值得即将或者正在进行数字化转型的同行仔细研读。推荐！

lake2　网络安全专家

随着数字化时代的到来，银行安全体系面临着前所未有的挑战，本书深入剖析了数字银行安全体系的各个方面，并通过丰富的案例和实践经验，生动地阐述了数字银行安全体系的重要性和实施方法，为银行业从业者、研究人员以及感兴趣的读者提供了极具价值的参考。

李婷婷　蚂蚁集团安全架构与技术部总经理

安全风险偏好是主体在面对安全风险、威胁时的选择指南和决策依据，它因企业所属行业和发展阶段有所差异。在众多的安全建设目标中，"金融级安全"一直被反复提起，其背后代表的安全水位的高要求、执行落地的严谨和扎实程度，与传统安全建设目标大不相同。金融行业如何在"万物互联"的数字化背景下破局的同时，有效地控制好风险，有体系、有节奏地开展安全实践呢？相信本书会给你带来很多启发和思考。

王宇　蚂蚁集团网络安全总经理

推荐序一

随着国家数字化转型发展战略和要求的提出,作为数字化转型的先发者,银行业金融应用及服务呈现线上化、数字化、实时化的发展趋势和特点,信息系统和服务更加开放,数字资产更加密集,网络边界更加模糊。在这种发展趋势下,银行机构面临的安全态势愈发严峻,且传统的"封堵查杀"(即病毒防范、防火墙、入侵检测)在新的 IT 架构下难以应对安全威胁。0Day 漏洞、系统工程缺陷、软硬件供应链攻击等高级和未知威胁,严重威胁着用户的个人隐私和数字财产的安全。

如何合法合规地应对数字银行面临的高级和未知威胁呢?构建安全可信的保障体系是最有效的解决方案。主动免疫可信计算是一种新的计算模式,它的主要特征如下:一是在实施计算的同时以密码为基因进行免疫的安全防护,能及时、准确地实施身份识别、状态度量及加密存储,从而使攻击者无法利用存在的缺陷和漏洞对系统进行非法操作和实施攻击,进而达到预期的计算目标;二是建立了"计算部件+防护部件"的二重体系结构;三是建立了可信安全管理中心支持下的主动免疫三重防护框架。加上可信动态访问控制,全程管控、技管并重,最终达到让攻击者"进不去、拿不到、看不懂、改不了、瘫不成、赖不掉"的防护效果。

网商银行参照主动免疫可信计算建立了与自身业务场景适配的可信纵深防御体系,后者与安全风险治理、威胁态势感知、红蓝对抗实战检验、安全运营数智化、安全平行切面等安全技术能力有机结合,在实际安全攻防场景对抗中发挥了不可替代的作用。

网商银行的可信纵深防御体系以硬件可信芯片为信任根、可信策略控制为核心、密码学为基础,通过检测、度量、证明和管控等方法,构建了贯穿硬件、固件、系统软件和应用软件的完整信任链,为信息系统的安全运行和数据的使用、计算提供了安全可信的保障底座;在该底座之上,构建了严格按策略控制开放的系统服务,仅允许业务依赖且通过安全评估的行为访问或执行,并在数字资产的威胁路径上构建并行智能控制可信防护屏障,形成主动免疫安全可信纵深防御能力。网商银行所建设的防御体系能够有效识别"自己"和"非己"成分,破坏与排斥进入信息系统机体的有害"物质",为提供互联网服务的信息系统加持了"免疫能力"。期待网商银行安全体系构建成为数字银行主动免疫可信计算防御体系的实践标本,给金融业及其他行业提供借鉴和示范作用。

中国工程院院士 沈昌祥

推荐序二

区别于传统银行，数字银行不再依赖线下分行的形式开展业务，而是以数字网络作为银行的核心渠道，借助前沿技术为客户提供更高效、体验更佳的在线金融服务。但随之而来要面临的则是风险敞口和攻击面的增加，安全与效率的矛盾也会更加突出。作为全国第一家将云计算运用于核心系统的银行，网商银行的所有服务均通过互联网提供，可以说是数字银行领域的探索者。如何建设数字银行的安全体系，也是网商银行自成立以来持续实践和探索的问题，相信网商银行的实践经验对行业有参考意义。

本书全面介绍了数字银行安全体系建设的方法与实战经验，以国家政策和指导意见为纲领，全面分析了银行数字化转型的安全挑战，并从实际业务出发介绍了业内前沿安全技术在数字银行复杂业务场景中的落地实践。比如，基于可信计算和安全平行切面等前沿技术，构建可信纵深防御体系，为信息系统的安全运行和数据的使用、计算提供可靠的安全可信底座，建立数字银行的主动免疫系统；基于威胁路径图模型，构建安全水位衡量体系，量化企业安全风险，通过实战检验的方式科学衡量企业安全水位，指导企业安全建设。

通过阅读本书，读者可以深入地理解数字银行安全建设的理念。本书的意义不仅仅在于为银行从业者提供安全实用指南，更是希望唤起广大读者对安全技术的关注，为数字时代银行安全建设提供参考案例和建设思路。期待行业同仁共同努力，探索保障数字银行安全的最佳实践，共同推进数字银行服务安全可信、可持续发展。

蚂蚁集团副总裁、首席技术安全官　韦韬

推荐序三

近年来，随着银行数字化转型的加速，数字银行正在全球多个国家和地区迅速发展壮大。作为一种新型金融服务形式，数字银行从多个方面"挑战"了传统银行的经营模式，没有物理网点，采用轻资产运营；通过数字化渠道办理业务，能够触及更多偏远地区客户，突破金融服务的地域限制。数字银行最大的创新还在于实现了银行信任机制重构——它利用大数据、人工智能等技术创立了"数字信任"，不再过度依赖实物抵押品，破解了中小企业客户、低收入人群因缺乏抵押物而导致的信贷难问题，有助于进一步增强金融普惠性。然而，数字银行在借助前沿技术为客户提供更高效、体验更佳的在线金融服务的同时，随着金融业务的线上化、智能化，数据泄露、网络安全问题也日益凸显。如何构建数字银行安全体系，保障金融业务稳健运行，成为当前金融行业数字化转型的关键。

2022年1月4日，中国人民银行印发《金融科技发展规划（2022—2025年）》，提出将数字元素注入金融服务全流程，将数字思维贯穿业务运营全链条，注重金融创新的科技驱动和数据赋能，力争到2025年实现整体水平与核心竞争力的跨越式提升。加快数字技术在金融领域的应用，促进数字经济和实体经济深度融合，成为数字经济时代金融行业创新发展的主旋律。与此同时，在数字经济时代背景下，金融机构之间的竞争也不再是单一产品或业务的竞争，而是场景与生态的竞争，更是数据资产作为生产要素的竞争。因此，构建完善的数字银行安全体系，为银行数字化转型提供安全保障，将成为银行生存与发展的必备条件。

数字银行安全体系建设是一项系统性工程，需要综合考虑信息安全、数据保护、风险评估和管理等因素。在信息安全方面，数字银行需要建立完善的网络安全防护体系，包括防火墙、入侵检测系统、安全审计等技术手段，以确保用户的个人信息和交易数据得到充分的保护。同时还需要加强身份认证和访问控制措施，防止非法用户的恶意攻击和数据泄露。在数据保护方面，数字银行需要制定严格的数据保护策略和规范，确保用户数据的完整性和可用性。这包括加密存储和传输用户数据、建立备份和灾备机制，以及定期进行数据恢复和完整性校验的测试。此外，数字银行还需要建立全面的数据治理机制，包括数据采集、存储、处理和使用等环节的规范和监管，以防止用户数据的滥用和敏感信息泄露。在风险评估和管理方面，数字银行需要建立科学的风险评估模型和方法，及时发现和识别潜在的安全威胁和漏洞。这可以通过实时监测和分析系统日志、异常行为检测、安全漏洞扫描等方式实现。一旦发现风险，数字银行需要迅速采取措施进行处置和修复，并及时进行信息披露以及与用户沟通。金融行业是一个高风险行业，安全风险的存在是不可避免的。因此，数字银行还需要积极与监管部门沟通合作，共同制定和落实相关安全监管政策和标准。

  本书全面阐述了数字银行安全体系的基本概念、架构设计、关键技术及应用实践等方面的内容，并从实际业务出发介绍了业内前沿安全技术在数字银行复杂业务场景中的落地实践。本书分为六部分，第一部分概述了数字银行安全体系的概念、机遇与挑战以及业界典型网络安全架构。第二部分详细介绍了默认安全的架构与体系建设方案。第三部分重点介绍了如何构建数字银行可信纵深防御体系。第四部分分享了威胁感知与响应体系，以对可能的威胁进行有效感知和响应。第五部分提出了威胁路径图模型，并基于模型进行实战检验，得出企业的信息安全水位。第六部分强调了通过数智化提升安全工作效率的重要性。

  总之，《数字银行安全体系构建》一书系统而全面地介绍了数字银行安全体系的构建方法和应用实践。通过阅读本书，我们可以深刻认识数字银行安全体系的重要性，掌握其构建方法和实施策略，从而提高金融机构在数字化转型过程中的安全防范能力。这是一本适合金融机构、金融科技公司和监管机构从业人员阅读的兼具理论与实践的参考书，它不仅能够助力大家在数字银行建设和发展过程中实现更安全、更高效的目标，而且能够唤起金融从业人员、高校相关专业师生和学者对数字银行安全体系建设的关注，为数字时代的银行安全建设提供参考案例和建设思路。我相信，本书将对推动数字银行安全保障的发展起到积极的作用。

中关村互联网金融研究院院长，中关村金融科技产业发展联盟秘书长 刘勇

前　言

为什么写这本书

近几年各行各业的数字化转型进程持续推进，行业场景与覆盖范围越来越广，节奏越来越快，影响越来越大。2021 年 12 月国务院公开发布《"十四五"数字经济发展规划》，定义了"数字经济是继农业经济、工业经济之后的主要经济形态，是以数据资源为关键要素，以现代信息网络为主要载体，以信息通信技术融合应用、全要素数字化转型为重要推动力，促进公平与效率更加统一的新经济形态"，指出"数字经济发展速度之快、辐射范围之广、影响程度之深前所未有，正推动生产方式、生活方式和治理方式深刻变革，成为重组全球要素资源、重塑全球经济结构、改变全球竞争格局的关键力量"。

2022 年 1 月，中国人民银行和中国银保监会分别向金融机构印发《金融科技发展规划（2022—2025 年）》（简称《规划》）和《关于银行业保险业数字化转型的指导意见》（简称《指导意见》）。《规划》明确了金融行业数字化转型的总体思路、发展目标、重点任务和实施保障措施。而《指导意见》进一步明确发展路线图，要求到 2025 年银行业、保险业数字化转型须取得明显成效，"金融服务质量和效率显著提高，数字化经营管理体系基本建成，数据治理更加健全，科技能力大幅提升，网络安全、数据安全和风险管理水平全面提升"。

银行业数字化转型的安全挑战

银行业数字化转型将带来如下改变。①服务线上化，越来越多的金融服务将会通过互联网在线提供。②线上服务复杂度增加，服务的类型与场景将会变得更加丰富与复杂。服务形态也会存在多种形式，包括 Web 服务、移动 App、小程序、IoT 设备等。在线服务采用的技术也会多种多样，如云计算、云原生、智能算法、机器学习、知识图谱、区块链等。③数据驱动业务经营管理，数据应用的范围不断扩大，基于数据分析可实现高效的业务经营与决策。④开放与融合，服务提供者将会越来越深入地相互开放、相互融合、相互依赖。⑤更高的服务效率与更便捷的体验，可以说服务的效率提升和便捷性是数字化转型的关键目标。

银行业数字化转型又会带来哪些安全挑战呢？一方面，安全威胁等级将会提升。服务线上化和场景复杂化导致银行信息系统对外暴露的风险敞口和攻击面必然大幅度增加，会有越来越多的漏洞被黑客发现和利用，攻击成功的概率也将会提升。由于银行业务基本都与资金有关，越来越多的金融服务数字化以后，黑客攻击成功后的潜在收益会大幅度增加。黑客投入更大攻击成本进行攻击的动机也会随之提升，所以银行业数字化转型中面临的安全威胁等级必然提高。另一方面，安全与效率的矛盾将会更加突出，也更难兼顾。数字化转型的一个关键目标就是提升效率，并提供体验更好、更便利的服务。由于服务形态和技术形态的变化，有些安全技术措施和机制可能已经不再适用，有些安全方案无法满足业务发展的效率诉求和服务体验需求，影响了数字化转型目标的达成。因此，在应对高等级安全威胁的同时还能兼顾效率和服务体验，是银行业数字化转型过程中一个不可忽视的挑战。

网商银行的实践经验分享

网商银行自成立之初就是一家数字银行，没有实体网点，所有服务均通过网络提供，向数以千万计的小微客户提供了高效、便捷的银行服务。作为一家银行，网商银行对网络信息安全的要求是极高的。如何在保障业务高效开展的同时满足严格的安全标准，是网商银行信息安全团队自建立以来不断用探索和实践回答的问题。相信随着银行业数字化转型的深入，越来越多的银行从业者都将面临安全方面的问题和挑战。因此，我们将多年的安全实践经验进行了体系化的总结并分享，以期对银行业数字化转型的安全保障有所助力，也希望能收获同行的建议和指导。这就是我们写作本书的初衷。

本书主要内容

本书内容来源于网商银行在网络信息安全方面的一线实战经验，主要介绍一家数字银行是如何进行网络信息安全体系建设的。本书覆盖的安全子领域包括基础设施安全、业务应用安全、数据安全、威胁感知与响应、红蓝演练等，内容总体分为六部分。

- 第一部分介绍数字银行安全体系，讲述了数字银行安全体系的概况和如何设计数字银行安全架构。在阅读第二部分到第六部分之前，建议先阅读该部分，以便更好地理解后续内容。
- 第二部分介绍默认安全机制，讲述了如何高效控制所有已知类型的安全风险。
- 第三部分介绍可信纵深防御，讲述了如何应对未知类型的安全风险和高级威胁。
- 第四部分介绍威胁感知与响应，讲述了对于可能存在的威胁如何有效感知和处置。
- 第五部分介绍实战检验，讲述了如何通过实战攻防演习的方式检验安全体系的有效性和安全水位。

- 第六部分介绍安全数智化，讲述了如何通过数字化、自动化、智能化实现安全工作的高效开展。

读者对象

本书面向的读者主要包括信息安全从业者、企业技术负责人、基础技术架构师，以及其他想了解数字银行安全体系建设的相关从业人员。虽然不同行业信息安全的风险偏好和要求有一定差异，但长远来看企业信息安全的要求都会越来越高，如何兼顾高等级安全与高业务效率将是大多数企业会面临的问题。因此，无论是否从事银行业，本书中介绍的经验和方法都可以为信息安全从业者提供一定的参考。技术负责人、基础技术架构师也可以通过本书了解安全作为一项属性如何与自己所负责的技术体系和架构相结合。

作者简介

网商银行信息安全部负责网商银行的信息安全工作，涵盖数据安全、应用安全、基础设施安全、威胁感知与响应、红蓝演练、安全智能化等方向人员。团队成员均是各领域的安全专家，在红蓝攻防、威胁情报、可信计算、隐私计算等领域有较多研究，致力于通过创新安全技术守护用户的数据和资金安全。网商银行的未来愿景是成为全球最安全可信的数字银行，并不断探索数字银行安全的最佳实践，助力银行业数字化转型。

致谢

本书从最初的想法到最终编写成书一共花了两年多的时间，由网商银行信息安全团队的骨干共同编写而成，因此要特别感谢所有参与写作的团队小伙伴，他们为此投入了大量时间与精力，将网商银行安全实践经验变成文字和书稿与读者分享。

感谢网商银行 CIO 高嵩、行长冯亮、副行长江浩、董事长金晓龙等管理层对安全团队的工作以及本书写作的支持，感谢信息科技部马晓航、蒋维杰、王泽睿等架构师对本书写作的支持，同时感谢 HR、合规、品牌等团队在书籍校对和修订过程中的帮助。

感谢蚂蚁安全、阿里云安全以及阿里集团安全等团队，他们在网商银行安全体系建立过程中给予了我们在安全产品技术和经验方面的帮助。加入网商银行之前，我自身也在蚂蚁安全团队工作了 9 年时间，过去的实践经验积累对于网商银行安全体系构建有很大的帮助，因此也感谢过往团队和历任主管方海峰、王宇、李婷婷、余锋、唐家才、韦韬、高嵩的帮助与指导。

网商银行安全体系建设也受益于与银行业安全团队（工商银行、建设银行、农业银行、微众银行、民生银行、平安银行、招商银行、浙商银行、宁波银行等）以及安全领域专家的学习交流，感谢行业专家对本书相关工作的指导。

感谢本书编辑余洁老师与其他编辑老师们，在本书编写过程中他们给予了作者很多专业指导。

我们将本书的写作看作一次对工作重新思考与审视的契机，对我们未来改进工作方法有一定帮助，有幸在这个过程中与大家相互学习、共同进步，希望我们的总结与分享最终能对行业有所帮助。

张园超（张欧）

资源与支持

资源获取

本书提供如下资源：
- 本书思维导图；
- 异步社区 7 天 VIP 会员。

要获得以上资源，您可以扫描下方二维码，根据指引领取。

提交勘误

作者和编辑尽最大努力来确保书中内容的准确性，但难免会存在疏漏。欢迎您将发现的问题反馈给我们，帮助我们提升图书的质量。

当您发现错误时，请登录异步社区（https://www.epubit.com/），按书名搜索，进入本书页面，点击"发表勘误"，输入勘误信息，点击"提交勘误"按钮即可（见下图）。本书的作者和编辑会对您提交的勘误进行审核，确认并接受后，您将获赠异步社区的 100 积分。积分可用于在异步社区兑换优惠券、样书或奖品。

与我们联系

我们的联系邮箱是 contact@epubit.com.cn。

如果您对本书有任何疑问或建议,请您发邮件给我们,并请在邮件标题中注明本书书名,以便我们更高效地做出反馈。

如果您有兴趣出版图书、录制教学视频,或者参与图书翻译、技术审校等工作,可以发邮件给本书的责任编辑(shejie@ptpress.com.cn)。

如果您所在的学校、培训机构或企业,想批量购买本书或异步社区出版的其他图书,也可以发邮件给我们。

如果您在网上发现有针对异步社区出品图书的各种形式的盗版行为,包括对图书全部或部分内容的非授权传播,请您将怀疑有侵权行为的链接发邮件给我们。您的这一举动是对作者权益的保护,也是我们持续为您提供有价值的内容的动力之源。

关于异步社区和异步图书

"异步社区"(www.epubit.com)是由人民邮电出版社创办的 IT 专业图书社区,于 2015 年 8 月上线运营,致力于优质内容的出版和分享,为读者提供高品质的学习内容,为作译者提供专业的出版服务,实现作者与读者在线交流互动,以及传统出版与数字出版的融合发展。

"异步图书"是异步社区策划出版的精品 IT 图书的品牌,依托于人民邮电出版社在计算机图书领域 30 余年的发展与积淀。异步图书面向 IT 行业以及各行业使用 IT 技术的用户。

目 录

第一部分 数字银行安全体系

第1章 数字银行与安全架构概述 ………… 2
- 1.1 数字银行面临的机遇与挑战 ……… 2
  - 1.1.1 传统银行的成本挑战 ………… 2
  - 1.1.2 数字银行的商业逻辑 ………… 3
  - 1.1.3 数字银行面临的安全风险 …………………………… 4
- 1.2 业界典型网络安全架构 …………… 4
  - 1.2.1 什么是安全架构 ……………… 5
  - 1.2.2 银行业典型网络安全架构 …………………………… 5
  - 1.2.3 互联网企业典型网络安全架构 …………………………… 6
  - 1.2.4 安全业界新思路和新方法 …………………………… 7
- 1.3 小结 …………………………………… 8

第2章 数字银行安全体系设计 …………… 9
- 2.1 重新审视安全体系的有效性 ……… 9
  - 2.1.1 安全目标与方向的正确性 …………………………… 9
  - 2.1.2 安全责任范围是否明确 …………………………… 10
  - 2.1.3 安全体系的合理性与完备性 …………………………… 11
  - 2.1.4 安全资源投入度与重点风险的匹配度 ……………… 11
  - 2.1.5 安全能力与风险的匹配度 …………………………… 11
  - 2.1.6 安全能力覆盖率与持续有效性 …………………… 12
- 2.2 数字银行安全体系建设 …………… 12
  - 2.2.1 数字银行安全体系建设思路 …………………………… 12
  - 2.2.2 默认安全:上线前规避已知风险 ……………………… 14
  - 2.2.3 可信纵深防御:运行时防护未知风险 ……………… 17
  - 2.2.4 威胁感知与响应:预设风险还是会发生 …………… 18
  - 2.2.5 实战检验:防护效果的持续充分检验 ……………… 19
  - 2.2.6 安全数智化:极致的安全加固效率 ………………… 19
  - 2.2.7 数字银行安全整体架构 …………………………… 21
- 2.3 小结 ………………………………… 21

第二部分　默认安全

第 3 章　默认安全概念及建设思路……24
- 3.1　什么是默认安全……24
  - 3.1.1　默认安全机制……24
  - 3.1.2　默认安全与 SDL、DevSecOps……25
- 3.2　默认安全建设思路……26
  - 3.2.1　设计目标……26
  - 3.2.2　设计思路……27
- 3.3　小结……29

第 4 章　默认安全建设方案……30
- 4.1　信息安全基线……30
  - 4.1.1　信息安全基线概述……30
  - 4.1.2　信息安全基线结构……31
  - 4.1.3　信息安全基线运营体系……38
- 4.2　安全资产建设……39
  - 4.2.1　资产范围……39
  - 4.2.2　数据资产……40
  - 4.2.3　资产数据质量……43
  - 4.2.4　不可忽视的大数据平台类资产……43
  - 4.2.5　风险治理、防护与度量……44
- 4.3　增量风险管控……44
  - 4.3.1　变更感知与管控……45
  - 4.3.2　风险剖析与处置……52
  - 4.3.3　防护组件默认集成……59
  - 4.3.4　安全心智运营……63
- 4.4　存量风险治理……65
  - 4.4.1　漏洞自动化处置……66
  - 4.4.2　常态化风险巡检……69
- 4.5　风险发现体系的演进……70
  - 4.5.1　背景……70
  - 4.5.2　安全产品的转变……72
  - 4.5.3　实现思路……72
  - 4.5.4　安全团队间的职能变化……78
  - 4.5.5　运营实践……79
- 4.6　小结……81

第 5 章　默认安全治理应用实践……82
- 5.1　软件供应链安全治理……82
  - 5.1.1　面临的软件供应链风险……83
  - 5.1.2　如何应对软件供应链安全风险……83
  - 5.1.3　理清台账……91
  - 5.1.4　隔离防护……91
- 5.2　水平越权漏洞检测……92
- 5.3　前端安全风险治理……96
  - 5.3.1　背景介绍……96
  - 5.3.2　传统解决思路……97
  - 5.3.3　默认防护……99
- 5.4　小结……100

第三部分　可信纵深防御

第 6 章　可信纵深防御概念及架构……102
- 6.1　银行业数字化防御体系面临的挑战……102
- 6.2　国内外新兴安全防御技术简介……104
  - 6.2.1　可信计算……104
  - 6.2.2　安全平行切面……105
  - 6.2.3　零信任……105
- 6.3　可信纵深防御概念……106
  - 6.3.1　可信防御理念……106
  - 6.3.2　纵深防御理念……107

- 6.4 可信纵深防御架构 ……… 108
  - 6.4.1 设计目标 ……… 108
  - 6.4.2 整体架构 ……… 108
- 6.5 小结 ……… 111

第7章 可信纵深防御建设方案 ……… 112
- 7.1 建设原则 ……… 113
- 7.2 建设基线 ……… 114
- 7.3 关键能力建设 ……… 116
  - 7.3.1 基础设施可信 ……… 116
  - 7.3.2 应用可信 ……… 117
  - 7.3.3 网络可信 ……… 122
  - 7.3.4 数据使用可信 ……… 125
  - 7.3.5 端安全可信 ……… 131
  - 7.3.6 信任链构建 ……… 133
  - 7.3.7 可信策略 ……… 135
- 7.4 技术保障 ……… 141
  - 7.4.1 安全性保障 ……… 141
  - 7.4.2 稳定性保障 ……… 142
- 7.5 实战牵引 ……… 143
- 7.6 体系演进 ……… 145
- 7.7 小结 ……… 145

第8章 可信纵深防御应用实践 ……… 146
- 8.1 0Day漏洞防御 ……… 146
- 8.2 钓鱼攻击防御 ……… 148
- 8.3 软件供应链风险防御 ……… 151
- 8.4 业务数据滥用风险防御 ……… 152
- 8.5 高效安全加固实践 ……… 155
- 8.6 小结 ……… 156

第四部分 威胁感知与响应

第9章 威胁感知与响应概念及建设思路 ……… 158
- 9.1 威胁感知与响应面临的挑战 ……… 158
  - 9.1.1 快速演化的多方面威胁 ……… 158
  - 9.1.2 高昂的威胁对抗成本 ……… 159
  - 9.1.3 巨大的威胁信息偏差 ……… 159
  - 9.1.4 复杂和多变的系统拓扑结构 ……… 159
  - 9.1.5 防不胜防的供应链威胁 ……… 160
  - 9.1.6 高时效性的安全要求 ……… 160
  - 9.1.7 自动化过程中的威胁信息丢失 ……… 160
- 9.2 威胁感知与响应建设思路 ……… 161
  - 9.2.1 设计思路 ……… 161
  - 9.2.2 能力要求 ……… 161
  - 9.2.3 架构和技术 ……… 162
- 9.3 小结 ……… 163

第10章 威胁感知与响应建设方案 ……… 164
- 10.1 感知覆盖 ……… 164
  - 10.1.1 感知数据品类 ……… 164
  - 10.1.2 感知覆盖的数据流 ……… 166
  - 10.1.3 感知数据质量监控 ……… 168
- 10.2 威胁识别 ……… 169
  - 10.2.1 威胁场景定义 ……… 170
  - 10.2.2 威胁检测策略 ……… 172
  - 10.2.3 策略有效性检验 ……… 176
- 10.3 威胁运营 ……… 177
- 10.4 威胁响应 ……… 179
  - 10.4.1 威胁事件响应步骤 ……… 180
  - 10.4.2 威胁响应能力组成 ……… 182
  - 10.4.3 威胁响应剧本类型 ……… 184
  - 10.4.4 威胁响应能力验证 ……… 186
- 10.5 小结 ……… 187

第11章 威胁感知与响应应用实践 ········ 188

11.1 流量攻防 ········ 188
- 11.1.1 解决方案 ········ 188
- 11.1.2 效果 ········ 189

11.2 终端失陷 ········ 190
- 11.2.1 解决方案 ········ 190
- 11.2.2 效果 ········ 192

11.3 数据盗取 ········ 192
- 11.3.1 解决方案 ········ 193
- 11.3.2 效果 ········ 194

11.4 小结 ········ 194

第五部分 实战检验

第12章 实战检验基础 ········ 196

12.1 实战攻防演练 ········ 196
- 12.1.1 实战攻防演练概念 ········ 196
- 12.1.2 实战攻防演练流程 ········ 196
- 12.1.3 实战攻防演练遇到的问题 ········ 197

12.2 有效性检验 ········ 197
- 12.2.1 有效性检验概念 ········ 197
- 12.2.2 有效性检验流程 ········ 198
- 12.2.3 有效性检验遇到的问题 ········ 198

12.3 实战检验建设思路 ········ 198
- 12.3.1 设计思路 ········ 199
- 12.3.2 运作机制 ········ 200

12.4 小结 ········ 201

第13章 安全水位评估框架 ········ 202

13.1 安全水位定义 ········ 203

13.2 威胁路径图模型 ········ 203
- 13.2.1 威胁路径图模型介绍 ········ 204
- 13.2.2 威胁路径图模型的数据结构 ········ 204
- 13.2.3 威胁路径图能力介绍 ········ 209

13.3 安全水位指标 ········ 209
- 13.3.1 如何评估企业安全水位 ········ 209
- 13.3.2 安全水位量化关键指标 ········ 211
- 13.3.3 当前安全水位可抵御的威胁等级 ········ 212

13.4 小结 ········ 214

第14章 实战检验应用实践 ········ 215

14.1 能力、制度和演练流程建设 ········ 215
- 14.1.1 能力建设 ········ 215
- 14.1.2 制度建设 ········ 216
- 14.1.3 演练流程建设 ········ 217

14.2 红蓝演练发现未知风险 ········ 218
- 14.2.1 红蓝演练规划 ········ 218
- 14.2.2 红蓝演练类型 ········ 219

14.3 检验安全能力有效性 ········ 221

14.4 演练复盘 ········ 223
- 14.4.1 复盘：丰富基础数据 ········ 223
- 14.4.2 复盘：横向指标对比 ········ 224
- 14.4.3 复盘：纵向指标对比 ········ 225
- 14.4.4 复盘：关注指标的持续变化 ········ 225

14.5 最佳实践 ········ 226

14.6 小结 ········ 228

第六部分　数字化与智能化

第 15 章　安全数智化概念及建设思路 …… 230
- 15.1　什么是数智化 …… 230
- 15.2　安全数智化建设思路 …… 233
- 15.3　小结 …… 235

第 16 章　安全数智化建设与应用实践 …… 236
- 16.1　安全运营中心 …… 236
  - 16.1.1　什么是安全运营中心 …… 237
  - 16.1.2　一站式安全运营 …… 237
  - 16.1.3　产品技术支撑架构 …… 242
- 16.2　安全大数据平台 …… 243
  - 16.2.1　技术架构 …… 243
  - 16.2.2　数据模型 …… 247
  - 16.2.3　数据案例 …… 249
- 16.3　安全自动化平台 …… 250
  - 16.3.1　基础能力 …… 251
  - 16.3.2　典型场景 …… 253
- 16.4　安全智能平台 …… 261
  - 16.4.1　智能化演进过程 …… 261
  - 16.4.2　基础能力 …… 262
  - 16.4.3　典型场景 …… 264
- 16.5　安全管控平台 …… 270
  - 16.5.1　安全管控平台架构 …… 271
  - 16.5.2　管控能力案例 …… 275
- 16.6　小结 …… 276

第一部分

数字银行安全体系

本书的第一部分将对数字银行面临的风险挑战、安全架构选型及设计等基础信息进行说明。本部分还会以网商银行这一原生数字银行为例,说明数字银行安全体系建设的要求,并在后续章节对网商银行安全体系的组成部分进行详细介绍。

第 1 章
数字银行与安全架构概述

本章的开始部分将对数字银行面临的机遇与挑战,从成本、商业逻辑、面临的安全风险这三个维度进行说明,以让大家对数字银行业务有一个初步的认识,后面通过对银行业和互联网企业典型网络安全架构与数字银行安全诉求的讲解,重点说明数字银行所需要的安全架构。

1.1 数字银行面临的机遇与挑战

"数字银行"是指所有活动、计划和职能全面数字化的银行。区别于传统银行,数字银行无论是否设立分行,都不再依赖于实体分行网络,而是以数字网络作为银行的承载体。数字银行借助前沿技术为客户提供在线金融服务,服务趋向于定制化和互动化,结构偏向于扁平化。

在理解数字银行安全体系之前,需要对数字银行业务特性有深刻的理解。同样,在理解数字银行之前,需要对银行业有充分的理解。有了这些业务背景知识,你就可以更轻松地理解数字银行的安全体系了。

1.1.1 传统银行的成本挑战

作为世界上最古老的行业之一,金融业已有 4000 多年的历史,它有其自身的运作逻辑,并与国家经济息息相关。银行是金融资源配置的重要一环,它作为债务人吸收公众的存款,同时又作为债权人把吸收的存款贷给有需求的人或组织。货币银行学的经典理论告诉我们,银行是经营信用的,所以银行业形成了一套成熟的信用评估、授信和风险计量管理系统,也是由于这套系统,银行的贷款业务逐渐偏向大而不倒的企业,偏向财务报表完整的上市公司,偏向拥有充足抵押品和资金实力强大的贷款人[1],因而存在不同类型的客户获得差异化待遇的情况。

现代商业银行每年在 IT 系统的软硬件上要耗费上亿元资金,运营成本高昂。据统计,国内大

---
[1] 引用自《云上银行:阿里打造的银行有什么不一样》。

银行一个账户一年的维护成本在 50 元上下，小银行则在 80~100 元之间。从日常支付业务来看，银行每笔支付的技术成本为 6~7 分。在业务处理量上，一般的商业银行会按照网点的人员和处理能力预估一天的业务量，比如一个网点一天 5000 笔，最多 20000 笔。在贷款业务流程上，营销人员寻找贷款用户，信贷人员上门做入户调查，回来之后准备材料，再由客户经理和风险经理通过详实的调研确认可行性，期间需要多个人来审批，最后须分管领导签字并同意发放。传统银行的高昂运营成本注定了无法完美照顾到众多小微经营者。

因此，小微企业融资难并不是一个新问题，甚至可以说由来已久。民间金融鱼龙混杂，利率高，小微企业主为何仍然火中取栗？一边是宏观经济流动性过剩，一边是小微企业嗷嗷待哺，这中间该用何种商业模式去突破？为小微企业引水固然重要，如何激浊扬清、调节水量、管控风险更是重中之重。

1.1.2 数字银行的商业逻辑

马云曾有一个形象的比喻：如果我们把资金比喻成水，把大企业比喻成树，传统银行发放贷款就好比一个农夫挑着水来浇灌这些树。我们国家的小企业就好比广阔无边的草原上的草，如果还是让农夫挑水灌溉，那是不切实际的。要解广大中小企业的融资之渴，就必须建立水利工程，挖水渠、铺水管，进行系统性灌溉。

中小企业是那缺水的草原，资金就像是水，而数字银行要做的就是铺设管道、开沟挖渠，通过建设一个体系化、富有科技含量的金融水利工程，像都江堰一样，让涓涓细流惠及普罗大众。数字银行的本质是用互联网技术将线下传统银行业务搬到线上，通过科技手段极大降低服务成本，从而服务无数小微商家。这也是网商银行所做的事情，2014 年经过中国银监会批准，网商银行正式成立，成为中国首批民营银行。网商银行依托于阿里巴巴集团和蚂蚁集团多年来沉淀的云计算和分布式底层平台技术，从筹建之初就将核心业务系统以分布式架构创建在云平台上，是国内乃至世界上首家完全去除 IOE①并将核心系统建在云计算和分布式数据库上的银行。

基于金融云计算平台，网商银行拥有处理高并发金融交易、海量数据和弹性扩容的能力，在行业内首创无接触贷款"310"模式（"3"分钟申请，"1"秒钟放款，全程"0"人工干预），发挥互联网和数据技术的优势，专注于为更多小微企业和个人经营者提供金融服务。网商银行没有线下网点，也没有一名信贷员，不做现金业务，也不涉足商业银行的线下业务。网商银行的业务量不会受限于柜台和营业人员的数量，交易数量从每天零笔到几百万笔都能支持，扩展性更强，成本也更低。通过在线分析小微用户的信用情况，与政府、金融机构等合作伙伴的各种数据打通印证，路边小贩、菜农、养猪人都能获得迅速、高效与公平的金融服务。总之，通过科技提高运营效率，为风险控制提供有效的手段，从而显著降低金融服务的成本，并不断重塑银行与小微企业的交互模式，网商银行成为一家真正意义上的数字银行。

---

① 去除 IOE，指在技术架构中去除对 IBM 小型机、Oracle 数据库、EMC 存储设备的依赖，代之以自己在开源软件基础上开发的系统。

近年来的科技发展使得中国小微企业贷款可得率大幅提升，自网商银行成立以来，累计超过5000万小微经营者使用了网商银行的数字信贷服务，以助力自己的经营与发展，而他们中的80%过去从未获得银行经营性贷款。未来，网商银行会坚持以领先科技作为发展引擎，用开放平台的方式，扩大对小微企业服务的覆盖广度和深度，深耕场景，推动小微企业的数字化进程，为其提供丰富和实时可得的金融服务，打造小微企业的数字金融之家。

1.1.3 数字银行面临的安全风险

数字银行的出现带来了一系列的变化，其中最显著的变化是将原本需要在线下窗口办理的服务全部转移到线上，这也导致了风险敞口的扩大。随着数字银行业务的多样化，相应的漏洞数量也会增加。同时，数字银行在技术层面更加开放和互通，采用了各种云原生技术和云服务，与多个机构进行交互，也带来了各种无法控制的供应链安全风险。这些变化不仅仅局限于以网商银行为代表的数字银行，越来越多的金融机构也会面临相似的安全问题。随着金融业数字化转型的推进，人们减少了去实体网点办理业务的频率，越来越多的金融服务可以在线上提供。

作为运行在云上的数字银行，全部数据都通过在线形式进行流转。其中包含大量敏感数据，一旦这些数据被泄露或破坏，将对银行的声誉造成严重的损害，甚至可能导致关门歇业。同时，《数据安全法》《个人信息保护法》相继发布，人们对个人信息和数据保护的要求也越来越高。因此，在保护数据不泄露的基础上如何保障数据被安全合理使用也是数字银行面临的挑战。除了数据泄露，资金被盗的情况在银行业也很常见。随着业务全部线上化，银行被盗的方式也由原先的线下转变为线上。匿名网络的滥用，以及数字货币的迅猛发展，使得通过网络抢劫银行变得更加难以阻止。近年来，全球范围内发生了多起银行因网络入侵而导致资金被盗的事件。

- 2016年，开曼国家银行和开曼国家信托因入侵被转出数十万英镑。
- 2016年，孟加拉国央行因入侵被划走8100万美元。
- 2017年，尼泊尔亚洲银行因入侵被盗窃440万美元。
- 2018年，墨西哥银行因入侵被转走2000万美元。
- 2022年，DeFi平台Deus Finance遭到攻击，被盗取1300万美元。
- 2022年，Beanstalk Farms遭闪电贷攻击，被盗取1.8亿美元。
- 2022年，印度支付公司Razorpay遭黑客入侵，被盗取7383万卢比。

1.2 业界典型网络安全架构

作为最早建设在云上的数字银行，由于行业内还没有现成的案例和经验可供参考，因此在正式开始介绍数字银行安全体系之前，我们需要先了解传统银行和互联网企业的典型网络安全架构是如何实现的。

由于业务差异，传统银行和互联网企业的安全目标和安全建设策略有所不同。传统银行拥有悠久的历史，其业务往往涉及资金，因此对安全有着较大的诉求，同时对安全等级要求也较高。而互联网企业作为新兴行业，虽然相对年轻，但由于涉及大量用户敏感信息和技术设施，对安全也非常重视。那么两者典型的安全架构是怎么样的，它们之间又有何差异呢？接下来我们将浅谈两个行业的典型安全架构。

1.2.1　什么是安全架构

在介绍数字银行安全体系之前，我们需要先理解架构和安全架构的概念。人们常说"鱼与熊掌不可兼得"，在很多问题中，很难同时兼顾两个方面，就像一个杠杆，哪边重哪边就会下来，另一边就会上去。谈到安全就不能避开效率，追求安全往往会牺牲效率，而追求效率可能会影响安全。很难找到同时满足效率和安全的方案，就像 CAP 理论[①]一样，不存在绝对完美的方案，每种方案都有优点和缺点。

当引入一个新的技术来解决一个已有的问题时，往往会带来新的问题，而问题的多少与系统的复杂度有关。不同公司的侧重点也不同，有些公司对安全风险非常敏感，有强烈的安全需求；而另一些公司将效率视为生命，安全则放在次要位置。在这种情况下，一些资深的工程师会站出来尝试解决这些问题，他们熟悉业务的各个方面，了解每种选择的优势和劣势，既懂技术又懂产品。他们可能基于业务分析提出平衡方案，开始尝试设计先进的技术，设计灵活的系统或简化系统等，通过各种方法找到适应当前企业环境的最优解，然后持续投入资源朝着这个方向发展，这就是架构的意义。类似地，安全架构是一种适合企业的安全解决方案，需要考虑企业业务和资产情况、风险场景、安全目标、安全职责范围、安全体系、安全资源投入和安全风险优先级等方面，旨在更好地实现最终的安全目标。

1.2.2　银行业典型网络安全架构

传统银行对安全有非常高的要求，对风险非常敏感。一旦发生安全事件，银行将面临监管问责甚至停业整顿的严重后果。因此，传统银行在构建安全体系时有一些明显的特征。首先，在安全体系设计方面，传统银行以强管控、硬隔离并符合各类合规要求为主导思想。它们愿意在整体效率上做出一定的牺牲，以确保安全。顶层架构设计上会尽量避免依赖员工的意识，也会降低对安全从业人员个体能力的依赖，从设计之初就尽可能地消除风险的出现。此外，监管和行业机构为金融业和银行制定了大量的行业安全标准、规范和要求，传统银行人员对合规意识相对较高，注重数据保护、加密等措施，在合规落地实施上更加彻底。

其次，在网络安全方面，传统银行会将生产网划分为接入区、DMZ[②]、业务区、数据中心区

[①] CAP 理论是指一个分布式系统最多只能同时满足一致性（Consistency）、可用性（Availability）和分区容错性（Partition tolerance）这三项中的两项。

[②] DMZ（Demilitarized Zone），隔离区也称非军事化区。它是为了解决安装防火墙后外部网络的访问用户不能访问内部网络服务器的问题，而设立的一个非安全系统与安全系统之间的缓冲区。该缓冲区位于企业内部网络和外部网络之间的小网络区域内。

等区域，采用防火墙进行隔离，并采购各类入侵检测系统来防止网络攻击。各个区域默认为隔离状态，这样即使某一个区域出现问题，其他区域的安全也不会受到较大影响。再次，在办公网安全方面，传统银行通常为员工配备两台计算机。一台台式机用于访问内部办公系统，禁止访问互联网。在需要同时进行开发工作时，员工通过远程桌面进行操作，以避免代码存储在本地计算机上。另一台笔记本电脑用于上网，可以访问互联网，但不允许接入银行办公网，与办公网络默认隔离，无法访问内部办公系统。此外，在生产网系统服务发生变更时，所有的变更和数据分析工作只能在独立的 ECC①操作室中进行，并且只有少部分人拥有变更权限。除了常规审计，所有操作还会受物理摄像头监控，管理后台的数据访问均需要通过远程桌面进行。需要注意的是，以上只是以典型的传统银行架构为例进行说明，并不代表所有传统银行都采用相同的模式，下面讲述的互联网企业网络安全架构与此相同。

1.2.3　互联网企业典型网络安全架构

互联网企业具有快速迭代、小步快跑的特点，将业务发展视为首要任务，非常重视用户体验，视效率为生命线。在应对安全风险方面，互联网企业通常会重点关注突出的安全风险，并在各个阶段采用多层安全措施来发现和防御风险。它们重点防范互联网边界风险、用户隐私保护风险以及关注员工安全意识提升，并注重风险感知和快速响应能力的建设。

如图 1-1 所示，互联网企业的生产环境通常是一个大型内网，缺乏严格的隔离措施，业务之

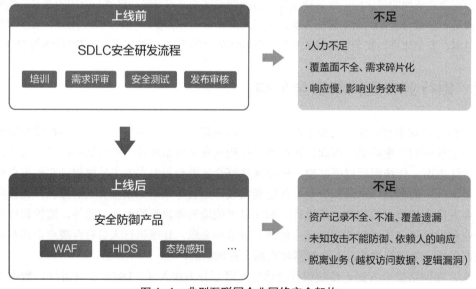

图 1-1　典型互联网企业网络安全架构

---

① ECC（Enterprise Command Center），即企业总控中心。在金融业和数据中心比较常见，是一个物理的房间，通过集中的方式监控和管理线上变更操作，降低人工操作和管理带来的风险。

间的调用复杂且频繁变动。一旦某个应用被入侵,攻击者就可以访问生产网内的任何主机。在办公网设备方面,员工通常只有一台笔记本电脑,通过 WiFi 或网线接入办公网络,可以访问各种内部办公系统,并将代码、数据等下载到本地计算机进行开发。该设备通常可以直接访问互联网,而且无论员工在家还是在咖啡馆,都可以通过 VPN 连接公司的内部网络,访问内部系统。在线上变更方面,只要员工连接到办公网络,无论是在公司还是在咖啡馆,都可以发布应用程序或查询业务数据。

在员工终端管控方面,互联网企业的员工通常有很大自由度,基本上可以访问任何互联网网站,并且可以使用各种网盘服务,连接各种外部设备,甚至可以直接通过 USB 复制计算机中的数据。这导致各种因内部员工引起的数据泄露事件频繁发生。

1.2.4 安全业界新思路和新方法

除了上述方案或架构外,近年来安全业界还出现了许多新的安全理念和做法,如表 1-1 所示。其中一些理念值得我们学习,例如通过流量分析和结合专家经验的行为建模来发现高级威胁的智能威胁感知,这种方法本质上摆脱了基于攻击特征的黑名单方式,转而通过定义正常行为来发现异常威胁。另一个例子是微隔离,它将传统的网络隔离策略深化为更细粒度的访问控制,更明确地限制了只允许正常行为的访问。值得一提的是,安全平行切面让我们意识到安全和效率之间的矛盾是可以解决的,并且它是一种通用的、可适应各个层面并提高效率的安全思路。它可以很好地解决因原有的安全和业务强耦合而导致影响效率的问题,以及外挂式的安全防御可能在安全性上是无害的,但对效果有损的难题。

表 1-1 安全业界新思路

名称	主要思路
智能威胁感知	通过流量分析并结合专家经验的行为建模发现高级威胁,通过机器学习发现高级威胁
零信任	不信任网络位置,最小化访问权限,分析和记录所有网络访问流量
SDP	提供软件定义的边界,只有通过设备认证和身份认证才能获得访问权限
微隔离	控制网络内的东西向访问,不仅基于 IP 和端口控制,也基于流量内容
可信计算	以可信芯片为基础,向系统提供可信度量机制,从硬件加电、固件加载、系统引导、系统启动开始逐层构建信任链,避免系统被非预期篡改
安全平行切面	在业务系统中构建安全防御的平行空间,实现与业务解耦、透视、智能评估、精确管控等功能

需要注意的是,以上只是一些新的安全理念和做法的例子,实际上安全领域还有许多其他的创新和发展。对于每个组织来说,选择适合自己的安全方案和架构,以及借鉴新的安全理念和做法,都需要根据具体情况进行评估和决策。

这些新的安全思路为数字银行安全体系的设计提供了大量支持与帮助。

1.3 小结

本章对数字银行面临的机遇、挑战,以及银行业和互联网企业典型的安全架构设计进行了分析说明,为后续数字银行安全体系设计的目标、要求等因素做铺垫。

第 2 章
数字银行安全体系设计

本章将对安全体系的有效性从多个维度进行阐述和说明,并简要说明网商银行安全体系的设计思路,以让大家先有个初步的认识,后续将对体系中的各部分进行展开说明。

2.1 重新审视安全体系的有效性

在正式开始数字银行安全体系设计之前,有必要重新审视当前各种典型安全体系的有效性。在 10 年前的"乌云"漏洞平台和白帽子时代,资深的白帽子可以轻易攻破当时大多数互联网公司的防护体系,如入无人之境。而在今天,我们仍然经常看到各大公司的数据泄露事件以及安全应急响应中心发布的高危漏洞奖励。在已经组建了安全蓝军的各大企业中,你会发现企业被入侵是不可避免的。更让人担忧的是,我们会发现攻击者的方法并没有太大变化,大多数公司仍然无法有效缓解针对员工的钓鱼、0Day 漏洞、软件供应链等攻击威胁。

到底是什么导致了这个现象呢?笔者总结了一些有可能导致安全体系有效性出现问题的因素,如图 2-1 所示。

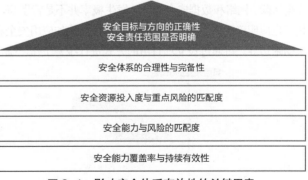

图 2-1 影响安全体系有效性的关键因素

2.1.1 安全目标与方向的正确性

安全目标代表了安全团队努力的方向,如果方向错了,那么一切都会出错。按照常理,在实际的企业安全工作中,安全团队的主要任务是控制安全风险。然而,在现实情况下,安全团队中的很多人员所做的事情对于控制风险并没有太大帮助,每个人按照上级指示做事,而原始驱动安全建设的因素也五花八门。更加让人担忧的是,安全不出事就都认为没事,一出事就是大事。一旦面临强度高一点的真实威胁,安全风险就暴露无遗。

另一种典型场景是只将合规作为安全目标。人们更多地出于尽职履责的考虑,包括避免在相关机构的检查中出现问题。所做的事情满足各种法律和法规要求,并且获得各种安全认证。相较于前一种情况,这种做法已经有了明显的提升。然而,一旦遇到更高强度的威胁,用以上策略处理可能也不会那么游刃有余。

最后一种情况是为真正确保安全而努力。安全人员在上线前、上线后、风险利用时等不同阶段都会做大量的机制、能力和对抗准备,并通过红蓝演练、安全众测等手段来检验实际效果,形成正向循环。

当确定了正确的方向后,就涉及程度的问题了。安全人员需要清楚地知道所设计的安全体系能够防御何种等级的威胁,是针对漏洞扫描器的非针对性扫描、业余白帽子、资深白帽子、竞争对手,还是商业黑客组织,这取决于所保护的数据、资金资产规模以及风险危害等级。除了控制实际的安全风险,越来越多的企业意识到安全也是一种竞争力,这体现了安全团队在更高层面上的业务价值。

2.1.2 安全责任范围是否明确

为了避免在安全建设中出现风险遗漏,并使团队更加专注地进行安全建设,需要明确团队的职责范围。每个人对安全以及安全范畴的理解往往都存在差异,常见的安全领域包括网络安全、数据安全、内容安全、反欺诈安全、反洗钱安全以及生态安全等,这里主要指的是网络空间范围内的安全,不包括人身安全和生物安全等。如图 2-2 所示,可以从风险发生的概率和风险造成的危害程度两个维度观察各种安全风险。网络和数据安全的实际发生概率并不是特别高,但一旦发生,危害就非常严重。除了大方向,我们也应明确子安全领域的安全责任范围,比如应用安全和基础设施安全,它们就存在交叉部分,若无法明晰边界,可通过设立项目组的方式进行统筹工作,确保不会因为存在工作边界而导致风险遗漏。

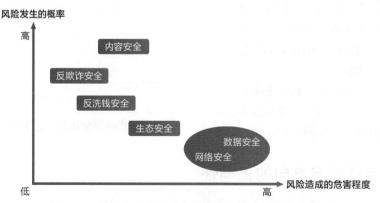

图 2-2 常见安全风险发生的概率与造成的危害程度

本书将主要集中在网络安全和数据安全方面。这样做是为了更加聚焦地讨论这两个范畴,以便提供更深入和有针对性的知识和指导。然而，其他安全领域同样重要，需要根据实际情况实施相应的措施和调整资源投入。

2.1.3 安全体系的合理性与完备性

在确定了安全目标和安全责任范围后，需要开始设计相应的安全体系。在设计安全体系时，需要着重关注风险识别与优先级划分、不同阶段的风险划分与检验机制等，以确保安全体系的设计是合理且完备的。

在风险识别方面，可以将风险分为已知风险和未知风险、存量风险和增量风险、软件风险和硬件风险、可控风险和不可控风险、外部攻击风险和内部威胁风险、有特征攻击风险和无特征攻击风险等。了解这些风险后，需要明确要解决哪些风险。

基于风险的产生和利用链路，可以分不同阶段来解决，包括事前安全威胁的识别、安全意识的提升、上线前的风险规避机制、上线后的安全防护、风险利用时的感知与应急止血，以及红蓝演练的持续检验，甚至是事后的溯源和司法打击等。除了技术和运营层面，还需要考虑规章制度制定、安全专项预算以及安全领导小组设立等保障体系。同时也要确保安全测评认证与安全体系同步规划建设，加强行业协作，参与各级标准制定，加强高校重难点问题攻关，向同行学习或输出先进经验。此外支撑上级监管部门，积极参与各类行业安全大赛，参与行业情报共享。这些也是在设计安全体系时需要考虑的重要因素。通过综合考虑这些要素，设计出合理的安全体系，从而更好地保障组织的安全。

2.1.4 安全资源投入度与重点风险的匹配度

在明确了安全目标、安全责任范围和安全体系后，需要投入相应的安全资源来实现这些目标。安全资源包括安全人员的数量和素质，以及安全资金预算等。这些资源不仅依赖于安全目标、安全责任范围和安全体系，还与企业自身的资金、数据、应用等资产数量、员工数量、研发迭代频率等息息相关。当安全资源与安全目标严重不匹配时，可以通过降低目标或调整优先级和时间周期等方式来应对。除了加强安全资源的投入，结合企业所面临的安全威胁，确定安全资源投入的优先级更加重要。当资源投入与关键优先风险不匹配时，虽然也能取得一定的成果，但对整体安全水平的提升有限，攻击者仍有可能轻易地盗取数据或资金。

因此，为了保障安全，需要确保安全资源的投入是匹配的，并根据威胁情况确定资源投入的优先级。只有在安全资源投入与重点风险匹配的情况下，才能更有效地提升企业整体安全水平。

2.1.5 安全能力与风险的匹配度

当安全资源投入与重点风险匹配之后，还需要关注实现层面的安全能力与风险的匹配度。常见的情况是，对于一个新的漏洞类型，之前的安全措施完全没有防护能力；或者是虽然知道存在这个漏洞，却没有相关的安全能力来应对。当安全能力与风险匹配度不一致时，就会不断出现新的意料之外的情况。为了避免出现这种不匹配的情况,需要进行持续的风险评估和安全能力提升。这包括及时关注新的威胁情报,了解新的漏洞类型和攻击技术,并采取相应的安全措施来提升安全能力。同时需要建立和完善应急响应机制,以便在发生安全事件时能够迅速应对和处置。只有当安全能力与风险匹配度相符,并持续进行能力提升时,才能更好地应对新的安全挑战和威胁,降低潜在的安全风险,保护企业的资产和利益。

2.1.6 安全能力覆盖率与持续有效性

当具备了对应风险的安全能力后,需要关注这个能力是否覆盖到了所有需要防护的资产。资产往往是经常变动的,因此覆盖情况也会发生变化。一方面,在上线前需要确保默认的覆盖能力,另一方面需要验证真实环境下的覆盖情况。然而,即使安全能力得到了覆盖,也可能由于各种原因导致其有效性达不到预期。原因可能包括没有某种特定风险的防护策略、策略可以被绕过,或者在策略或能力变更时出现 Bug 等。因此,我们需要对安全能力在面对真实威胁时的有效性进行持续、全面的验证,以确保所有安全能力都能持续地符合预期。

2.2 数字银行安全体系建设

如图 2-3 所示,了解了传统银行和互联网企业的业务特色和安全应对策略后,能明显发现数字银行作为银行和互联网的结合体,集合了二者的优势和劣势,它们中的任何一种做法都不能同时满足数字银行安全和高效的诉求。

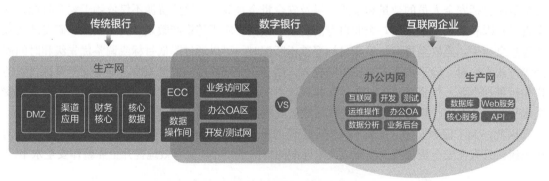

图 2-3 数字银行安全建设的难点

2.2.1 数字银行安全体系建设思路

银行天然对安全有着极高的诉求,对风险非常厌恶。作为强监管行业,银行对安全性的要求极高,甚至会为了保障安全而牺牲部分效率。而互联网公司则以效率为生命线，通过快速迭代和小步快跑的方式确保业务发展，更加关注效率。因此，二者的安全策略在结合各自的业务场景时会有不同偏好。

数字银行服务涉及大量资金和敏感数据，因此一旦攻击成功，攻击者可以获得巨大的收益。相应地，数字银行面临的威胁等级也会提高。数字银行在面对 0Day 漏洞[①]、社会工程攻击[②]、供应链攻击[③]等高级持续性威胁时，需要保障用户数据和资金的安全，同时确保安全防护体系对数字银行的服务效率没有产生明显影响，这是一个巨大的挑战。

如图 2-4 所示，数字银行作为银行和互联网的结合体，实现了银行服务的数字化和在线化。数字银行的安全目标是在保持银行级高安全性的同时，实现互联网高效率。"银行级高安全"指的是安全风险的发生概率接近于零，而"互联网高效率"指的是在达到银行级高安全性要求的前提下，整体的生产运营效率不受明显影响。

图 2-4　数字银行安全目标

其中最大的挑战在于兼顾安全与效率，而构建数字银行安全体系的目的是通过系统化和架构化的方法实现数字银行的安全目标，提高效率和安全的水平。

---

① 0Day 漏洞，又称"零日漏洞"，是已经被发现(有可能未被公开)，而官方还没有相关补丁的漏洞。
② 社会工程攻击，是一种利用社会工程学来实施的网络攻击行为。在计算机科学中，社会工程学指的是通过与他人的合法交流，来使其心理受到影响，做出某些动作或者是透露一些机密信息的方式。
③ 供应链攻击，是一种面向软件开发人员和供应商的新兴威胁。攻击者通过寻找不安全的网络协议、未受保护的服务器基础结构和不安全的编码感染合法应用来访问源代码、构建过程或更新机制。

在企业中，安全团队的组织架构通常按照安全领域进行划分，包括应用安全、移动端安全、基础设施安全、蓝军、数据安全、威胁感知与响应、安全研发等。然而，按照组织架构的分工方式进行安全项目建设时常常会出现边界问题，比如操作系统层面安装的应用是归属应用安全团队还是基础设施安全团队负责等。

为了解决这些问题，网商银行将整体安全划分为几个大的长期安全项目，并让相关人员参与其中，从而极大地降低了因边界导致的摩擦问题，并避免了某些风险无人关注的情况。本书将重点阐述网络和数据安全风险领域，读者可以结合企业实际情况，在适当的时候以保护的目标为出发点建设专门的团队，如数据安全、资金安全等，进行专项保护。接下来，我们将详细讲解每一部分的逻辑关系和要点。如图 2-5 所示是数字银行安全体系建设的思路。

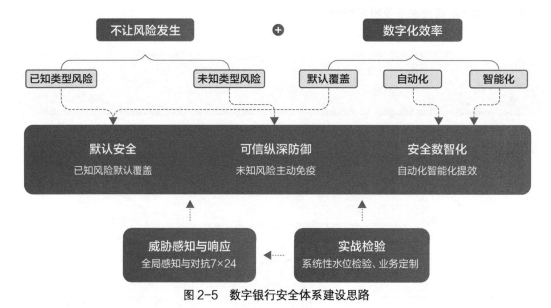

图 2-5　数字银行安全体系建设思路

2.2.2　默认安全：上线前规避已知风险

已知风险存在于各处，并被每个人所知道。"已知风险存在于各处"要求安全团队在每一处目标实体发生变动时，都能发现其中的已知风险。"已知风险被每个人所知道"，意味着在上线前就要解决已知风险，避免上线后和所有攻击者争分夺秒。

默认安全理念（见图 2-6）即任何目标实体的变化都需要经过安全评估与加固，上线前就达到默认安全状态。

1. 上线前规避风险在风险治理和成本上都最优

若一个系统在其漏洞未被发现的情况下发布上线，而后再在使用中发现并修复，这会导致两大问题。一是风险不可控，漏洞上线就意味着任何人都有可能发现漏洞并进行利用；互联网服务一旦出现漏洞被恶意利用，往往会造成比较大的影响，轻则出现用户舆情导致信任受损以及监管问责，重则数据被盗、停业整顿。二是耗费的成本巨大，漏洞上线后才被发现和修复就需要再走一遍研发和发布流程，从生产角度来看是翻倍的投入。

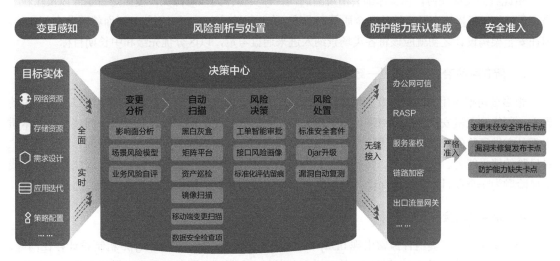

图 2-6　默认安全：上线前规避已知风险

因此，在上线前规避风险，从长远来看是最优选择，但实践过程中也需要逐步投入，早期可根据实际情况选择清理上线后的历史存量漏洞，后期逐渐强化上线前的漏洞治理。

2. 一切目标实体的变更都可产生安全风险

像 XSS、SQLi、RCE、SSRF、水平越权等大家耳熟能详的漏洞都源于应用自身，因此多数团队都会在 SDL[①]投入重兵来进行安全建设，SDL 机制在覆盖此类由于应用需求迭代变更而引发的漏洞上起到了关键作用。但现实中还存在诸多不是由应用迭代引发的漏洞，比如 Redis 未授权访问、MySQL 弱口令、Tomcat 任意文件上传等。

对这些会产生漏洞的目标实体进行抽象归类，可以分为应用资源、网络资源、计算资源、存储资源四类。应用资源包括项目、需求、代码、依赖等。网络资源包括域名、IP、端口、代理、专线等。计算资源包括物理机、虚拟机、容器、终端计算机等。存储资源包括文件存储、对象存储、数据库、缓存、队列、大数据等。

这些只是自身资产出现的漏洞，还有一些由内部员工在外部的一些变更导致的漏洞。比如最常见的内部员工将公司代码上传至 GitHub 等代码托管平台，导致信息泄露的情况。因此也可以将

---

① SDL（Security Development Lifecycle），即安全研发生命周期，是微软提出的从安全的角度来指导软件开发过程的管理模式，用于帮助开发人员构建更安全的软件、解决安全合规要求，并降低开发成本。

人员作为目标实体的一类。

随着更多的目标实体被归类，除了范围上覆盖更广外，精细度也至关重要。比如在应用资源中，SDL 往往会覆盖代码变更、依赖变更、需求变更，但未覆盖配置变更，由此导致的漏洞也越来越多。

至此我们发现任何目标实体都会出现漏洞，目标实体作为风险源头，覆盖是否全面以及颗粒度是否足够细，直接决定了后续的安全质量。当然，在设计安全架构时，不能一蹴而就覆盖全部实体，但在安全架构设计之初就应该将各类场景纳入进来通盘考量，以区分优先级和中长期目标。

3. 所有风险治理的本质是一致的

很多公司把应用和网络以及主机安全分为多个部门，即应用安全团队所做的事情以应用相关的为主，网络及主机安全团队以网络、主机相关的为主。这就会如前文所述导致两个问题，一是本质上都是在做风险的治理，不同团队来做会出现边界问题，从而导致部分场景问题遗漏、没人管；二是风险的情报能力、发现能力、修复跟进能力等都是相通的，存在重复建设问题。因此若能将上线前风险融为一个项目，更好地深化各自侧重点和通用能力建设，从长远来看是更好的选择。

4. 标准化风险并彻底铲除

类似 Fastjson 这类组件经常出现 0Day 漏洞，这是因为 Fastjson 的 autotype 机制设计存在问题，不断有新的手段绕过其黑名单机制，从而出现新的 0Day 漏洞，导致企业疲于做应急修复。而修复方法往往是官方增加一个黑名单后发布新版本，安全工程师则催着研发工程师升级修复，但是没过多久又会出现新的绕过方法。

无论是安全工程师还是研发工程师，都不希望这种情况是常态。要明白，安全工程师的工作不是周而复始地发现漏洞和修复漏洞，因此在漏洞处置上应当以更加彻底的思路去解决。

对于像 Fastjson 这类经常因为某个特性被利用而导致漏洞的情况，如果安全团队只是宣导正确使用 autotype、依靠代码扫描分析其 autotype 的使用是否正确等，最终一定是不断遇到因遗漏导致的"惊喜"。更加直接有效的办法是结合自身业务情况，开发一个"阉割"的 autotype 版本，不再使用开源版本。这样就将一个无法标准化解决的问题收敛成可标准化解决的问题。在改造完成后，只需要判断是否使用了开源版本即可判断是否有漏洞，从而一劳永逸地解决某一类风险。上面的案例是有前提条件的，即需要有足够强大的中间件团队来支撑。另外，此方法所表达的是一种思想，不要局限在一个案例中。

5. 若无安全准入检查，一切"惊喜"将接踵而至

现实中往往会出现一种情况，即机制手段都有，但还是不断出现各种覆盖率不全的问题。比如在一个新应用发布前，安全工程师对其进行了评估，并提醒研发工程师接入 RASP，结果研发工程师因为各种原因未接入就上线了。后来在巡检时才发现 RASP 没有覆盖。

这其中存在两类问题，一是在日常安全体系建设过程中还是存在大量依靠规章制度约束的机制，而非技术手段检查和限制；二是在现实场景中安全防护能力很多时候是在业务上线后再进行

接入的，这就会导致出现一个无防护能力的时间窗口，从而被攻击者利用。

综上所述，所有变更应做到上线前就默认安全，而不是像传统做法那样在事后修复应用漏洞、修改主机或容器配置、修改网络 ACL、重构系统等方式来解决系统中的安全风险。传统做法效率低、成本高、风险敞口大，例如曾经有些公司的公网应用刚发布上线，还未进行安全防御加固，就已经被黑客入侵。又比如在系统架构设计之初没有考虑通信加密和存储加密的问题，导致安全水准低，后面需要进行方案修改和架构重构，导致重复投入研发资源，增加企业研发成本。因此在架构设计中实现默认安全机制是一种更高效和更安全的方法。

2.2.3 可信纵深防御：运行时防护未知风险

未知风险难以预料，比如自研软件、开源组件、操作系统、硬件中的 0Day 漏洞，我们并不能精确知道什么时候、哪个地方、哪个功能点会被挖掘出漏洞。未知风险存在如下特征：基于钓鱼欺骗员工、物理渗透（如 BadUSB）等社会工程学攻击，它是依赖人性的，不可避免；软件后门/漏洞、硬件、服务商网络通道等供应链安全威胁，这是由其他公司导致的问题，不可控制；而像未授权数据访问、非预期业务操作、业务逻辑绕过等业务滥用攻击，它和业务逻辑强耦合，不易解决。面对这些高级威胁，现有的各类基于攻击特征的防御体系难以有效应对。

1. 黑名单是不断绕过的根源，白名单免疫模式才是安全可信终态

可信是指仅允许预期内的行为发生，不依赖原有的各种基于攻击特征的黑名单防护方式（比如基于请求黑名单的 WAF 或基于黑名单的 RASP），因此白名单免疫模式需要刻画出预期内的行为，比如预期内的身份、镜像、软件、进程、调用栈和参数等。理念上是实现防御未知的攻击能力，而不是已知的攻击方法。

2. 任何安全产品都存在被突破的可能，多层可信纵深形成信任链才是终态

由于安全攻防是一个持续对抗的过程，随着攻击者能力的提升，任何安全防御机制都有可能被发现有漏洞或被绕过，因此针对要保护的目标实体的所有攻击路径，防御机制的层数要达到两层以上，每层的防御能力都要达到可信级防御的强度，且每层防御机制都由更底层的防御机制进行保护，层层依赖形成信任链，直至不可篡改的硬件芯片可信根（见图 2-7）。

3. 可信的通用实现：安全平行切面

在业务复杂性爆炸、数据穿透边界、长期技术负债的背景下，改造原有各类安全能力以实现立体可信的难度可想而知。在传统安全体系下，安全属于外挂式，往往安全管控效果差，业务团队响应不及时，有种隔靴搔痒的感觉。在内嵌安全体系下，安全依赖的各种能力需要业务团队研发排期，但往往与需求不吻合，响应也跟不上，有点绑腿走路的感觉。

而在安全平行切面体系下，安全能力与业务系统各自独立演进，安全管控与业务逻辑整体融合且解耦。RASP 就是一种典型的平行切面的安全应用。

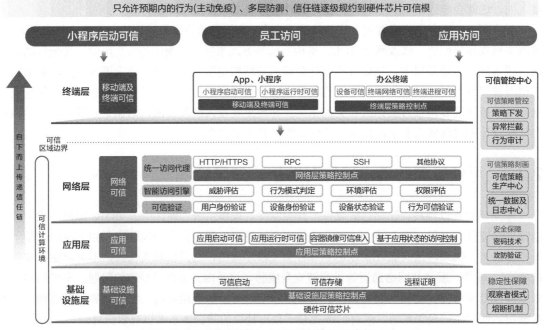

图 2-7 可信纵深防御：运行时高效应对未知威胁

2.2.4 威胁感知与响应：预设风险还是会发生

由于任何防御机制都可能被突破，所以需要建立立体化的威胁感知与响应体系（见图 2-8），确保攻击行为在尝试阶段甚至在突破后能被快速感知和"止血"，目的是在核心保护目标被攻破之前完成"止血"。

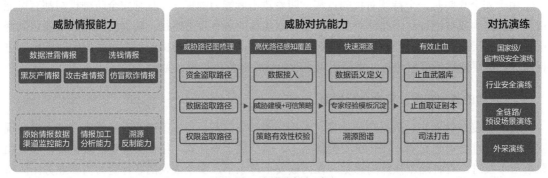

图 2-8 威胁感知与响应

因此威胁感知与响应团队会通过采集网络、主机、应用中的各类信息，观察各处的蛛丝马迹，并经过实时分析研判，找出异常等可疑行为，进行相应止血甚至反制。

2.2.5 实战检验：防护效果的持续充分检验

真实的黑客攻击如同战争一样，发生的概率和频次低，造成的损失却可能大到不可承受，所以不能等到真实发生了威胁再去补救。但是，目前常用的安全众测服务不足以充分、全面地检验安全水位。

类似军事演习的红蓝演练形式最接近真实的黑客攻击，可以较低成本检验企业的安全防御的有效性和不足之处。安全的本质是对抗，有多强大的蓝军就有多厉害的红军。各个企业也在组织自己的攻击队伍进行实战演练，然而每个公司的网络环境复杂程度各异，黑客有多种入侵渠道，现有的红蓝演练形式往往受限于研究成果，存在常见攻击路径重复覆盖、隐蔽攻击路径难以覆盖、攻防数据无法沉淀等问题，从而导致企业蓝军无法高效、有序和全面地覆盖所有攻击路径和安全隐患。

通过建设一支介于红蓝军之间的紫军，保持双方信息互通又相互独立，针对所有的攻击路径设计攻击演练机制（见图 2-9），以覆盖各种攻击手段并不断改进优化，是一个行之有效的方法。在此措施下，安全水位是经过实战检验的，而非自我评价，这样才能使团队有信心从容面对真实的网络黑客攻击，守护银行客户的信息和资金安全。

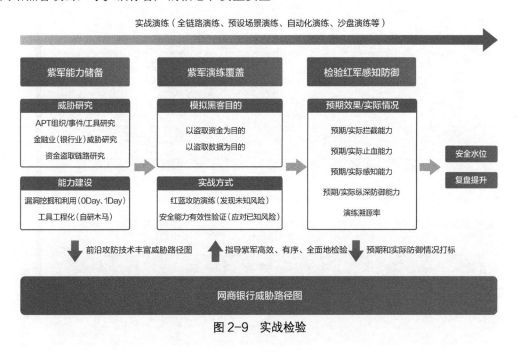

图 2-9 实战检验

2.2.6 安全数智化：极致的安全加固效率

人少事多是常态，数字化、智能化是未来。在前面几部分中，需要对所有变更实体的安全性进行评估，需要定义每层防御节点上预期可信的行为模式，因此需要做非常多的分析和决策，工作量必然很大，仅靠人工无法完成，同时可能会影响公司系统研发和运营的效率，成本也会非常高。基于数智化银行的架构思路（见图2-10），我们需要实现所有系统研发和安全评估工作的数字化，以进一步支撑安全评估、分析、决策工作的自动化和智能化。我们将所有目标实体转换为数字模型，通过任务编排来自动化管理各类安全任务，后者为安全目标提供服务，并沉淀能力朝着智能化方式转变，同时一切都可以通过运营中心可视化查看和操作。期待有一天安全工程师能够喝着咖啡就能完成安全事件的应急！

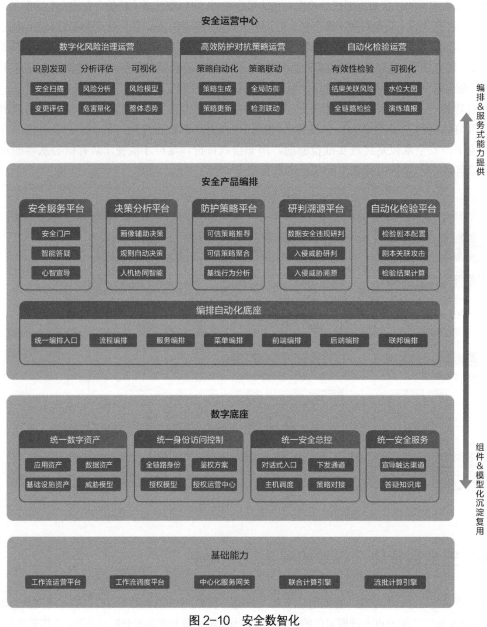

图2-10 安全数智化

2.2.7 数字银行安全整体架构

如图 2-11 所示，数字银行安全架构的设计理念包括五个部分，默认安全机制在上线前解决已知风险，可信纵深防御在运行时解决未知威胁，威胁感知与响应在风险利用时进行感知响应，实战演练从攻击者视角对安全防御和感知能力进行持续、充分的检验，最后数字化与智能化可支撑高效地达成目标。

安全可信架构——银行级高安全和互联网高效率

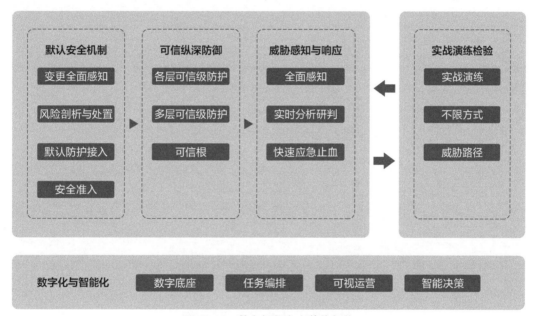

图 2-11 数字银行安全整体架构

2.3 小结

本章对数字银行安全架构设计的要求及整个数字银行安全体系进行了简要说明，从全局视角介绍了网商银行的安全体系架构设计及背后的思考。在接下来的章节，我们将详细叙述各部分的实践内容。

第二部分

默认安全

网络安全风险无处不在，回顾历史上出现的安全威胁，无论是业务应用、系统服务、App、办公电脑、服务器甚至员工自身都会存在各种安全风险。造成安全风险的根本原因是什么？根本原因是安全机制不符合安全要求的变化，当一个目标实体的状态发生变更时往往会伴随着新的安全风险的出现。解决安全风险需要做什么？当目标实体的状态发生变化时，安全团队需要对变更的内容和场景实时建立相应的管控和防护机制，包括但不限于变化发生前的安全评估和检查、变化发生中的安全组件集成及防护能力的配置。在事前规避风险，将在解决风险的同时极大地降低因安全漏洞导致的改造成本，兼顾数字银行发展效率与安全质量。

第 3 章
默认安全概念及建设思路

安全对于银行业来说是生命线,不发生重大信息安全风险是银行业的底线。跟传统的信息安全建设相比,银行业的目标不再是快速发现和处置风险,而是避免安全风险的发生,基于这个背景,默认安全机制应运而生。

3.1 什么是默认安全

3.1.1 默认安全机制

现实中大部分安全事件都是由已知安全风险导致的。在数据全生命周期中规避已知安全风险,是保护客户数据的关键目标。网商银行基于数字银行的安全管理要求,设计并落地了默认安全风险治理体系,以此来达成业务投产即安全的目标。默认安全体系由增量风险管控和存量风险治理组成。

增量安全风险的产生通常是由不符合安全要求的需求、代码、策略、权限等引起的,当实体[①]的状态发生变化时,往往会伴随着新风险的产生,如何在实体变更过程中识别、修复和抵御这些风险,避免业务"带病投产"就显得极为关键,而以此目标为导向的一系列全面、整体的安全规范和措施就是默认安全机制的体现。

安全风险无处不在,存量风险治理是一个动态过程。它通过建立线上风险巡检能力,对已知安全风险进行全天候巡检,制定风险处置标准流程,涵盖风险的发现、修复、验证等环节,从而实现存量风险的常态化治理,达到动态清零的效果。

既然已经明确新风险的出现是由各类变更导致的,为了及时发现这些风险,就需要知道一次变更的具体内容,基于变更,信息安全团队才能更有针对性地评估本次变更带来的风险。笔者在分析大量历史漏洞后将可能引入安全风险的变更类型分为需求设计、应用迭代、网络资源、计算资源、

[①] 涵盖人、项目、应用、需求、迭代、代码、主机、端口、服务、接口、策略、数据库等。

存储资源、策略配置、人力资源 7 类变更，并将这些变更都纳入感知范围，避免出现预期外的风险。

银行对于风险是极度厌恶的，传统的做法显然无法满足其安全要求。大部分公司的安全团队都拥有不止一种漏洞检测类的产品，通过强化这些产品的能力，漏洞检出的能力不断提升，但漏洞的数量却并没有显著减少，这就导致安全团队不断地应急和修复漏洞，陷入周而复始的怪圈。为了避免同类误区，我们从默认安全的视角出发，让风险尽可能早地被发现并解决，建立高效的上线前风险发现和处置能力，提供友好的风险评估机制和流程。

默认安全机制的建立可以缩短风险暴露的时间窗口、降低风险处置的成本。不安全的实体变更一旦生效，事后再去补救时将会出现一个风险暴露的窗口期，存在被外部利用的可能，但在投产前发现并做好加固就可以很好地避免。因此安全团队需要统一安全防护能力的默认集成模式，在现有安全能力的基础上，做到默认最强防御。

综上所述，在业务正式投产前，我们在每个阶段都设置了相应的安全要求和管控流程，归纳为变更感知与管控、风险剖析与处置、安全防护能力默认集成三个方面，以此为切入点实现所有可能引发风险的变更都默认安全这一目标。

3.1.2 默认安全与 SDL、DevSecOps

安全开发生命周期（Security Development Lifecycle，SDL）最早由微软于 2004 年提出，是侧重于软件开发的安全保证过程，致力于减少软件中的漏洞数量并降低其严重性。以 Microsoft SDL 举例，它的核心理念是教育、持续过程改善和责任，它把软件开发分为培训、要求、设计、实施、验证、发布和响应这 7 个阶段，并在研发过程的所有阶段中引入相应的安全及隐私的要求和原则，从而帮助研发人员构建更安全的软件应用。

DevSecOps（Development, Security, and Operations）由 Gartner 研究员 David Cearley 在 2012 年首次提出，是一套基于 DevOps 体系的 IT 安全实践战略框架。它的核心理念是安全不仅仅是安全团队的责任，而是整个 IT 部门（包含开发、测试、安全和运维等团队）所有成员的责任，需要贯穿业务生命周期的每个环节。它的关键做法是将安全嵌入 CI/CD[①]管道流程，通过构建一系列自动化安全工具链的方式来保证既快速、又安全地完成软件交付。如上所述，不管是 SDL 还是 DevSecOps，其实都是围绕软件研发生命周期来开展相应的安全实践，并不断地尝试将安全前移，从而更有效地收敛安全风险。二者的区别更多体现在安全的权责划分、自动化建设的程度以及研发迭代的周期等方面。而默认安全更像是一种指导原则，它的核心理念是所有可能引发线上风险的变更都是默认安全的。从范围上来看，默认安全已经不仅仅局限于保障软件或代码迭代过程中的安全性，而是覆盖以变更为切入点的所有可能引发线上安全风险的"操作"。默认安全与 SDL、DevSecOps 并不是对立或冲突的关系，相反，SDL、DevSecOps 的很多思路和做法都符合默认安全的理念，比如安全左移、自动化、流程嵌入。默认安全更侧重于感知变更带来的风险、上线前的智能风险决策、投产前所处环境的安全基线和能力集成，同时对于未知风险的防御要做到当下能力范围内的最高水位。

---

① CI（Continuous Integration，持续集成），CD（Continuous Delivery，持续交付）/（Continuous Deployment，持续部署）。

3.2 默认安全建设思路

3.2.1 设计目标

网商银行信息安全团队在 SDL、DevSecOps 等领域汲取了大量软件安全开发的实践经验，分别从信息安全基线、安全资产建设、增量风险管控以及存量风险治理等几个角度来构建默认安全整体架构，如图 3-1 所示。在变更感知层面，保证所有可能引发线上安全风险的变更都能被安全团队感知，避免预期外的风险出现。在风险剖析层面，确保在一次变更中所有已知风险都能被高效发现，并通过标准化的方案完成修复。在安全防护层面，默认加固应用运行环境，自动集成现有安全防护能力，最大程度地抵御未知风险。这在保障业务安全的同时，极大地提升了研发效率，最终在业务投产前做到默认安全。

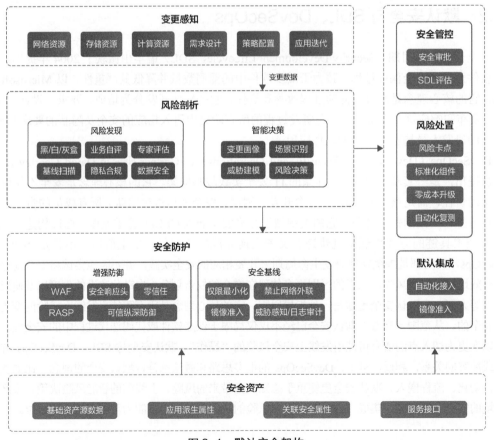

图 3-1 默认安全架构

3.2.2 设计思路

在以往业务研发迭代过程中，安全往往处于比较被动的状态，我们很难第一时间知道业务具体做了哪些变动，也就难以及时做出应对。以一个正常项目从立项到正式上线为例，在需求设计阶段项目经理与安全团队同步参与需求评审，根据具体需求场景给出相应的安全要求和建议；研发阶段依赖安全编码规范，具体研发人员是否按照规范要求编码，完全取决于人的主观因素；在测试阶段，功能测试完成之后安全团队被通知进行上线前的最后一次安全兜底测试，这期间还会有类似黑、白、灰盒扫描器等各种自动化安全工具对其进行安全测试，这一系列动作完成之后，项目就正式发布上线了。事后会有对应的巡检机制，一旦发现异常情况，比如端口违规开放、域名错误开放到公网、应用没有接入相应的安全防护能力等，再由安全团队跟进并处理。可以看到，虽然看起来安全团队好像参与了每个环节，却强依赖于各阶段负责人是否遵循安全约定，一旦某个环节的负责人不按约定及时告知安全团队参与评估，对于一个业务的某次变更可能引入的安全风险的评估或者测试就会极大地滞后，风险就将变得不可控。

基于以上背景，为了改变安全在研发生命周期中被动的局面，笔者团队先将上述问题进行拆解。

1. 第一时间知道业务变更

对于安全团队来说，最关键的点是能够第一时间知道业务在一次研发迭代过程中的每个环节都做了什么，也就是需要感知研发流程中的每一次变更，由此推导出两个具体的事项。第一，梳理所有与研发流程相关且可能引入安全风险的变更渠道，对现有重要变更人员和权限范围进行收敛，同时推动同类型变更渠道合并或做下线处置，从根本上减少风险面。第二，将所有变更操作都线上化和白屏化，用规范制度和技术手段推动纯人工黑屏化的变更方式收敛直至消失，建立相应的变更流程，使得所有变更都更加规范。此时，我们已经初步达成了变更感知的先决条件，接下来需要将之前梳理的变更渠道按照统一对接规范接入安全管控平台，再根据变更类型制定相应的安全管控策略，包括安全评估项、安全审批节点以及顺序、自动化审批策略、风险卡点能力等。至此，我们具备了第一时间感知业务研发变更并对其进行安全管控的能力。

2. 高效地发现变更中的安全风险

在感知到具体的变更信息后，面临的最大问题是如何在不阻断业务研发流程的前提下，高效地发现一次变更中潜在的安全风险，并在上线前快速完成修复。此处先将风险剖析与处置阶段分为 3 个环节，分别是风险识别、风险修复和修复验证，接下来需要在保证不遗漏安全风险的同时，提升每个环节的效率，尽可能将对业务研发的打扰降到最低。

1）风险识别环节。首先要统一安全评估流程，过去的做法是针对一次研发变更，业务方需要联系包括应用安全、移动安全、数据安全等多个方向的不同安全工程师来评估当前变更是否存在风险，这就需要业务方反复地跟不同的人讲述同样的业务需求、技术方案等内容，不同的安全工程师评估内容不统一且对发现的风险各自反馈，致使研发流程被无限拉长，业务方体感也很差。为了解决这个问题，笔者团队根据业务场景、历史漏洞数据、安全风险扫描能力和安全防护能力等构建了风险矩阵图，如图 3-2 所示。风险矩阵图中不再区分安全方向，而是从业务场景的角度出发，将漏洞类型及细分风险都融入对应的业务场景中，以此为基础，建立对应的风险评估模型、自动化风险发现能力（黑/白/灰盒、流量）、标准化的安全解决方案（安全组件、操作文档），通过业务风险自评、智能风险决策和标准安全组件等方式既保证安全，又能提升研发效率。具体的实现细节将在后续章节中详细介绍。

业务场景	漏洞类型	细分风险	风险模型	矩阵	黑盒	IAST	白盒	默认防护	安全组件（方案）
应用提供对外服务的 HTTP/RPC 接口	CSRF		未覆盖	无需覆盖	已覆盖	未覆盖	已覆盖	WAF	已覆盖
	未授权访问		已覆盖	计划覆盖	已覆盖（需优化）	未覆盖	已覆盖		
	CORS		已覆盖	无需覆盖	已覆盖	未覆盖	已覆盖		已覆盖
	SQL注入		已覆盖	已覆盖（需优化）	已覆盖（需优化）	已覆盖	已覆盖		已覆盖
	传输未加密	HTTP/RPC传输未加密	已覆盖	无需覆盖		无需覆盖	无需覆盖		
	未接入审批日志		已覆盖	无需覆盖		无需覆盖	无需覆盖		
JSONP跨域数据传输功能	JSON劫持		已覆盖	已覆盖（需优化）	未覆盖	未覆盖	已覆盖		
文件下载功能	目录遍历		计划覆盖	计划覆盖	已覆盖	未覆盖	已覆盖		已覆盖
	文件遍历		计划覆盖	已覆盖（需优化）	已覆盖	未覆盖	已覆盖		已覆盖
	任意文件下载		已覆盖	已覆盖	已覆盖	已覆盖	已覆盖		已覆盖
	敏感信息批量导出		已覆盖	未覆盖		无需覆盖	无需覆盖	WAF	
文件上传功能	任意文件上传	OSS STS前端直传	已覆盖	计划覆盖	无需覆盖	未覆盖	未覆盖	WAF	
		直接上传 jar 包执行	计划覆盖	计划覆盖	无需覆盖	未覆盖	未覆盖		
		上传 HTML、模板文件、Python 代码等	已覆盖	计划覆盖	无需覆盖	未覆盖	未覆盖		已覆盖
	任意文件包含		已覆盖	已覆盖（需优化）	已覆盖	无需覆盖	无需覆盖		
用户/角色私人敏感操作执行	水平越权		已覆盖	已覆盖（需优化）	计划覆盖	已覆盖	已覆盖（需优化		已覆盖
	垂直越权		已覆盖	未覆盖	未覆盖	未覆盖	无需覆盖		已覆盖
	逻辑绕过		已覆盖（需优化）	未覆盖	未覆盖	未覆盖	无需覆盖		
短信/电话/邮件通知功能	短信轰炸、邮件轰炸		已覆盖	计划覆盖	无需覆盖	未覆盖	无需覆盖		
	内容安全风险	户可控制通知的内容及通知的人，导致钓鱼及舆情反	已覆盖	计划覆盖	无需覆盖	未覆盖	无需覆盖		已覆盖
自实现的验证码	逻辑绕过		计划覆盖	无需覆盖	无需覆盖	未覆盖	无需覆盖		
URL重定向功能	URL任意跳转		已覆盖（需优化）	已覆盖（需优化）	已覆盖	未覆盖	无需覆盖		已覆盖
XML解析功能	XXE		已覆盖	无需覆盖	已覆盖	已覆盖	已覆盖		已覆盖
用户命令执行功能	命令执行		已覆盖	已覆盖（需优化）	已覆盖	已覆盖	已覆盖		已覆盖
用户上传代码执行功能	代码执行	Groovy代码执行	已覆盖	已覆盖	已覆盖（需优化）	已覆盖	已覆盖		已覆盖
		Python代码执行	计划覆盖	已覆盖（需优化）	未覆盖	无需覆盖	未覆盖		
		SpEL表达式注入	计划覆盖	未覆盖	已覆盖	未覆盖	已覆盖		
		反射调用	已覆盖（需优化）	无需覆盖	未覆盖	未覆盖	已覆盖		
		任意模块加载：编译产物被加载运行，如jar、so等	已覆盖（需优化）	计划覆盖	未覆盖	未覆盖	已覆盖		
用户可自定义模板或模板内容	模板注入	Velocity模板注入	已覆盖（需优化）	计划覆盖	未覆盖	未覆盖	未覆盖		已覆盖
域名/IP地址进行访问（包括但不限于HTTP/FTP/JDBC/WebSocket/其他TCP	SSRF		已覆盖	已覆盖（需优化）	已覆盖	已覆盖（需优化	已覆盖		已覆盖

图 3-2　风险矩阵①

2）风险修复环节。在日常安全评估过程中，为了减少业务研发人员漏洞修复的成本，需要提供标准化的安全防护组件或解决方案。这里的组件和解决方案是指业务研发人员拿来即用，参照执行就可以规避风险，而不仅仅是单纯的修复建议。在 0Day 应急的场景下，传统的安全工程师“人肉”推进业务研发升级修复的方式会消耗大量人力、时间资源，同时因为修复周期太长，会存在一个风险窗口期。为了尽可能缩短风险暴露的时间、降低被入侵的可能性，网商银行引入了“低成本 JAR 包升级”的方式来解决大规模应用风险治理场景下的安全升级问题，在一次应急过程中只需向研发人员自动提交漏洞风险修复的代码 PR 和变更迭代，研发人员借助平台提供的自动化发布能力，就可以高效地完成应用迭代发布，从而减缓研发人员的漏洞修复焦虑，降低人工成本。

3）修复验证环节。修复验证通常是风险工单流程中的最后一个步骤，但仍会占用安全工程师不少时间。对于相似的漏洞复测、验证流程，完全可以利用风险识别环节中的各种自动化扫描工具去代替人工，实现风险修复验证的工作。各自动化扫描工具在上报漏洞时预先留存漏洞的扫描插件、扫描策略、请求参数等关键信息，当漏洞工单处于待修复验证的状态时，可根据前期留存的关键信息生成自动化复测任务，对风险进行自动化复测。

① 查看完整表格可联系本书责任编辑（shejie@ptpress.com.cn）。请读者注意，该表格只是一个示例。

3. 在上线前默认集成全链路的安全防护能力

认知范围内的安全风险被发现并完成修复，是不是就代表即将上线的业务绝对安全、万无一失了呢？答案显然是否定的。一方面，在业务上线前发现并规避所有已知的安全风险是十分困难的，尤其是在相关能力建设的过程中，可以预见的是风险遗漏到线上是必然的。另一方面，历年来层出不穷的 0Day 漏洞时刻威胁着我们的安全防线，抵御未知风险成为我们绕不过去的一道难题。为了尽量避免隐藏较深的 NDay 及 0Day 漏洞导致的风险敞口的出现，系统需要在变更生效前具备应有的安全防护能力。从初始化的基础安全基线（存储资源的安全策略、镜像签名和容器加固等），到接入层（HTTPS、WAF、办公网零信任、前端安全响应头等），再到运行时的可信纵深防御（RASP[①]、链路加密、服务鉴权、容器应用可信、出口流量管控等），最后是业务层（RDS[②]、业务逻辑防护等），全链路的安全防护能力都要在上线前默认集成，以达到当下能力范围内的最强防御状态。

4. 上线前最后的准入管控

在某次变更正式生效之前，我们需要进行最终的准入判断。当一次变更符合安全基线要求，即变更同时满足已被实时感知、识别并修复了已知的安全风险，且具备必要的未知风险防御能力这三个条件时，我们才会为该变更打上专属的安全准入标签。对于未携带安全准入标签的变更，我们将阻止其进一步执行，并提醒相关变更人员，以避免意外的安全管控疏漏，并确保能够最大程度地降低风险。

3.3 小结

本章简单讲述了默认安全机制，并通过与大家熟知的 SDL、DevSecOps 进行对比，进一步讲解了它们之间的差异，同时重点分享了应用上线前的一些安全架构设计思路。本章给出的架构设计方案都是比较通用和基础的，企业可以根据自身业务需求和研发架构等在上述架构设计方案的思路上进行拓展和调整。

[①] RASP：Runtime Application Self-Protection，即应用运行时的自我保护。
[②] RDS：Robot Detect System，即人机识别系统，用于对抗由机器发起的爬虫、扫号、CC 攻击等行为。

第 4 章

默认安全建设方案

默认安全旨在规避已知安全风险,存量风险治理逐步完成,同时新增业务默认经过安全评估和安全措施覆盖。类似于针对已知疾病的疫苗与抗体,对于已知类型风险,系统应达到投产即安全的状态。本章将从信息安全基线、安全资产建设、增量风险管控、存量风险治理以及风险发现体系的演进等方面详细介绍默认安全体系建设。

4.1 信息安全基线

4.1.1 信息安全基线概述

在传统安全观念中,安全基线主要强调如何提供一套安全指引,以解决某个独立系统范围内的安全隐患,其中包括安全能力标准以及具体配置建议。

不同于传统观念,本书中的信息安全基线旨在从整体视角为数字银行提供一套可落地执行的企业信息安全具体要求。信息安全基线在自上而下的组织保障、企业信息安全规范的基础上,结合行业监管要求、业务自身实际情况、安全风险优先级等,提供一套框架清晰、内容明确、指标可度量、可对照执行的安全治理大纲。

1. 数字银行信息安全要求

近年来,我国政府高度关注并持续推动信息安全领域的法律法规颁布和各行业信息安全规范化的进程。一方面,随着《网络安全法》《数据安全法》《个人信息保护法》等多项相关法律相继正式实施,我国信息安全领域的基础法律框架已有序构筑。在这些数据安全领域的基础法律法规的基础上,不同政府单位在不同子领域联合制定的法规、条例、办法也随之陆续正式颁布,比如《App违法违规收集使用个人信息行为认定方法》《数据出境安全评估办法》《网络数据安全管理条例》等。

另一方面，包括银行在内的各金融行业主管部门陆续制定了面向各自行业的信息安全规范标准。例如，人民银行发布了《个人金融信息保护技术规范》《金融数据安全 数据安全分级指南》《金融数据安全 数据生命周期安全规范》等一系列金融行业标准，银保监会发布了《银行业金融机构数据治理指引》等，说明信息安全成为银行业监管的重要指标。

为此，数字银行要切实落实法律、法规、规范等维度的要求，对众多要求进行详细解读，对数字银行的业务需求和安全现状详细分析，制定信息安全治理的总体目标和完备的管理制度体系，实现安全治理有章可循、风险可控、运行规范。

2. 数字银行推进信息安全基线的挑战

数据资产本身具有敏感程度各异、内容多变、流转关系复杂等特点，特别是当今数字银行面对的海量、多维、多方、碎片化、持续流动的数据处理场景。数字银行快速演变的业务特点，加速了复杂安全场景的产生。在互联网环境的加持下，数据资产保护持续面临未知威胁的挑战。传统的数据资产扫描、数据分析等手段，很难充分满足复杂场景下的信息安全能力需求，需要借助数据地图、数据全链路血缘、大数据用户异常行为分析、数据生命周期精细粒度的安全管控等跨领域技术能力。另外，针对数字银行的强监管要求，企业需要对高敏感数据资产的管控实现专数专用、高精度访问控制、防止数据滥用和泄露，以及满足隐私数据可用不可见、可算不可识等要求。这就要求企业在业务效率与安全管控之间探索平衡，针对复杂多样的业务数据使用场景，定制可落地的信息安全基线。

3. 信息安全基线的价值

（1）明确安全风险治理目标与进展

信息安全基线帮助信息安全团队设定容易理解的安全目标，消除"提高安全能力""消除安全隐患"之类的模糊目标。通过一系列安全域划分、安全红线或事件判定标准、安全水位衡量验证指标等，信息安全团队可采取目标清晰的行动，并证明资源分配的必要性和合理性。同时，也让团队能够依照基线要求对比追踪风险治理的进展。

（2）有助于工作进展的有效汇报

安全管理者拥有了可执行的风险治理指标，可以更有效地就安全风险管理、资源需求分配、安全工作如何支持业务目标等事宜与企业管理层沟通。将安全基线的标准和治理成果与竞争者和同行业进行比较，可以帮助决策者更好地了解和分析安全领域的投资需求。

4.1.2 信息安全基线结构

一套成熟的信息安全基线背后是完备的由上而下的组织保障管理。安全团队要在全面的信息安全管理制度规范的基础上，围绕信息安全风险治理的重要事项，制定可落地执行的基线要求。

1. 由上而下的组织保障管理

首先明确一点，信息安全治理是需要在企业整体组织架构中贯彻的一项战略工作。缺少组织高层的重视和驱动、安全治理局限于部分业务或部门、安全职责划分不明确而难以落实，是很多企业信息安全治理的共性问题。因此，数字银行需要明确信息安全对组织生存、发展具有重要的战略意义，达成对信息安全重要性的共识，制定自上而下、全员参与的信息安全责任制、管理制度，使信息安全管理有章可循。

信息安全保障工作的管理架构应该是由上而下的。根据企业实际情况，不同企业可能有不同的架构（层级结构、各层级组织划分与成员构成、具体职责划分等），在此，本书提供一套管理架构以供参考，它包括决策层、管理层和执行层。

- 决策层（如信息安全委员会）是企业关于信息安全管理标准与流程的最高决策机构，组成人员往往包括数字银行总负责人、技术负责人（如 CIO、CISO 等）、合规法务负责人、风险管理负责人等。决策层的具体职责包括但不限于如下几条。
  - 对信息安全工作对业务的重大影响事项进行评估和最终决策。
  - 监督信息安全重点工作执行情况，并持续跟踪风险管理水平，杜绝风险管理盲点。
  - 对工作中涉及法律法规的场景落实情况进行指导。
  - 为信息安全工作协调必要的人力、财力和物力。
- 管理层（如信息安全工作组）是推动信息安全具体工作的管理方，组成人员一般包括信息安全部人员、合规法务部人员、各部门的信息安全接口人等。管理层的具体职责包括但不限于根据委员会决策推动信息安全风险治理工作和信息安全专项执行、定期向委员会汇报工作进展里程碑、反馈企业重大信息安全风险与解决方案等。同时，各部门信息安全接口人应向工作组定期同步本部门的信息安全管理需求变更、风险事项、落实情况等具体事宜。
- 执行层涉及信息安全工作落地过程中各关键岗位的执行人员（如研发、运营、产品、合规等部门人员），开展信息安全体系建设的具体措施落地、安全运营事件调查响应、应用系统权限审核等具体工作，并定期在工作组内部汇报重要工作的进展。

2. 信息安全管理制度

企业应从实际需求出发，充分了解并分析国家法律法规、相关行业标准规范等官方要求，根据企业的实际信息安全现状，制定全面的信息安全治理目标和管理制度规范。这些规范可以包括《企业数据安全管理基本原则》《企业网络安全管理基本原则》《企业代码安全管理规范》《企业网络入侵与检测响应管理规范》等，以确保覆盖全部风险。通过制度条款的方式让全员重视，并作为安全奖惩的理论依据。

3. 重点安全风险的基线要求

下面着重提炼重点安全风险所对应的安全基线制定的方法论，对于具体的基线结构和内容，企业可以根据自身情况进行适当的调整。由于安全基线要求涉及的分类繁多，在此不一一详细展开，我们以数据安全的基线要求为例进行介绍，而网络安全相关的基线制定也可以采用类似的方法。

（1）围绕数据生命周期的基线要求

下面从数据生命周期的视角，结合各个周期节点的信息安全风险来阐述安全基线的内容。

- 数据采集

数字银行在提供金融产品与服务、进行金融管理的过程中，经常需要直接或间接获取用户个人信息、企业自身内部敏感信息、外部（二方、三方）机构与合作方信息。作为数据生命周期的起始阶段，数据采集往往带来违规采集、数据源篡改、机密信息泄露等安全风险。在此，本书提供一套数据采集的安全基线模板以供参考，见表4-1。

表 4-1 数据采集基线要求模板

基线要求	要求描述
指定采集责任人	采集行为需要有对应的业务责任人，如应用系统采集的责任人一般为应用 owner，责任人应该明确知悉采集的敏感数据情况，并同步相关部门完成数据采集合规性评估
采集合规评估流程	根据企业情况，采集合规评估组可能包括信息安全部门、合规部门、法务部门等。评估流程中会判断多方面内容的合规性，包括但不限于： • 敏感数据的类别（如用户个人身份信息、企业内部敏感数据、外部机构共享数据） • 敏感数据的名称、含义 • 数据是否存储及存储方式 • 数据采集渠道（如接口名称） • 数据采集频率 • 数据采集目的和业务线归属 • 数据采集范围与声明范围一致性检查 • 数据采集时长 • 以上数据采集情况是否获得用户、合作方授权
高敏感数据安全要求	根据企业情况，对高敏感数据的采集行为可能有额外安全要求，包括但不限于数据源身份动态认证、采集数据落盘前加密、即时清除缓存等
外部接口安全评估	若数据采集渠道为第三方接口，接入数据前，需要有关部门（如信息安全部）进行外部数据引入安全评估，包括但不限于业务背景、引入方式、域名、流量、接口详情、数据字段、数据使用范围等
采集合规性整改	采集检测（如 App 扫描检测）结果，以工单形式反馈业务整改，写明整改期限、具体要求等

应用系统（如移动 App）是数据采集的最常见渠道，安全基线也需要对其他渠道（如短信、人工等）做出要求。

• 数据存储

数字银行的数据存储具有大数据存储、敏感资产遍布、载体多样化的特点，数据存储过程会带来数据丢失、不可用、篡改、泄露等风险。在此，本书提供一套数据存储的安全基线模板以供参考，见表4-2。

表 4-2 数据存储基线要求模板

基线要求	要求描述
禁止存储的内容	根据行业合规、企业规范的要求，明确禁止各类存储介质（客户端、大数据库、日志等）存储某些非必需的敏感数据（或需要交易完成后即刻清除缓存、使用后即刻本地删除等），包括但不限于： • 非本银行发行的银行卡信息（卡号、磁条信息、PIN、CVN、有效期等） • 用户的支付信息（生物识别信息样本、CVN、交易密码等） 为整改不合规的内容存储，需要相应的自动周期性扫描识别能力；若某些场景下有数据存储的必要，需要获得客户、外部机构或管理结构的授权，执行相应的审批授权流程

续表

基线要求	要求描述
大数据加密存储	根据数据分级分类标准,大于一定敏感等级(如 C3 以上)的用户个人信息,包括个人金融信息,在落盘大数据系统时应当默认开启存储加密或字段加密功能,作为数据防泄露的其中一道保护屏障。存储介质不限于存储桶、关系型/非关系型数据库、日志系统等。并且,算法安全等级应不低于某一级别(如 AES-128 级别),应采用符合行业标准的加密、签名算法,如国密 SM2/3/4
统一密钥管理系统	代码或配置文件中往往会包含机密信息,如系统认证授权 Token、证书/签名私钥、数据加密密钥、用户名密码等。原则上,若这些机密信息涉及敏感信息的代码或配置文件(如代码硬编码),均须接入密钥管理系统(KMS)进行密钥生命周期的统一管理。对于接入 KMS 的密钥,需要记录所属应用、应用部署情况、密钥算法、名称、证书详情等
日志的脱敏存储	应用系统在输出调试信息、日志记录时,不应该包含高敏感信息(如日志中打印了用户个人身份信息、登录密码)。应具备日志敏感信息检测能力与自动脱敏能力,以减少该渠道数据泄露的风险
API 敏感数据存储	如果系统间通过 API 调用高敏感数据,须经过授权验证。并且,对于通过 API 调用的其他系统的高敏感数据,不得未经授权存储副本
应用系统分类分级	基于应用系统所涉及的敏感数据类别与等级(即数据分级分类标准)、存储调用数据量、用户类型等,对应用进行系统安全定级,从而制定相应的资产保护策略

由于数据资产的多介质分布(如混合云),企业往往很难做到存储风险全量整治。因此,需要根据资产价值、风险等级、可落地性等,理清治理优先级。同时规范数据采集和存储链路,防止更多高价值数据资产不断流入高危存储介质,增加治理成本。

- 数据使用

数据使用是数据生命周期的关键环节,包含众多使用场景,如数据访问、数据加工、数据下载、开发测试、数据展示等,并且受业务属性影响存在较多特殊场景,需要重点关注和持续更新安全基线要求。数据使用环节常见的安全风险包括非授权访问、数据泄露与盗取、篡改等。在此,我们提供一套数据使用的安全基线模板以供参考,见表 4-3。

表 4-3 数据使用基线要求模板

基线要求	要求描述
应用权限统一管理	企业办公应用应集中接入权限管理系统,进行统一的认证与授权管理,以及对敏感数据资产的权限管理;在设计用户角色时,应根据业务需求设置不同的角色,一个角色可以包含相同工作场景的多个用户,一个用户可能绑定一个或多个不同种类或级别的工作角色 在配置角色权限时,应授予用户可以完成任务所需的最小权限角色;定期审计清理应用系统中不活跃、离职、转岗、冗余的权限;对于高风险类权限,尽量将权限码细化至最小功能点粒度
数据库访问权限	各类数据库(公有云/混合云部署、存储桶、关系型/非关系型数据库)访问配置应严格遵守安全红线,比如,存储个人可识别信息(人脸识别数据、个人生理信息等)或敏感金融信息(征信报告、法律认证文件等)时默认设置私有访问属性,严禁各种形式的公共读写、遍历权限、非生产环境访问(如测试开发环境访问)
开发测试数据使用	禁止在测试开发环境直接使用真实客户数据,若存在使用情况,应进行敏感数据脱敏或删除整改

续表

基线要求	要求描述
敏感数据脱敏访问	严禁在应用、系统、日志中以明文形式输出用户个人敏感信息及系统安全凭证。对敏感数据（如用户个人数据、用户密码等）的访问，包括前端页面展示、数据库查询、API 接口查询、日志记载等形式，均需要对返回结果进行脱敏处理。脱敏规则应遵循企业统一的脱敏规范，包括敏感信息的范围、各类别字段的具体脱敏规则、员工角色与脱敏规则的绑定关系 用户个人敏感信息包括但不限于：个人身份信息（如姓名、证件号码、手机号码、邮箱）、个人设备信息（如设备唯一识别号）、个人金融信息（如银行账号、交易密码、验证码 CVV）、系统安全凭证（密码、口令、密钥）等
数据查询管控	员工查询用户个人数据，需要有明确工作场景的支持，并留下工单记录或审计日志。数据查询也应遵循最小化策略，即员工完成业务需求所需的最小数据范围。严格控制后台开放式查询功能，限制批量明细查询场景（如限制敏感数据的返回量阈值、识别异常数据访问请求量级），降低数据批量泄露风险
数据下载管控	原则上不允许员工在线上系统擅自下载导出数据，尤其是下载到本地。数据下行为需要对接统一的下载分发系统，对各数据平台下载操作分别设置独立的权限码，严格控制员工的下载相关权限授权流程，非业务必需场景禁止下载。增加数据下载审计功能，全量接入审计日志，做到人员操作可溯源
植入水印保护	当应用系统展示包含敏感信息的文档、报表、配置、接口等形式的信息时，应当添加不同形式的水印标志，包括但不限于网页水印、图片明水印、数据暗水印等。水印内容应包括数据访问者识别信息，方便事后追溯（如信息泄露源头）。水印质量应考虑鲁棒性，使水印内容难以篡改、删除
数据使用审计日志	各应用系统必须打印审计日志，确保数据的查询、编辑、下载、变更行为有迹可查，尤其是高敏感数据的日志记录埋点，并保证日志的数据质量，方便下游接入大数据分析。严格管控日志系统的操作管控，防止日志内容被修改，维护证据链完整性

- 数据传输

数据传输涉及企业内部系统间传输，以及与外部多方之间传输（如客户端采集上报传输、第二/三方数据共享传输）。数据传输环节常见安全风险包括敏感数据泄露、篡改等。在此，我们提供一套数据传输的安全基线模板以供参考，见表 4-4。

表 4-4 数据传输基线要求模板

基线要求	要求描述
传输路径与协议	企业与不同外部机构进行数据交互时，应经由统一网关进行安全管控。如确有特殊场景需要通过其他渠道传输数据，应经过统一安全评估后再进行 数据传输应采用安全传输协议，保护机密性、完整性、可用性等，如使用 TLS 1.2/1.3 版本的 HTTPS，或其他安全协议
传输合规性评审	合规性涉及多方面评审，包括但不限于：应用系统是否可开放外网数据传输、传输流程报备（传输的数据内容、接口名称、域名或 IP 等），并留有工单以备审计
数据跨境传输	若数据接收侧 IP 地址定位在中国境外，则须事前报备到法务、合规侧审核，完成跨境安全性及合规性审批，与业务方确认传输场景、接收方、数据内容等，进行相应安全加固或接口下线，遵守行业数据跨境管理规范。对于境外接收方为外部机构的，应对机构进行安全尽职调查

- 数据输出与共享

数据输出与共享可以视为数据使用的重要场景，也是数据泄露发生频率较高的渠道。这里以它为例来讲解安全基线要求，见表 4-5。

表 4-5　数据输出与共享基线要求模板

基线要求	要求描述
内部数据外发管控	禁止在未经安全审批报备的情况下，将任何企业内部文件（包括但不限于用户个人数据、内部工作文档、生产测试数据、代码配置文件等）通过任何渠道（包括但不限于邮件、IM 软件、可移动设备、无线设备、云同步、接口等），外发至员工个人非办公设备、外部机构甚至境外机构 对禁止的外发渠道须进行必要的关闭与安全监控，做到事前预防、事中响应、事后溯源。若通过 API 接口形式外发交换数据，接口应对接服务鉴权能力、使用安全的传输协议、完成安全能力评估等，以降低公网暴露风险
敏感数据的共享	根据企业要求，对不同敏感等级的数据进行外发管控。比如，高敏感数据禁止外发，中低敏感数据外发前须完成脱敏处理、加密处理或水印处理中的一项或多项
数据接收方安全能力评估	数据接收方的安全能力直接影响着数据泄露、滥用的风险，比如共享给接收方的数据涉及企业机密数据的情况。因此，数据外发前，也有必要推动数据接收方的安全能力评估，对安全能力达标的第三方发送敏感数据

- 数据删除与销毁

当应用系统下线、数据主体或用户主动提出删除数据、数据保存期限到期、开发测试数据集不再使用等场景发生时，业务、安全等部门需要对数据删除与销毁负责。数据销毁额外要求被删除数据无法复原，比如通过加密删除销毁密钥、物理销毁等方式。数据逾期未删除或删除不完全导致泄露（比如公有云数据），可能会带来违反合规要求的风险。

（2）权限管控基线要求

在系统将权限授予用户使用前、使用中和使用后，应根据不同的场景对用户申请和使用权限的行为进行限制、阻断、预警。不同的场景具体包括环境侧（IP、终端 ID、浏览器版本、网络访问类型、操作时间、访问位置）、权限侧（普通权限、敏感权限/重要权限）、用户侧（外包账号、正式员工账号、公共账号）、应用侧（应用的类型和重要程度）、其他（用户风险值）等。

- 事前权限管控基线

在系统授予用户权限前，可结合不同的场景和权限申请流程、申请时长、发起申请的用户类型等增加限制条件或灵活调整控制措施，见表 4-6。

表 4-6　事前权限管控基线要求举例

基线要求	要求描述
用户申请权限（黑名单）	通过配置系统策略，默认拒绝外包人员对基础设施运维生产环境权限申请的发起，如外包人员不能发起线上环境 log、admin、root 权限申请；外包账号不能发起线上业务系统管理员权限申请；技术人员账号不能发起线上业务系统权限申请；外包账号不能发起部分重要操作申请，如系统配置权限等，外包人员不能发起全局类基础设施权限申请；业务人员不能发起技术数据订正类权限申请

续表

基线要求	要求描述
用户申请权限（白名单）	通过系统策略配置和白名单实现对基础设施运维生产环境 log、root 和 admin 账号权限的申请
用户申请授权时长	业务外包人员账号申请业务系统权限的授权时长不能超过 N 天；用户对重要/敏感权限的授权使用时长不能超过 N 天
用户权限申请流程	用户申请普通权限，审批节点包含主管和权限 owner；用户申请重要/敏感权限，审批节点包含主管、权限 owner、部门权限管理员/部门负责人；对于未填写具体申请原因的权限申请，系统默认自动拒绝申请；对于用户访问环境（IP、终端 ID、浏览器版本、网络访问类型、操作时间、访问位置）异常的权限申请，额外增加安全审批节点

- 事中权限管控基线

在权限授权给用户使用的过程中，可根据不同场景通过增加二次身份验证、行为阻断等对权限使用过程增加限制条件或灵活调整控制措施，见表 4-7。

表 4-7 事中权限管控基线要求举例

基线要求	要求描述
用户账号	根据用户账号（正式账号、外包账号、公共账号）类型对长期未登录使用的不活跃账号及时进行锁定
用户账号	根据用户状态对离职人员账号进行锁定
用户账号	根据用户状态对转岗人员账号访问应用系统进行阻断拦截，完成权限评审后方可放行
用户权限	根据用户账号（正式账号、外包账号、公共账号）类型对长期未使用的权限及时进行冻结和回收
用户权限	根据用户状态对离职人员权限进行回收
访问范围	外包员工访问应用范围受限制，仅允许对授予权限所在应用访问，其他默认拒绝
身份验证	特殊情况登录增加二次身份验证，如浏览器版本与上次访问不一致、凌晨 2∶00～5∶00 访问应用系统、访问安全等级比较高的业务系统、当日密码连续错误锁定 2 次及以上账号登录验证、公共账号访问应用系统、终端 ID 信息与上次访问不一致、系统管理员访问相应系统等

- 事后权限管控基线

在权限已经授予用户后，可结合不同的场景从操作人、操作类型、操作结果、操作对象、操作时间等方面对权限使用行为进行事后审计，对异常行为进行感知分析，见表 4-8。

表 4-8 事后权限管控基线要求举例

基线要求	要求描述
成功下载	下载敏感/重要数据超过 N 次/周，下载敏感/重要数据超过 X 条，下载敏感/重要数据超过 M 位
失败下载	连续下载失败次数超过 N 次，累计下载失败次数超过 M 次
成功查询	查询敏感/重要数据累计超过 N 次/周

续表

基线要求	要求描述
成功删除	删除用户授权关系，删除/锁定用户账号，删除/冻结应用系统权限配置数据
失败删除	删除用户授权关系，删除/锁定用户账号，删除/冻结应用系统权限配置数据 连续超过 N 次，累计超过 M 次
成功添加	激活用户账号，无拉起审批流的授权数据添加
失败添加	激活用户账号，无拉起审批流的授权数据添加 连续超过 N 次，累计超过 M 次
失败类操作	激活账号失败；连续登录失败超过 N 次，累计登录失败超过 M 次；添加用户授权关系失败，添加用户授权关系失败

4.1.3 信息安全基线运营体系

信息安全基线（以下简称安全基线）的正常持续化运营需要具备常态化的基线内容评审机制，并根据基线要求持续推动相应的风险治理。

1. 基线的常态化评审

从实施周期的维度，基线评审可分为年度基线评审与周期性基线审核。

首先，引入新的安全基线内容需要经过统一的评审流程。安全基线应包括企业不同部门业务属性的安全风险，安全部门应牵头根据年度规划、安全风险自查结果及上一年度安全风险治理进度与效果，筛选出新一年度高优治理的安全风险项，以及需要持续维护的已有安全要求。根据风险项逐一设计对应的安全基线具体要求，总结导致风险的原因、长期治理规划、具体的技术/非技术治理方案，并在风险治理基线工作组内同步内容，进入基线评审环节。安全基线工作组将整体考虑不同风险的必要性、优先级、治理方案可实施性、影响成本等，综合评定是否纳入本年度的安全基线与宣贯范围。

其次，对已有安全基线的调整、废止也需要经过基线审核流程。基线工作组需要周期性（比如半年）根据业务线反馈、基线治理效果、基线覆盖率、风险内容与影响变化、合规规定变化等，对基线要求进行调整优化，对已不适用最新业务场景的基线要求及时予以废止。另外，若有基线紧急变更调整的需求（如监管合规审查、公文调整发布等导致），必要时将上升至企业高层（如信息安全委员会）来紧急协调资源、协同治理。

在基线评审过程中，应注意以下参考标准：

- 建议性要求不可直接作为基线要求，基线要求需要清晰、具体、可执行。
- 运营成本过高、无法执行的要求，不宜作为基线。
- 方案难以落地的要求，不宜作为基线。

2. 推进基线风险治理

安全基线的正式发布需要得到企业高层（如安全管理委员会）的认可和支持，一系列宣传与治理工作将随着新一版安全基线的发布而相继展开，如基线内容的通晒、安全心智宣传与考核、关键岗位培训、安全存量/增量风险的评估与工单推修等。基线治理的主要思路可总结为如下步骤：

- 风险评估。通过自动化风险巡检监测、安全风险填报等手段，结合安全基线所列内容梳理安全风险点，并通过统一的安全门户上报汇总，与风险责任人逐一确认并校验风险内容。根据业务优先级、风险成本、风险应对策略等，梳理需要推修的风险列表、安全责任人/接口人，分配治理资源。
- 风险推修。根据风险评估最终结果定向产出到统一的安全工单平台，业务侧确认风险并进行技术整改，或驳回风险并加入白名单。对高风险事项添加卡点治理，或设立安全治理专项，对存量或增量风险设置修复周期。
- 修复校验。对风险修复结果进行再校验，快速统计修复后的运营效果，确认修复有效性。对有效修复关闭工单，进入周期性巡检状态。产品迭代与评估结果应可追溯。

4.2 安全资产建设

资产是一个老生常谈的问题，它代表着企业在互联网及公司内部的准确坐标，也是外部攻击者在日常着重积累的重要信息分类。

安全风险依附于资产而存在，风险都会有它影响的实体，这个实体往往会指向资产。此处的资产不局限于以往运维角度的资产，如服务器、域名等，还会包括用户数据、服务器信息等广义的资产。所以，只有资产信息足够全、足够准，才能更好地发现潜在风险，从而做好治理和防护。

因此，安全资产是做好安全体系的基石，建设安全资产的整体步骤可分为三部分：

- 识别哪些资产需要防护。
- 识别资产上存在的风险。
- 对风险进行治理与防护，并度量整体资产风险水平。

4.2.1 资产范围

首先看看数据收集的范围，确定了数据范围也就明确了哪些资产需要防护。传统定义中的资产主要包括域名、IP、虚拟机、容器、物理机、负载均衡器、数据库、代码库等，这也是外部攻击者重点关注的部分，用于寻找公网敞口，伺机进入内网。对于这部分数据，企业有着天然的优势。在企业发展过程中，对应的管理系统在不断使用和演进。虽然随着时间的推移，技术架构必然会发生转变，上游的各类原始数据源不可避免地会存在重叠、遗漏和错误，但至少还有原始数据，抽象出一个清洗和计算的中间逻辑层之后可以产出一份初步的结果，对清洗和计算的方式进行持续迭代、优化，可以满足绝大部分的需要。

但是，在企业的网络资产上若想拥有"全局视野"，识别资产上存在的风险，仅凭这个粒度的数据是无法实现的。从攻击者的视角来看，即使已经收集到了某公司的一批域名和公网 IP，通常还需要进一步探测域名后的各种接口、IP 开放的端口服务等，才会停止信息收集工作转而进入漏洞挖掘阶段。同理，对于企业来讲，只有域名、IP 粒度的数据，或许能够满足日常查询和安全运营的需求，但若要更好地发现安全风险，还需要对资产数据进行更进一步的细化。

那么，安全资产的粒度应该细化到什么程度呢？我们认为应该细化到可以直接进入实质漏洞挖掘阶段的程度。例如，知道某 IP 的某端口开放了 Redis 服务，下一步即可直接测试是否存在未授权访问等问题；知道某接口地址和对应的请求参数、认证条件、功能场景，可以直接测试对应场景下是否存在漏洞（如看到富文本编辑可测试 XSS 等）。在原本正常的安全测试流程中，这些内容大部分也是通过各类自动化工具收集而来（如 Nmap 扫描端口、爬虫爬页面接口等），企业理应在日常的安全建设中逐步积累完善。如域名 IP 相关的 Web 应用或 RPC 服务，需要细化到有哪些接口地址、需要什么请求参数、权限认证采用哪一种体系、提供了什么功能（如文件上传、Groovy 脚本、富文本编辑等）；虚拟机、容器需要细化到有哪些常驻进程、开放端口，以及有什么系统软件包（RPM、DEB 等）、业务进程相关的依赖（如 Java 应用的 Jar 包、Python 应用的 pip 包等）。

这部分数据与域名、IP 粒度的数据不同，很可能并没有原始数据可供参考，只能依赖自建。Web 应用可以从原始的流量数据里清洗，得到"域名+接口+请求参数"，再根据请求/响应包中的一些特征，提取出对应的功能场景和可能存在的风险；虚拟机、容器可以依赖运维通道，下发一些信息采集任务以获取机器内部的进程、端口等信息。通过这些手段，可得到一份能供安全工程师参考，无须再手工收集的细粒度资产信息。

4.2.2 数据资产

数字银行积累了体量庞大、来源多样、类别繁多的数据，并且随着业务持续发展数据规模也在加速增长。数据资产对数字银行的价值不言而喻，系统性盘点组织内部的数据资产，并完善对数据资产的持续集中管理和监控，是信息安全治理的重要基础。

1. 数据资产盘点是风险治理的基石

（1）数据资产的范围

按照业务与安全需求，可以从以下不同维度划分数据资产的盘点内容，为系统性盘点提供不同的思路。

- 按照数据结构：结构化数据（如常见的关系型数据库）、半结构化数据、非结构化数据（如系统原始日志、图纸等）等。
- 按照数据形态：数据库存储、文件存储、网页存储、流数据等。

- 按照业务归属：营销数据、采购数据、财务数据、生态伙伴数据等。
- 按照数据位置：公有/私有/混合云数据、离线移动设备存储、员工设备存储等。
- 按照敏感分类：用户个人金融数据、用户个人隐私数据、各类商业机密数据等。

（2）数据资产分级分类

企业需要对内部海量的数据资产进行妥善的管理与保护，通过数据分级分类实践，对数据资产制定精细化的安全保护措施，从而平衡数据的业务价值与安全管控。在分级分类过程中，需要关注定级标准的统一、自动扫描和精准识别。

- 统一定级标准

统一且明确的定级标准，是实现海量数据资产自动分级分类的必要前提。在数字银行背景下，数据资产具体定级标准需要参考国家与金融行业对数据分级分类的管理制度（如《金融数据安全 数据安全分级指南》《支付信息保护技术规范》）和组织内部已有的安全规章制度。

假设金融机构数据安全性遭到破坏，其影响对象（如国家安全、商业利益、业界名誉、公众权益、用户隐私等）及影响程度（如严重、一般、轻微或无影响）是划定数据敏感等级归属的两个要素。在此，本书提供一套常用的数据敏感级别参考框架，见表4-9。

表 4-9 数据敏感级别分层举例

数据安全级别	影响对象	影响程度
绝密 L5	国家安全	对国家安全造成影响
机密 L4	公众权益	对社会公众权益造成影响
	企业权益	严重影响
	个人隐私	
保密 L3	公众权益	轻微影响
	企业利益	一般影响
	个人隐私	
内部 L2	公众权益	影响可忽略
	企业利益	轻微影响
	个人隐私	
公开 L1	企业利益	影响可忽略
	个人隐私	

数据类别可以结合业务特征制定为多层级分类树，常见的主要类别有：用户类数据（子类可进一步包括用户行为数据、用户设备数据、用户交易数据、用户生物识别数据等）、业务类数据（子类可包括业务交易数据、业务报表等）、运营类数据（子类可包括员工日常运营日志、系统日志、用户名密码等）。

最终，分类分级标准可以用表格矩阵的形式展示。在此，本书提供一套常用的数据分级分类矩阵框架，见表4-10。企业可根据自身实际需求横向/纵向增减分类分级矩阵图。

表4-10 数据分级分类矩阵举例

类型/级别	绝密 L5	机密 L4	保密 L3	内部 L2	公开 L1
用户数据 C	用户绝密数据 C5	用户机密数据 C4	用户保密数据 C3	用户内部数据 C2	用户公开数据 C1
商业数据 B	商业绝密数据 B5	商业机密数据 B4	商业保密数据 B3	商业内部数据 B2	商业公开数据 B1

- 自动扫描和精准识别

在已有的统一定级标准的基础上，数据分级分类的自动化能力主要依赖于扫描的全量覆盖与分类算法的精准识别。数据资产扫描应覆盖所有组织内数据可能存储的载体，包括但不限于各类数据库产品、文件存储桶、日志存储系统、工作知识库、终端设备、非员工个人可移动设备等。扫描频率可设置为周期性巡检，对新增或删改的数据资产进行首次或重新识别。鉴于数据资产的多样性，自动识别引擎需要结合被扫描数据的特点进行灵活的规则配置，以确保当数据特点发生变化或分级分类标准发生调整时，能够及时变更配置，使扫描结果与数据分级分类标准始终保持同步。从而从宏观统计视角，数据资产分布地图能够清晰地展示不同级别、类型的数据在系统、用户中的分布情况，为安全人员制定数据资产保护策略、资源配置提供参考。

（3）数据链路可视化

自动扫描和识别并标注众多独立的数据资产个体只是数据资产盘点的基础工作，还需要进一步将数据在不同数据载体（如数据库、应用、API接口、终端设备、可移动设备、邮件等）间的传递，与系统、用户处理串联在一起，形成完整的数据链路或数据血缘。完整且准确地刻画数据链路依赖至少两个技术支持，首先，通过多种日志采集方法（如SQL解析、代码解析）分别采集数据在每个单节点内的处理记录。其次，由于从不同链路节点采集的数据处理日志必然存在差异性，需要对来源复杂、内容丰富的信息进行清洗与融合，对缺失的信息进行补充，最终拼接、串联为统一的数据全链路信息，即数据关系图谱。

数据链路的价值不只存在于下文所述的数据资产风险治理，也体现在对业务功能的协助，比如为数据开发人员、数据运维人员提供数据血缘关系的查询入口。

2. 数据资产风险治理

数据资产风险治理旨在结合数据安全基线要求，在安全威胁突破防御前，对数据资产存在的风险进行整体性治理，阻止或降低可能的安全事件影响。一方面，在数据资产盘点的基础上，分析和绘制数据风险地图，进行有针对性的风险治理。另一方面，数据分级分类、数据链路可视化的能力也为数据流动合规管控、威胁感知与响应运营提供了关键信息支持。

（1）数据风险地图

数据资产分布盘点与数据链路可视化为进一步绘制数据风险地图提供了必要的基础信息。首先，根据数据生命周期的思路，分析敏感数据资产在流转链路上的安全风险点，挖掘其中的薄弱环节，梳理总结一张涵盖各系统、流转渠道、风险列表的数据风险地图，并根据修复进度不断迭代更新。然后，根据风险优先级进行安全能力的横向或纵向治理。横向治理即针对同一类安全能力在不同链路节点上的安全水位对齐,如数据加密能力,通过加密手段为数据在各节点间的传输、存储提供机密性与完整性保护。纵向治理即针对某一结点的不同安全能力进行治理,如核心大数据平台的权限生命周期管控、用户行为特征和流量解析。

(2)数据流动的合规管控

数据链路中的每一次数据流转都需要满足数据安全合规的要求。在此,我们从两个角度讲述。其一,确保每次数据流转均已获得合规授权,比如用户身份验证、应用的权限授予,防止任何未获得合法授权的违规数据操作,避免过度授权、超期授权;其二,每一笔数据操作均有清晰日志记录,实现事后可审计、可追溯,包括数据操作的业务归属、业务场景、相关用户与应用、使用目的等信息,这些也共同构成了证据材料。

(3)支持安全威胁感知与响应运营

数据链路提供了敏感数据资产在不同系统、应用、设备、人员间的流转态势,可以用于制定安全基线,并及时感知超出基线阈值的异常数据操作,包括数据未授权使用、数据泄露渠道、数据资产遍历、数据滥用等。另一方面,对已经发生的数据安全事件(如数据泄露)进行溯源,挖掘造成数据泄露的节点、路径、人员,有针对性地进行事后的处置及安全漏洞修复。

4.2.3 资产数据质量

接下来看数据质量,资产数据要做到可靠,必须保证全面和准确,可以从研发、运维、交叉验证三个方面着手。

从研发上,数据上下游链路长,细微的改动也可能导致最终数据大幅波动,应制定严谨的代码复查(Code Review)机制,并在每次变更前仔细对比前后数据的差异。

从运维上,资产涉及的数据表很多,出现稳定性风险的概率也更高,对此,可对上游数据的产出任务配置表非空、波动率等校验规则,出现异常时及时告警处理,避免影响到下游。

此外,资产数据的质量强依赖于上游数据,但上游数据并不能保证是全面、准确和及时的,意外情况时有发生。那么这些意外情况如何规避呢?例如,有些资产并不存在上游数据源,此时可以从攻击者的视角,收集一个相对大的范围的目标列表(比如一级域名 xxx.com、B 段/C 段 IP 等),通过扫描、枚举的方式得到一份数据,再将资产数据与之碰撞,提前检验是否会有意外情况。因为一旦有真实入侵事件发生,攻击者大概率也会用类似的手段收集信息,当我们已经对这种情况做了预判处理时,前述的意外情况被恶意利用的概率会大大降低。

4.2.4 不可忽视的大数据平台类资产

再来看关联资产,前面提到的资产范围都属于日常运维中关注较多的部分,如域名、IP 及由这些数据细化后的部分。随着业务的不断发展、技术形态的日益多元,一些之前没有投入很多精力关注的产品逐渐变得重要起来。

如数据存储类的各种大数据计算集群(如 Hadoop、Spark 及其他流处理和批处理)、机器学习相关的 GPU 集群等，虽然底层硬件资源依然是基于物理机、虚拟机、容器构建的，但从安全角度来看，前面提到的细化资产的方法已经不再适用。因为业务流量可能完全体现不出来它的细节，在机器内部也看不到可疑、暴露的端口服务，真正的攻击敞口存在于应用内或应用间的数据流转过程中。例如，公网一处 Web 服务记录了用户提交的数据，由大数据集群中的流处理任务对这些用户数据进行分析，当流处理任务调用了低版本的 Fastjson 时，可能会出现攻击者只是想对公网 Web 应用做个测试，却利用此攻击敞口最终攻陷了后台计算集群的情况，更危险的是，各类防护措施往往会重点照顾暴露在公网的业务，后台应用防护水位缺失，这种攻击路径的破坏性可能更大。

安全风险依附于资产而存在，这是前文所述的前提之一，在这种新形态下也不例外。虽然新形态业务的风险评估一直是个难题，但站在安全资产的角度上，可以着重加强代码库、镜像、供应链相关的收集能力，毕竟最终风险实体大概率还是会出在研发的代码、镜像中的软件、供应链的依赖组件中。

4.2.5 风险治理、防护与度量

前文盘点了需要防护的资产，识别了资产上存在的风险，但这仅仅是开始。下一步就是对这些风险进行治理、防护并度量整体风险水平，这些工作都离不开资产数据的建设。

风险治理和防护产品覆盖包含了大量的运营工作，需要定期统计治理进展、产品覆盖率等数据。如果这些统计工作都是依赖人工计算，一方面工作量大，另一方面每个项目的统计口径可能都不一致，存在各种各样的例外情况。例如，我们期望 RASP 产品能覆盖所有应用，但现状是只能覆盖执行标准研发流程的应用，统计覆盖率时可能就漏掉了非标准的应用，造成了防护盲区。极端场景下甚至可能出现看似防护产品全覆盖、风险治理数据都很漂亮，实际被攻击时却四处漏风的情况。

为了规避这类问题，应为安全建设的各个项目提供明确的安全资产目标范围、当前现状和日常运营时所需的各种数据字段。仍以 RASP 产品为例，长期来看，我们期望 RASP 能覆盖所有应用，那么资产数据中首先得有应用的全量列表；第一年 RASP 计划覆盖所有执行标准研发流程的应用，那么与之对应，资产数据也需要有准确的字段来标记某个应用是否执行了标准研发流程；RASP 已覆盖的应用和下发的策略也可作为标签字段关联到资产数据中，便于统计覆盖进度。当各个安全项目都能完成这些数据对接后，在全局层面，我们就能清晰地看到当前有哪些风险、各类防护产品覆盖到什么程度，从而得出对整体风险水平的判断。

4.3 增量风险管控

现实中发生的安全事件，大部分都是由已知漏洞未及时修复、高危端口开放等已知安全风险导致。这些风险看似简单，但要完全杜绝却非常难。杜绝风险的发生是一个系统化工程。这些风

险的增量管控是默认安全体系中最为关键的组成部分。

4.3.1 变更感知与管控

经过前面两节的内容介绍，我们得出一个共识：安全风险来源于目标实体的变更。那么问题的核心就在于如何定义目标实体，哪些是我们关注的、可能带来安全风险的事或物。通过分析历史风险数据并结合数字银行技术架构，本书将目标实体总结为以下 7 类。

- 需求设计：产品需求、功能模块、重点项目。
- 应用迭代：新应用、代码修改、依赖更新。
- 网络资源：域名、IP、端口、SLB[①]、CDN[②]等资源创建及销毁。
- 计算资源：MaxCompute[③]、ECS[④]、物理机、容器、镜像等资源的创建及销毁。
- 存储资源：OSS[⑤]、SLS[⑥]、SFTP、HBase、OceanBase、MySQL 等资源的申请。
- 策略配置：ACL、业务配置、接口开关、基线变更等。
- 人力资源：员工（含外包）的入职、离职、转岗、职责变更等。

我们将以上 7 类事物的增、删、改操作称为目标实体的变更，在明确风险来源后，要优先考虑的是如何在现有能力范围内尽可能地缩小风险面，降低风险发生的可能性，由此引出第一个点：变更渠道收敛。

1. 变更渠道收敛

首先，参照之前目标实体的划分（这里可以结合企业自身实际情况进行目标实体的分类），对现有可能引发风险的变更渠道或方式进行统一梳理，并按不同类别整理成对应的"变更渠道风险收敛表"，见表 4-11。

表 4-11 变更渠道风险收敛表

目标类型	目标项	环境	变更渠道	权限管控方案	增量资源管控方案	联系人	进度
网络资源	VIP	线上	VIP_Plat	增加安全审批	页面已有审批流程，判断 VIP 开放的范围是否合理，待确定审批流程	小 A	进行中
	域名	线上	DNS_Plat	规范约束	无影响	小 B	已完成
	开关	线上	CONFIG_Plat	增加安全审批	变更的开关内容与安全相关，须审批流程	小 C	进行中

---

① SLB：Server Load Balancer 即服务器负载均衡。
② CDN：Content Delivery Network 即内容分发网络。
③ MaxCompute：大数据计算服务（原名 ODPS）是一种快速、完全托管的 TB/PB 级数据仓库解决方案。
④ ECS：Elastic Compute Service 是阿里云提供的性能卓越、稳定可靠、弹性扩展的 IaaS 级云计算服务。
⑤ OSS：Object Storage Service 即阿里云对象存储，是一款海量、安全、低成本、高可靠的云存储服务。
⑥ SLS：Simple Log Service 即阿里云日志服务。

续表

目标类型	目标项	环境	变更渠道	权限管控方案	增量资源管控方案	联系人	进度
存储资源	SLS	线上	SLS_1	无须权限管控	针对平台做默认加固策略	小 D	进行中
		线上	SLS_2	下线	下线	小 E	已完成
计算资源	App	线上	PACKAGE_Plat	下线	下线	小 G	进行中
其他	...	...	...	...	...	...	...

其次,从上述风险收敛表中可以很清晰地得出以下信息。
- 目前都有哪些可能引发线上安全风险的变更渠道?
- 是否有纯黑屏化(完全依靠变更人员手动操作)的变更方式?
- 是否有已废弃但仍可正常进行线上变更操作的渠道?
- 在同一目标类型且同一目标项的情况下,是否有相同或相似能力的变更渠道?
- 现有变更渠道是否有审批管控流程,是否有安全审批节点?
- 在当前变更渠道上进行变更操作是否有日志审计能力?

基于已获知的信息,从风险收敛的角度出发,可以推导出相应的解法及具体措施,主要思路如下。

1)推动下线:老旧或已经废弃的变更渠道要及时推动清理下线,避免因无人维护且无安全管控导致的安全风险。

2)规范约束:对于无白屏化操作或无管控流程的小众渠道通过制度约束进行管控,与对应负责人约定,凡是涉及线上变更的操作均须第一时间通知安全团队进行对应的安全评估,确定此次变更无安全风险后,才允许变更生效。

3)权限治理:首先,凡是能够实施线上变更的平台均须符合最小权限原则,非必须使用平台的人员权限应及时清理。对于偶尔需要使用的人员,增设临时使用审批流程,按需申请权限时长,到期自动回收。其次,对于涉及高风险变更操作的平台,应将权限收敛在少部分人手中,同时禁止他人申请该平台权限,特殊情况另行报备申请。

4)流程审批:不管是出于稳定性还是安全性考虑,具备线上变更能力的平台都需要有对应的流程管控能力,并由非变更人的其他人来审批一次变更过程中可能存在的风险。

5)日志审计:变更平台要有日志审计能力,每一次变更都要有对应的操作日志记录,一旦出现预期外的变更导致的安全风险,能够第一时间定位到变更人员,并做相应的回滚操作,及时止血。

变更渠道的收敛需要根据业务发展形态和趋势制定不同的管控方案和策略,其目的是减少风险面,降低安全风险发生的概率,为后续统一的安全管控奠定基础。

2. 变更全面感知

经过一段时间集中式的变更渠道治理,基本上能梳理清楚变更的渠道和方式,同时将存量风险收敛到一定程度。接下来需要解决的主要问题是如何让安全团队在变更发起的第一时间感知到一次变更的具体内容。只有在清楚具体的变更信息的基础上，我们才能够评估一次变更是否会带来新的安全风险。

为了感知不同渠道发起的变更操作，我们最先想到的就是在每个变更平台的原有审批流程上增加安全审批的节点，在变更渠道相对较少的情况下，这种方式能够取得不错的效果，每次变更都需要安全团队审批，审批通过后变更才能生效。但是随着平台化的变更渠道越来越多，安全审批的工单也会不断增加，安全工程师需要在不同的平台之间来回切换，同时评估的过程和结论都无法统一留存，而且每一个渠道都需要耗费人力去推动和增加安全审批节点，所以这种感知变更的模式不是长久之计，需要建立一种对变更能力提供方及安全团队双方都友好的变更感知机制。

在寻找新的解法之前，首先要跟各个变更平台的负责人达成一个共识：所有可能引发线上安全风险的变更都需要经过安全评估，有了这个前提，再来逐一解决上面遇到的问题。第一，建立线上安全评估或管控平台来解决"安全评估的过程和结论无法统一留存"以及"安全工程师需要在不同的平台之间来回切换"的问题，如图4-1所示。第二，制定统一的安全管控对接规范及通用接口，让各平台负责人自行对接安全管控平台，避免安全工程师逐个推动渠道以增加安全审批节点。第三，明确不同类型的目标实体发生变更时安全评估的范围，并从中分析出哪些关键信息能够辅助判断一次变更过程中是否会引入新的安全风险，进而决定我们具体需要监听的变更内容。

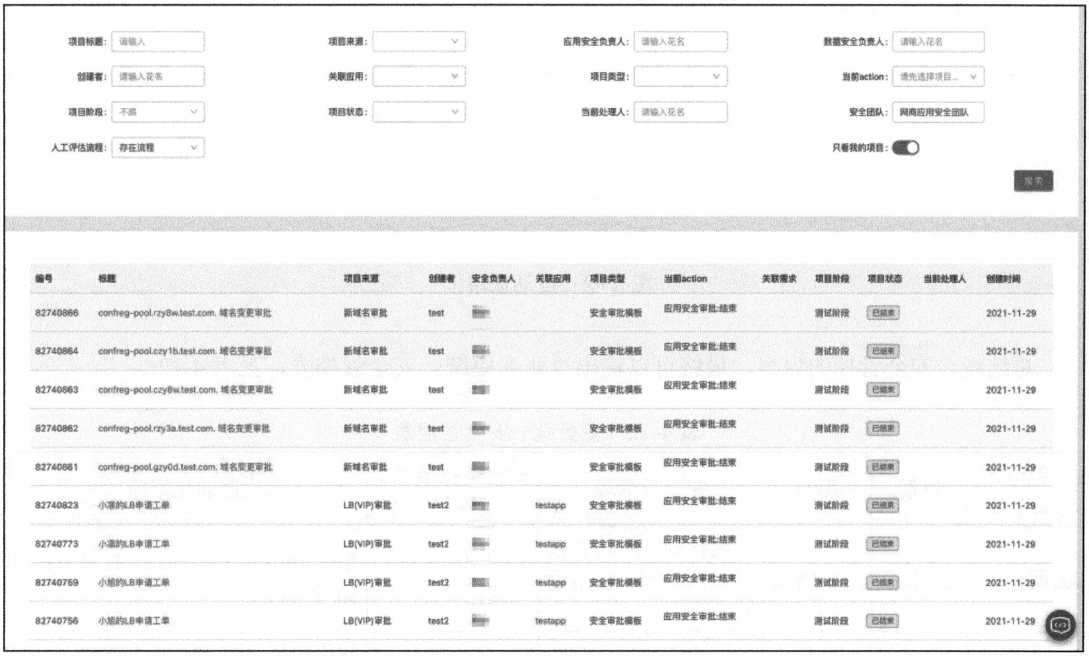

图4-1 安全管控平台

3. 统一安全管控

如上所述，我们已经具备感知所有变更信息的能力，下一步要做的就是从安全风险的视角对感知到的变更做有效管控。

随着风险收敛和变更渠道对接的逐步深入，需要管控的变更流程会越来越多，而安全部门建设到一定程度之后，团队内部也会对应不同的职责有细化的方向。在这样的背景下，明确权责关系就显得尤为重要，对于某个可能引发安全风险的变更渠道，在安全部门内部一定会有某个安全方向负责关注并且对其进行必要的管控，但并不是所有人都需要感知并评估这一类变更，因此厘清管控边界是非常有必要的，这将为后续的风险评估打下基础。

不同类型的变更渠道所能带来的安全风险是不同的，即使是同类型、不同渠道的变更导致的风险也可能会有差异。在明确权责关系后，安全团队需要梳理每个变更流程可能带来的风险类型，进而推导出相对应的安全评估项，为之后的风险剖析提供方向和依据，以真正做到有的放矢。

上述变更管控机制上线运行一段时间后，安全团队感知到的变更工单数量将会大大增加，安全工程师在流程审批及安全测试上投入的时间会超出原本的预期，运营成本将大幅上升。经过对大量变更工单数据的分析，我们发现大部分变更工单在满足一定条件的前提下是可以直接通过的，尤其是风险相对可控或非当下重点关注的变更。因此，结合历史变更工单的审批情况，我们提炼出了一批符合"直接通过"的审批策略，并转化成了自动化审批逻辑（见图 4-2），在保证安全的同时，极大地提高了安全管控的效率。

图 4-2 自动化审批

总结统一安全管控的内容，最终可以输出一张变更统一安全管控表，见表 4-12。

表 4-12 变更统一安全管控表

渠道（流程）	进展	类型	安全评估项	安全审批节点、顺序	自动化策略
公网代理	已完成	网络资源	公网代理 IP 列表范围是否合理、应用风险	基础架构安全→应用安全	指定 IP 白名单范围内、数量不超过 10 个 pass
域名/VIP	已完成	网络资源	应用风险、零信任、非标端口	基础架构安全→应用安全	网络类型 ==(intranet || INTRANET || "生产网") 或绑定环境 ==（TEST || STABLE）

续表

渠道（流程）	进展	类型	安全评估项	安全审批节点、顺序	自动化策略
workload 域名	已完成	网络资源	应用风险、零信任	基础架构安全→应用安全	网络类型 ==(intranet || INTRANET || "生产网")或 绑定环境 ==（TEST || STABLE）
workload 外联访问流程	已完成	策略变更	外联白名单合理性	基础架构安全	暂无
DNS 变更	已完成	网络资源	应用风险、零信任	基础架构安全→应用安全	网络类型 ==(intranet || INTRANET || "生产网")或 绑定环境 ==（TEST || STABLE）
域名绑定	已完成	网络资源	应用风险、零信任	基础架构安全→应用安全	网络类型 ==(intranet || INTRANET || "生产网")或 绑定环境 ==（TEST || STABLE）
App 打包发布平台	进行中	需求迭代	移动安全专有风险场景、安全策略变更	移动安全	迭代较少，无须自定义过滤
前端发布平台	进行中	需求迭代	移动安全专有风险场景、安全策略变更	移动安全/应用安全	1）迭代标题包括优化、test、修复、优化、测试等关键字 2）需求文本为空的情况
移动网关 RPC 接口变更	已完成	接口变更	应用风险、数据安全风险	应用安全	风险自动化决策
应用发布系统	已完成	需求迭代	应用风险、数据安全风险	应用安全	1）项目名或关联需求的标题包含技改、bug、fix、演练、压测、回滚、修复、漏洞、测试、test、demo、error、验证、兼容、切流、日志、文案、前端、联调、日常迭代、安全问题、安全风险、调整、修正、格式等关键字 2）需求文本：空需求、只有模板内容 3）风险自动化决策
应用接口变更	已完成	接口变更	应用风险、数据安全风险	应用安全	风险自动化决策
开放平台 OpenAPI 接口变更	已完成	接口变更	应用风险、数据安全风险	应用安全	风险自动化决策

续表

渠道（流程）	进展	类型	安全评估项	安全审批节点、顺序	自动化策略
负载均衡申请流程	已完成	网络资源	1）开放范围的合理性 2）挂载应用风险 3）服务开放端口	基础架构安全→应用安全	网络类型 ==（intranet ‖ INTRANET ‖ "生产网" ‖ office）或 绑定环境 ==（TEST ‖ STABLE）且仅开放端口 443
需求监听	已完成	需求迭代	应用风险、数据安全风险	应用安全	暂无
专线申请	已完成	网络资源	通过对接双方的 IP、端口、服务等信息判断是否应该开通专线	基础架构安全	访问方向为 outbound pass 应用分组在白名单内 pass
ACL	已完成	策略变更		基础架构安全	1）数据安全自动审批逻辑：满足"业务场景 ==（dwsftp ‖ sftp/isftp ‖ sftpdev）"时自动通过 2）基础架构自动审批逻辑：满足"添加源地址 CIDRs ==（ip/28 段以下）"时自动通过
...	...	...	...	...	...

4. 移动端变更感知与管控

区别于常规应用迭代过程中的安全感知和管控，基于移动端应用安全的特性，移动端需要感知的变更类型、涉及的风险场景与传统的 Web 应用、服务器端应用都会有所不同。

移动端变更感知组件类似于白盒扫描器，根据不同扫描对象大致有以下几类文件需要关注，如图 4-3 所示。

- 二进制代码文件，包括工程中直接引入的二进制产物，比如.so、.aar、.framework 等。
- Android 客户端，包括代码文件.java、.c、.cpp，以及一些 App 配置文件（.gradle、.xml）、私有的构建文件（.yml）。
- iOS 客户端，包括代码文件.m、.c、.cpp、.h，以及一些 App 配置文件（.plist、Podfile）。
- 小程序，不同平台上的小程序、H5 离线包代码文件，包括 JS、CSS、HTML 和 JSON 配置。

变更感知组件集成在安全中心，通过后台管理页面动态下发检测规则。变更扫描被触发的流程如下：在代码分发平台的代码仓库中注册 Webhook，并监听代码 Push 操作，一旦发现代码 Push 操作，相关信息会通过 Webhook 同步至安全中心，并由安全中心唤起变更感知组件对本次变更进行分析。具体流程如图 4-4 所示。

4.3 增量风险管控

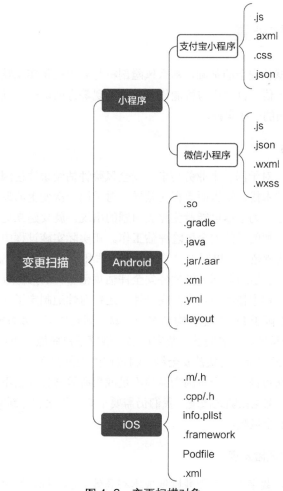

图 4-3 变更扫描对象

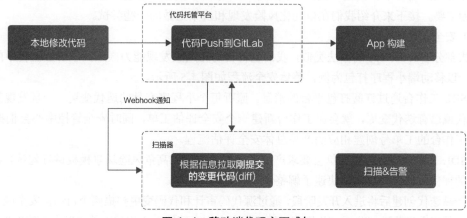

图 4-4 移动端代码变更感知

4.3.2 风险剖析与处置

如果说感知变更是默认安全的基础,那么风险剖析与处置就是实现默认安全最关键的一环。本小节将从标准化安全评估、自动化与智能化的风险发现等方面讲一讲过去几年网商银行安全团队在风险剖析与处置方面的一些实践。

1. 标准化安全评估

从以往的经验来看,对于同一个业务需求,安全风险评估结果往往因人而异,各安全工程师由于个人背景、经验、技术栈、知识面等存在差异,对于同一次变更的风险评估结论往往不尽相同,有时候甚至相去甚远。为了尽可能避免此类问题的出现,就要建立更为标准化的评估流程和规范,用以指导安全工程师的日常安全风险评估工作。在实际实施过程中,我们根据不同场景整理并制定了 5 种安全评估规范,用以涵盖日常的安全评估和测试,包括《需求安全评估规范》《架构安全评审规范》《安全测试规范》《开源软件安全评估规范》《三方外采应用引入规范》,同时为了保证在业务快速发展过程中使用新技术的安全性,还针对性地制定了一系列新技术应用安全风险评估方法论,包括但不限于 IoT 安全、隐私安全计算(同态加密、多方安全计算、零知识证明、TEE 等)、数据安全(加解密、签名验签、数字证书、敏感信息脱敏、用户权限等)、AI 安全(人脸识别、风控模型等)、云安全、区块链安全等。制定这些规范的好处在于,安全工程师在评估风险的时候真正做到了有法可循,不会再因为经验不足或粗心等导致评估不到位。当然,随着业务模式的不断变化,技术形态也在随之改变,我们仍需要不断地优化和更新对应的安全评估方法论,以此来应对动态变化的安全风险。

2. 自动化与智能化风险发现

在保证安全的同时,数字银行需要兼顾低成本和高效率的目标。数字银行在业务策略上与互联网业务类似,需要小步快跑、快速迭代来适应分秒必争的业务变化,因此,兼顾安全和效率就显得尤为重要。接下来介绍我们在自动化风险发现和决策上做的一些尝试。

(1)安全自动化

与大部分 DevSecOps 的做法类似,我们也将自动化风险发现能力嵌入到了研发流程中的各个环节中。以移动端小程序打包为例,整体安全流程如图 4-5 所示。

- SDL 工作台通过订阅打包平台的消息,监听每个小程序产品的迭代变更。一旦发现新建迭代或已有迭代变更,就会在工作台新建一个安全评估工单,同时安全管控中心会根据 SDL 工作台的工单号创建相应的产品总体安全评估流程。
- SDL 工作台安全评估工单会要求产品人员根据定义的高危风险场景模板进行勾选,该阶段的评估有助于安全团队快速了解整体业务诉求及风险。
- 产品迭代创建后将进入开发阶段,通过源代码审计和代码变更扫描两个自动化安全能力对关注的安全风险进行分析,并将分析结果保存在安全管控中心相关工单中以供后续查询操作。

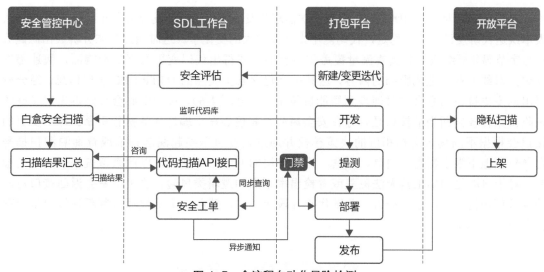

图 4-5 全流程自动化风险检测

- 产品完成开发后进入提测阶段，由门禁系统通知 SDL 工作台（SDL 工作台会通知安全管控中心）查询之前是否存在高危安全风险，如果存在则提测失败，此时需要产品、开发、安全介入对卡点风险进行审查，解决后方可通过。
- 在产品部署阶段，门禁同步查询 SDL 工作台操作会再次被触发，以查询该产品所有相关安全风险是否都已得到解决，如存在未解决风险，则部署失败。
- 部署完成后进入发布阶段，此时会调用统一的隐私扫描平台进行隐私扫描，若无隐私安全风险，则允许上架发布。

（2）智能风险决策

随着业务体量的不断增长，公司的应用数目也在不断增多，安全工程师日常需要评估的项目需求、接口变更等工单呈爆炸式增长，在增量安全风险零遗漏的目标下，日常的各种变更安全管控过程对安全工程师的评估能力、工作时效性等方面提出了更高的要求，原有"人工+被动式的安全自动化"的方式已经很难满足当下的安全要求。

基于以上背景，网商银行团队希望能够打造一个智能风险决策引擎，为风险评估、安全防护提供有效依据，驱动默认安全自动化运转，沉淀安全评估策略和模型。以接口变更为例，主要目标如下。

- 保证每一个变更接口都经过高效、全面的安全评估，避免变更接口因人为因素被遗漏。
- 降低单一安全扫描工具带来的高误报，通过智能决策的方式提高上报风险的准确率，降低安全工程师的运营压力。
- 安全工程师的工作从传统的人工审批变更接口涉及的代码，转变为评估风险决策反馈的结果或中间数据，这不仅可以提高评审的时效性，还可以降低因专家经验不一而带来的评估结果差异。

以代码变更为例,当研发人员完成一次需求开发,将代码从开发分支合并到 master 时,代表本次迭代研发已经趋于稳定,代码侧不太会发生大的变化了。这时通过静态分析(由源码分析与字节码分析组成)和真实流量覆盖相结合的方式得出代码变更的真实影响面,快速筛选并聚焦对线上业务造成影响的内容,这其中就包含安全关注的 HTTP/RPC 接口信息。经分析得出的变更接口信息会实时同步到智能决策中心(见图 4-6),决策中心会按照事先定义好的风险决策模板判断当前接口是否存在安全风险,其核心在于编排任务执行引擎。每个变更的接口会根据不同场景选择相应的决策模板并通过调度引擎唤起漏洞扫描或查询漏洞扫描平台(包括但不限于黑盒、白盒、灰盒、流量等层面)的扫描结果,以此来覆盖常规漏洞的检测。对于自动化扫描工具无法覆盖或者检出率不高的逻辑类风险,决策引擎会返回接口对应的函数调用链路、污点数据流、关键代码片段等信息,辅助安全工程师来判断该接口是否存在逻辑安全风险。

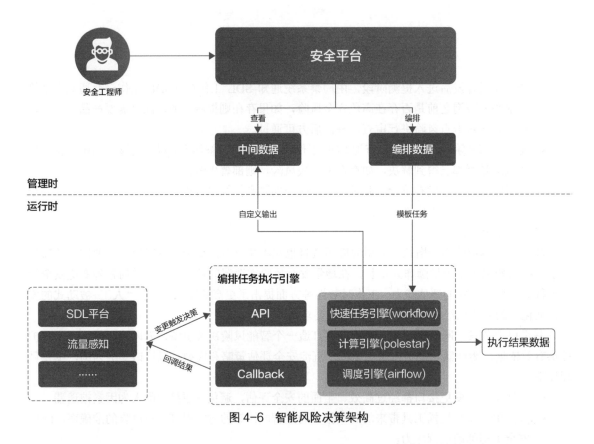

图 4-6 智能风险决策架构

智能风险决策能够做的事情很多,我们也还在不断探索,现阶段的尝试主要在于提升默认安全风险剖析、默认防护(将在下一小节重点介绍)的决策效率及风险识别的精准度,避免因主观经验带来的风险评估不到位、工作失误导致的风险遗漏、精力投入不足造成的风险窗口期被拉长等问题，帮助安全工程师显著减少人工运营投入，使得他们可以将更多的精力投入到新应用形态的安全技术和业务层面的攻防对抗研究上。

(3) 应用接口画像

在真正实现智能风险决策之前，需要先进行一段时间的数据积累和经验沉淀。当数据积累到一定规模时，就可以基于这些数据建立相应的安全基线，最终通过数据驱动决策。一个应用通常通过接口的形式对外开放服务，因此大部分的安全风险都是通过接口暴露出去的，这里就以应用的接口上线前风险评估为例，介绍我们在实现自动化风险决策之前的一些实践。

接口画像的目标是辅助安全工程师显著提高上线前接口安全评估的效率，同时尽可能全方位地评估所有可能存在的安全或隐私风险。首先，要确定一个接口在正式上线前需要经过哪些维度的安全评估或测试。其次，确定若覆盖以上评估项，具体需要获得哪些信息或数据。

以日常安全评估举例，一个接口在正式上线前，我们会对其进行以下风险项的评估或确认。

- 是否需要对公网、用户开放访问？
- 是否存在常规安全漏洞（命令执行、SQL 注入、代码执行、任意文件上传等）？
- 接口是否需要鉴权，鉴权逻辑是否能被绕过？
- 是否存在逻辑类漏洞（越权漏洞、逻辑绕过漏洞等）？
- 接口是否会影响资金表或服务？
- 接口是否会透出用户敏感信息，当前场景下用户信息是否需要脱敏？
- 接口所属场景是否会有被薅羊毛的风险，是否接入对应人机对抗的防护组件？
- ……

为了确认上述风险是否存在，就需要如下相应数据。

- 接口归属应用的基本信息：应用名、代码库地址、应用负责人、测试负责人、技术栈、应用架构图、上下游依赖、应用创建的背景等。
- 常规扫描器的扫描结果：黑盒、白盒、灰盒、流量层风险识别等扫描器关联该接口的漏洞数据。
- 水平越权（这里可以是其他重点需要关注的漏洞类型）代码画像：以当前接口为 Source 点，以 DB 操作为 Sink 点，将整个函数调用链路及污点传播的链路绘制出来。
- 流量数据：当前接口的请求包与响应包，这其中就包含了我们关注的入参和出参。
- 鉴权逻辑：自定义鉴权的代码逻辑。
- 所影响的资金信息：此次变更接口影响的资金服务和资金表。
- 防护组件是否正确接入：人机对抗组件接入情况、越权防护组件接入情况等。

将以上数据做关联并展示给安全工程师，效果如图 4-7 所示。

3. 实践案例

读完以上对风险管控与处置的整体流程机制介绍，读者应已对相关工作有了初步的概念，但这些仍过于抽象，不易理解。为了更好地解释以上内容，帮助读者在工作中实践，笔者选取几个典型案例来详细说明风险剖析与处置在默认安全工作中应如何实施。

第 4 章 默认安全建设方案

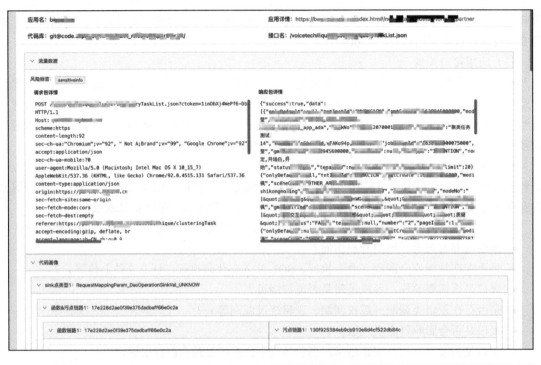

图 4-7 应用接口风险画像

案例 1：移动 App 某小版本发布场景

整体流程如下：

1）SDL 工作台感知到 App 打包平台新创建了一个迭代，工作台通过特定消息通知迭代创建者，要求其填写并完善迭代关联工单，主要内容包括本次迭代对应的需求链接、计划发布的 App 版本号（小版本）等。

2）在迭代创建者（一般是开发人员）完成需求关联后，SDL 工作台（目前是半人工、半自动化结合）会根据需求链接及相关内容分析这些需求可能对应的风险场景。

3）明确具体风险场景后，根据具体场景给出已沉淀的风险场景评估模型。具体例子，如本次需求涉及账密场景，相关风险评估至少应包含密码窃取、密码泄露、撞库、扫号、逻辑绕过等一系列高危风险模型。

4）系统设计者可根据以上风险模型对应的安全方案完成整体方案设计，在以上工作完成后进入代码开发阶段。

5）开发人员编写代码时，每次提交都会触发变更扫描器进行风险剖析。变更扫描器主要关注敏感文件及相应敏感代码的变更操作，如在 AndroidManfiest.xml 中新增一个敏感权限、历史安全漏洞修复代码被注释掉等。如发现风险变更，变更扫描器会自动在 SDL 工作台创建一个工单来通知安全工程师予以关注并确认，一旦确认存在风险的工单，系统会发送消息通知从而设置该 App 迭代的一个卡点策略。

6）同理，在后续白盒扫描、黑盒扫描、隐私扫描等产品中一旦发现确定的高危风险，扫描器立即上报到卡点系统并形成卡点策略。其中白盒扫描主要从源代码的控制流、数据流分析维度，对可能产生安全风险的代码路径或配置进行提取并产生告警。白盒扫描的主要优点是覆盖率全，缺点是误报率比较高，所以日常建设过程中可通过计算路径覆盖度、误报率等指标进行量化度量。这需要逐步迭代优化，最终趋向一个稳定、可接受的值。移动端 App 黑盒扫描主要是通过对打包产物（主要是 apk、ipa 等）进行拆解分析，并根据定义好的攻击敞口或攻击面进行输入/输出的观察记录。黑盒扫描的主要优点是准确率很高，基本不会误报，缺点是覆盖率不足，一般情况下须结合资产数据来提升整体覆盖率。同样，用户的移动端隐私数据安全问题也非常重要，而隐私问题的痛点主要是覆盖率不足、止血实效性差等。为了解决以上问题，笔者所在团队在实践过程中，采用上线前源码静态分析比对、运行时模拟业务场景覆盖、上线后"运行时监控+止血"的方式来解决。其中端安全平行切面技术在解决三方 SDK、边缘业务场景的覆盖不足等问题上非常有效。特别是在解决事前未覆盖的隐私安全风险时，它可通过实时下发切面逻辑进行阻拦，规避风险暴露的窗口期，为安全和开发团队赢得时间，推荐各位读者使用。

7）最终卡点系统将结合卡点策略，在 App 打包的不同阶段执行卡点。如引入的三方 SDK 存在风险，则打包过程中不允许集成该 SDK；配置文件存在风险，则不允许 App 完成打包等。为确保 App 打包成功，在整个流程中，开发人员必须完成全部安全风险处置且由安全工程师确认已修复。

以上是移动App某版本发布场景从风险感知、管控到处置的全过程。部分读者可能会产生疑问：设定这样的卡点策略是否会影响业务的正常发布？笔者建议在项目开展初期，对未来可能发生的各种失败状态进行推演。由于各公司和平台的做法各异，在默认安全实施的初期阶段一定会遇到类似问题，这需要安全工程师根据产品的实际情况进行调整和优化，最后形成一套相对稳定的机制和流程。假设某公司已在App整体产品框架中接入了密码防护组件，安全工程师在实施风险评估的过程中可将这一项由高危风险调整为低危风险，卡点策略自然不会包含这项内容，这与当前公司整体安全建设状态相关。

案例2：移动端小程序开发场景

整体流程如下：

1) SDL工作台感知到小程序打包平台新创建了一个迭代，工作台通过特定消息通知迭代创建者，要求其填写并完善迭代关联工单，主要内容包括本次迭代对应的需求链接、计划发布的小程序版本号（小版本）。

2) 在迭代创建者（一般是开发人员）完成需求关联后，SDL工作台（目前是半人工、半自动化结合）会根据需求链接及相关内容分析这些需求可能对应的业务风险场景。

3) 在明确具体风险场景后，系统会自动根据具体场景给出已沉淀的风险场景评估模型。

4) 系统设计者可根据以上风险模型对应的安全方案完成整体方案设计，在以上工作完成后进入代码开发阶段。

5) 开发人员编写代码时，每次提交都会触发变更扫描器进行风险剖析。变更扫描器主要关注敏感文件及相应敏感代码的变更操作，如在config.json中新增插件调用、历史安全漏洞修复代码被注释掉等。如发现风险变更，系统会自动在SDL工作台创建工单来通知安全工程师关注并确认，确认存在安全风险的工单会自动化同步到卡点系统并形成该小程序迭代发布的一个卡点策略。

6) 同时白盒扫描、黑盒扫描、隐私扫描等产品一旦发现疑似的中危及以上安全风险，也会上报到卡点系统并形成卡点策略。其中白盒扫描主要从源代码的控制流、数据流分析维度，对可能产生安全风险的代码路径或配置进行提取并产生告警，白盒扫描的主要优点是覆盖率全，缺点是误报率比较高，故日常建设过程中可通过计算路径覆盖度、误报率等指标进行度量，需要逐步迭代优化，趋向一个稳定可接受的值。移动端小程序黑盒扫描主要是通过对打包产物（主要是amr等）进行拆解分析，并根据定义好的攻击敞口或攻击面进行输入/输出的观察记录。黑盒扫描的主要优点是准确率很高，基本不会误报，缺点就是覆盖率不足，可通过结合资产数据提高整体安全覆盖率。在小程序隐私扫描上，可通过CodeQL的JS解析引擎对小程序源码进行解析，提取所有可能的敏感数据输出路径，并通过model checking方式，分析每条路径从输入到输出的所有基本块并形成最终告警处置，需要特别强调的是由于CodeQL已有的基本块分析能力不足，还需开发者自行重构。

7) 卡点系统将结合卡点策略，在小程序打包的不同阶段执行卡点，如引入的三方JS存在风险，则打包过程中不允许集成该JS。要保证小程序打包成功，业务方必须完成全部风险处置，同时安全工程师确认风险已修复且关闭工单。

以上是移动小程序开发场景从风险感知、管控到处置的全过程。细心的读者可能已经发现，案例 2 与案例 1 在很多处理环节是类似的。实际上，默认安全整体的处置流程都是类似的，应在最初方案设计阶段考量各种可能场景，并设计完整统一的产品逻辑。

4.3.3 防护组件默认集成

在传统的 SDL 流程中，当一次研发迭代流程中所有的已知安全风险均被修复后，研发流程就可以正式推进到线上了，但我们认为仅仅做到这一步还远远不够，未知的威胁是无时无刻不存在的，为了有效应对未知风险，就需要在"看似足够安全"的基础上增加一套"防护服"。

1. 防护默认集成

（1）可信纵深防御

为了对抗未知特征的攻击，我们需要和业务行为结合，只有预期内的业务行为才能被允许执行，非预期的业务行为均被阻断，这被称为可信。同时利用纵深防御概念，在攻击路径上层层设防，从底层硬件出发到应用层、网络层，做到整体的可信纵深防御，所有被攻击路径都应至少覆盖 2 层以上可信防御能力，具体的细节将在第三部分详细展开。

（2）自动化接入

默认防护的目标是应用（关联的 VIP、容器等）上线前默认具备现有安全防护能力，避免因防护能力未覆盖或防护不及时导致的入侵事件。为了达成这一目标，就需要在变更生效之前对接各层防御能力，接下来会以一个安全产品（办公网零信任）的上线前默认集成举例，讲讲我们在自动化接入方面的一些思路和做法。

这里先讲一下之前网商银行的办公网零信任在产品覆盖上面临的问题和风险。

- 应用、域名审批流程与零信任接入过程是割裂的，办公网零信任接入平均滞后 2 天。
- 资产巡检时发现未经安全管控的域名和 VIP，无立即止血手段，人工止血延时 2 小时以上。
- 新员工无默认的初始化权限，需要申请大量的权限，体验差，平均每人申请 10 次以上。

在很长一段时间内办公网安全策略上线都需要人工推送，当新应用上线时，需要安全运营人员手动进行策略上线。而策略目前仅支持批量新增，无法批量上线。一个新应用上线需要经过安全评估、策略关联、应用发布、流量灰度多个过程，流程冗长。为了提升运营效能，我们尝试以运营能力编排的方式，支持策略自动上线。

最终实现的效果是在感知到新增域名或 VIP 时会第一时间调用办公网零信任平台提供的接口，并推送默认防护策略，具体流程可以参考安全产品默认接入（见图 4-8）。

安全产品默认接入的思路与上述办公网零信任接入的方式类似，基本都是由防护产品的能力提供方开放一个接口，当管控平台感知到某一类型变更时会将变更信息同步到决策中心，由决策中心根据事先定义好的模板决定调用哪个接口来接入对应的防护产品，这样就能确保在变更生效前实时接入全套防御能力。详情如图 4-9 所示。

第 4 章 默认安全建设方案

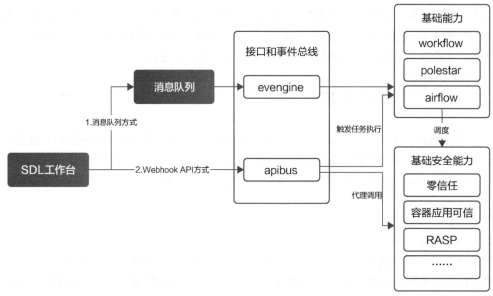

图 4-8 安全产品默认接入

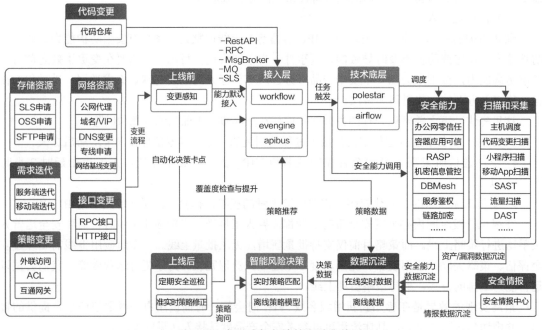

图 4-9 变更感知与防护自动化体系

2. 安全准入

安全巡检发现的异常问题在变更生效后才被发现并同步出来,这势必会存在一个风险暴露的窗口期，容易被攻击者利用。为了彻底杜绝异常情况的出现，就需要从原有的管控思维转变为准入思维。所谓准入，是指只有符合预期的变更才能够被允许在生产环境执行。这里的符合预期可以理解为，变更经过安全评估、确认无风险或已知风险被修复、具备一定的未知风险防御能力。

这里以网络资源类中的 VIP 举例，在银行上云的趋势下，随着业务不断扩张，新申请的云账号数量逐渐增加，云上资源暴露的风险面也在逐渐增大，给安全带来了更大的挑战。如何避免或尽可能少地使云资源直接暴露到公网，以及如何判断来自公网的访问是否可信，成为亟待探讨并解决的问题。具体存在的风险场景如下：

- 创建公网资源时未经安全评估，服务"带病上线"，有高权限账号的员工在云账号界面上或调用接口即可直接创建公网资源，使得资源直接对公网暴露，而这个过程未经过安全评估，可能引入新的安全风险。
- 公网资源开放范围过大，容易被攻击者利用，某些服务开放网段过大或者全网段开放。
- 资源巡检机制存在滞后或遗漏的可能，采用巡检机制发现风险后立即修复的方式未能在实际公网资源上线前进行控制，未做到风险提前发现并解决，在此窗口期内容易被攻击者利用。

基于上述背景及风险场景，可以推导出较为明确的管控目标：未经安全评估的 VIP 不允许被访问。为了达成这一目标，我们设计了对应的 VIP 准入方案。首先在负载均衡器之前开启一道云防火墙，防火墙的策略是默认禁止所有来源 IP 的访问，整体流向图如图 4-10 所示。这样做的好处是，假设有人通过安全未管控的渠道创建了新的 VIP，由于防火墙策略的存在，它依然无法被外部正常访问，从而规避了因管控遗漏导致的可能存在的安全风险。

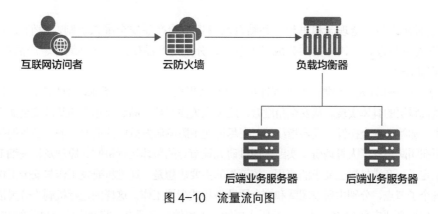

图 4-10 流量流向图

上述方案具体的准入流程如下：

- 用户通过不同渠道创建网络资源（SLB/EIP 等）。
- 新创建的公网网络资源（SLB/EIP 等）加入云防火墙防护范围内，并开启默认策略。
- 用户基于自己的访问需求，在网络资源变更平台上提交添加防火墙白名单策略的申请。
- 白名单申请的数据被同步至 SDL 平台，供平台自动化或安全工程师人工研判是否允许该白名单规则下发。

- SDL 平台向网络资源变更平台返回研判结果，若白名单申请被批准则将白名单策略同步至云防火墙。

详细流程可参考图 4-11。

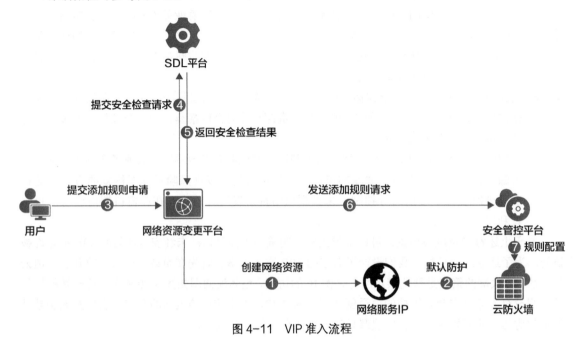

图 4-11　VIP 准入流程

基于上面介绍的安全理念和思想，并结合网商银行端产品安全准入机制，我们设计并落地了一套 VIP 准入完整方案，该方案共分成三大节点，分别是产品研发、产品编译、产品打包产物。

（1）产品研发

本节点主要是研发人员根据产品经理针对本次迭代提出的相关业务需求，同时增加一些技改类需求（如有），做代码层的具体实现。从安全角度看，应重点关注与端产品底层相关的基础安全能力，如协议通信的加密、加签、安全探针、设备指纹等。在尽可能不影响研发效能的情况下增加必备的基础安全能力，笔者所在团队进行了大量调研及实践，通过研究该节点的整体运行机制、原理及相关细节，与研发人员一同制定了一套满足以上要求的流程。该流程的主要思想是，通过将研发工作与安全工作分离成大节点中的各个子节点，分别由研发团队和安全团队做相关配置工作。这样的运行机制十分灵活，保证安全团队既可增加必要安全 SDK，还可进行版本更新，也可做节点调整，将存在安全风险的 SDK 进行升级或下线。由于研发过程中必须执行相关流程才能进行下一步操作，所以与安全相关的基础库都会被验证并满足预期后，以必须依赖的方式成为端产品的一个基础组成部分。这个阶段主要使用的安全组件包括安全探针、设备指纹、白盒签名、人机对抗等。在具体实践落地过程中可能会遇到挑战，整个流程对业务的侵入性比较高，如某安全 SDK 引入环节出现异常，可能会影响整体产品打包进度。在设计方案时应考虑到这个风险，针对每个研发节点设计一套成熟的节点替换方案，一旦发现某研发节点存在问题，可通过快速切换其他备用节点来解决。这样既满足效率要求，也符合安全预期。

(2) 产品编译

本节点主要是研发人员在产品打包前，编译形成中间产物。从安全角度看，应重点关注编译阶段中需要引入的框架安全配置，特别是运行时防护产品，网商银行在此阶段引入了端安全平行切面能力。安全平行切面是蚂蚁集团在业界首次提出的下一代安全原生基础设施，意在解决传统"外挂式"安全、"内嵌式"安全存在的"隔靴搔痒""绑腿走路"等弊端，通过解耦及贴合的方式，将安全能力充分赋予相应业务，可做到业务运行时无感。详细资料请读者参见蚂蚁集团发布的《安全平行切面白皮书》。具体到移动端产品，安全平行切面在 Android 及 iOS 产品上分别以 dexAOP 及 binAOP 方式在编译阶段进行集成。安全团队应通过自动化脚本等方式检查安全平行切面的集成状态。如不符合预期，须通过实时消息通知研发及安全团队进行修复。如检查通过，安全团队将提前配置好的切点及相关参数引入产品编译环节，完成安全平行切面最后的融合。需要特别注意的是，如产品编译中报错，建议研发及安全团队一起来定位原因，解决思路一般采用从后往前排查的方式，通过倒序定位具体哪个环节出现问题。这种排查方式可以快速定位到问题及相关依赖，以最小成本解决问题。

(3) 产品打包产物

该节点主要是通过产品链接、打包完成最终产品。从安全角度看，应重点关注产品打包后的安全加固配置。在移动 App 产品中，应具备的安全防护能力如代码混淆、符号混淆、防注入、防动态调试等。事实上，以上安全机制要真正落地会面临两个很关键的挑战：执行有效性和执行时间。即如何保证开发的每款 App 都经过安全加固流程，更极端的情况是假设打包平台被恶意攻击者攻破，他们可能会篡改、跳过安全加固流程，发布一个恶意、未加固的包到市场上，进而导致资损、舆情等风险。为此，笔者建议，在业务测试阶段，打包产物使用测试证书，即不被应用市场所认可的官方证书，即使泄露也不会导致舆情风险。如需发布到各大应用市场或通过苹果商店审核，必须将产物提交给安全团队进行整体安全加固，并用官方证书签名。出于对官方证书的保护，需要一套成熟完善的密钥管控系统，防止证书、私钥等泄露。针对执行时间问题，端安全研究人员都知道，安全加固总会遇到加固时间过长、不稳定等问题。为了解决该问题，笔者建议安全人员对安全加固服务做深入的研究，至少要做到可快速定位问题。如遇到打包延时，可快速定位问题是来自代码加密、混淆、虚机保护等哪个层面。另外如果是外采的安全加固服务，还应关注它的服务方式，是 SaaS 还是本地化部署，不同的部署方式会面临不同的安全风险。

4.3.4 安全心智运营

信息安全工作除了要做好技术防护与风险识别，员工安全心智的运营同样至关重要。一方面，随着各银行信息安全防护技术水平的不断提升，由员工导致的信息泄露事件成为企业信息安全工作的重要威胁；另一方面，监管明确要求银行业定期组织信息安全宣传教育活动，开展信息安全培训工作，因此员工安全心智培养在安全体系建设中的地位愈加重要。

1. 运营目标

通过安全心智运营，可提升员工安全意识，将安全意识融入工作日常，以避免因安全心智不足而导致安全风险的情况。针对数字银行,安全心智运营目标分为以下几个阶段。
- 第一阶段:通过持续的安全宣贯、培训等,使员工具备基本的安全风险意识,配合安全团队及时处置安全风险。
- 第二阶段:在日常流程中识别可能存在安全风险的情况,并联系安全团队进行评估。
- 第三阶段:在产品规划中充分考虑安全性,遵循 DevSecOps 流程,使安全深入产品生命周期的各个环节,降低安全风险发生的概率。

员工的安全心智提升助力形成数字银行风险管理的闭环,从而降低信息及数据泄露的风险。

2. 运营方案

应针对不同的运营需求制定运营方案,以更好地触达目标用户,使全员安全心智得到有效提升。安全心智方案须依据目标对象、运营范围、运营目标等进行制定,比如针对安全规范要求的宣传,可以采用图文结合的方式,提升可读性,确保员工可以准确理解制度内容;针对安全操作指引,可以结合实际案例进行还原和分析,确保员工明确其中的风险点并知晓安全合规的操作流程。同时,可设置一定的激励机制(积分、认证等),使员工获得满足感,从而更加积极主动地配合安全心智运营工作。

3. 运营对象及方式

按照对象划分,除进行全员适用的安全心智运营外,新员工、离职/转岗员工、技术人员、生态人员等均属于需要重点进行心智培养的对象。
- 针对全体员工:为保证全体员工的安全心智水平,每年须进行至少两次全员参与的心智运营,可以采取安全专题活动、钓鱼演练、信息安全考试等形式,或线上宣导、线下活动相结合的方式,确保全员均主动/被动形成安全心智。
- 针对新员工:在入职第一周内通过邮件、消息推送等方式进行信息安全内容的触达,使新员工明确知晓安全红线及办公安全要求,形成基本的安全心智,在日常办公中可以遵守安全要求,主动规避安全风险。同时,若存在新人线下培训,应将信息安全课程纳入培训中,以进一步强化安全心智。
- 针对离职/转岗员工:离职及转岗员工须重点强调数据安全及权限管理,离职期要求知晓公司保密协议条款并签署相应文件,做好权限回收工作;转岗员工可视为离职员工,同样须进行权限管控,逐一检查现有权限应保留还是去除,同时对于转入敏感岗位的员工须进行新人培训。
- 针对技术人员:技术人员负责数字银行的产品建设,其安全心智的提升有助于从源头降低安全问题发生的概率,因此须持续对技术人员进行心智运营。技术人员心智运营内容包括案例解读、安全操作指南、安全漏洞解析及修复、安全 SDL 流程等,通过安全贴士、短视频、线下培训等多种方式,采取多样化的心智运营来提升技术人员的安全心智水平。
- 针对生态人员:生态人员往往是安全心智水平薄弱的群体,他们拥有部分权限可以获取并操作数据,但因不属于数字银行的正式员工而导致无法确保安全心智水平。针对生态人员的心智运营，可通过设置流程卡位实现，如申请权限或数据时先阅读安全须知并完成考试，具备基本的安全心智后才可通过。

4. 安全心智运营实践

网商银行作为一家数字银行，各类权限和数据是其生命线，攻击者常通过钓鱼来获取员工的账号密码，从而获取权限和数据，威胁信息安全。从外部视角来看，监管层面非常关注网商银行的安全性和合规性，一旦网商银行在攻防演练中发生重大安全事故，其声誉和发展将受到严重影响。从内部安全防护能力来看，经过共同治理和安全技术提升，整体安全防护能力提升明显，但部分网商银行员工在安全意识方面依然存在明显的短板和隐患，容易被攻击者利用。故网商银行针对钓鱼攻防进行了如下安全心智专项运营。

- 通过培训向员工介绍常见的钓鱼场景和防范方法。在钓鱼攻防的安全心智专项中，首先通过邮件向全体员工推送培训课程，课程内容包括钓鱼攻击介绍、钓鱼场景及分析、防范方法。课程通过真实钓鱼攻击案例向员工介绍邮件钓鱼、电话钓鱼、即时通信软件钓鱼等常见场景，分析钓鱼攻击链路，最终介绍防范钓鱼的技巧，使员工了解钓鱼攻击、远离被钓鱼。
- 设置钓鱼攻防考试，练就员工火眼金睛。为了进一步巩固员工的安全心智，在培训之后安排钓鱼攻击的考试，考察员工在钓鱼场景下的应对方式，以及是否可以识别钓鱼攻击行为。为激励员工尽快完成考试，对考核结果进行排名，优先完成考试的员工可获取奖励积分；通过率按照部门进行排名，排名靠前的部门的所有员工均可获得积分；对部门的完成度进行通晒，完成度低的部门单独联系部门主管进行推动。
- 图文并茂，真实案例分析提升安全心智。钓鱼的原理比较单一，但手段千变万化，业内新兴的钓鱼手段和钓鱼模板要及时传达给员工。通过图文小贴士的方式刻画钓鱼攻击手法和链路，提示员工遇到可疑消息时及时联系安全团队进行评估和处置。
- 实战检验运营效果，持续进行攻防演练。在进行了一系列心智运营和宣贯之后，模拟真实攻击场景的钓鱼演练也必不可少。钓鱼演练一方面可以检验心智运营效果，另一方面可以识别出心智薄弱人员并进行心智强化。网商银行持续进行各类钓鱼演练，覆盖邮件钓鱼、即时通信软件钓鱼、BadUSB 等场景。针对中招人员会介绍本次钓鱼中的可疑点，并要求再次接受钓鱼培训的课程，且纳入下次钓鱼演练的重点对象中。

在一定数量的钓鱼攻防专项运营后，网商银行员工对于钓鱼攻击的安全心智有了明显提升，每次钓鱼的中招率有明显下降，且员工主动举报疑似钓鱼信息的数量有了很大提升。

4.4 存量风险治理

银行数字化转型过程中会遇到各种困难，其中信息与数据安全方面的挑战尤为突出。伴随服务效率与体验的提升，安全风险敞口与暴露面也逐渐扩大。存量安全风险的治理程度和效果将直接关系到数字银行的整体安全水位。下面将从漏洞自动化处置、常态化风险巡检机制等方面逐一展开。

4.4.1 漏洞自动化处置

漏洞处理是安全工程师日常工作中打交道最多的场景之一，对于一个安全漏洞来说，其生命周期通常可以分为漏洞发现、漏洞上报、漏洞修复、修复验证、完成修复等阶段，如图4-12所示。下面将从以下几个方面介绍网商银行在漏洞处置过程中的提效措施。

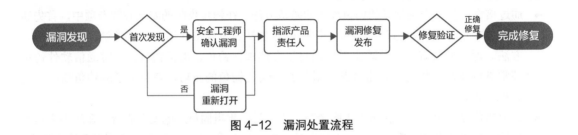

图 4-12 漏洞处置流程

1. 风险上报

随着自动化扫描功能越来越多，每个平台都会有漏洞上报的需求，为了避免重复建设带来的资源浪费，我们设计并统一了漏洞上报功能。根据不同的漏洞来源可以自定义漏洞详情模板（见图4-13），扫描平台只需要同步漏洞关键信息，比如应用名、请求包、代码片段、调用链等，无须关心漏洞详情的格式，即可保留这些关键信息以为后续的漏洞自动化复测提供输入。统一上报还有一个好处，扫描平台无须维护应用相关的开发负责人、代码仓库地址等信息，这些信息将统一由漏洞上报功能关联并做提报。将自动化风险扫描平台的重心聚焦在风险发现能力建设上，最终实现漏洞发现与风险运营处置的解耦。

2. 风险卡点

我们投入了大量的资源和人力在上线前的风险发现上，其目的是希望被发现的安全风险都能在应用上线前被及时修复，避免应用带病投产。但仅仅依靠制度约束和安全工程师主动跟进是很难达成这一目标的，为此就需要"风险不修复则卡发布"的机制，确保已知风险都能够在修复周期内处置完成。整体思路是：在应用发布流程中增设门禁，即在应用发布上线前，发布平台会去漏洞管理平台查询相关应用是否仍有未修复的漏洞工单，若有则禁止发布直至漏洞修复完成。当然卡点门禁需要留有特殊情况下的应对渠道，遇到紧急发布时可通过特批渠道发布上线。通过风险卡点，可以缩短风险修复周期，减小风险敞口，具体效果如图4-14所示。

图 4-13　漏洞详情模板

图 4-14　未修复风险发布卡点

3. 低成本修复

每当 0Day 漏洞爆发时，引用受影响的二方包、三方包的应用都需要进行大规模的安全升级，频繁地升级对研发及安全人员都会造成很大的困扰。一方面，研发人员需要在原有迭代排期内投入大量的时间来修复安全风险；另一方面，安全工程师也需要花费精力提单并推进漏洞修复进度，并且由于漏洞工单量级大，在彻底修复之前必将存在一段比较长的风险窗口期。为了减缓研发人员的漏洞修复焦虑、降低风险修复的人工成本，需要一种以更低成本批量升级应用依赖组件的方案，由此引申出"低成本 pom 包升级"。该方案希望把 JAR 包升级类的重复人肉工作（包括选用升级方案、修改代码/配置、回归、发布）抽象为修复脚本，通过机器自动执行，并由 SRE、中间件、安全等角色负责批量升级,达到提效的目的。它的原理是基于 Code Inspect 和 Java AST Parser 构建漏洞代码修复引擎,通过该平台创建批量风险修复规则,再由安全工程师向所有受影响的应用提交代码修复 PR,识别目标线上资产,对接标准研发发布流程,应用负责人可以选择全托管或半托管模式,实现漏洞修复代码的自动化发布,具体修复流程如图 4-15 所示。大规模的批量自动化升级还需要考虑过程中的稳定性,这里我们通过静态、动态代码分析技术,结合代码语法、语义分析等方式进行代码关系和业务关系建模,分析代码之间的逻辑关系,最终产出升级的风险分析报告。对于报告中认为升级完全没有风险的系统,可以快速地进行升级;对于报告中认为升级存在较大稳定性风险的系统,需要让研发人员多加验证,同时线上灰度、测试的观察也要花更多的时间。

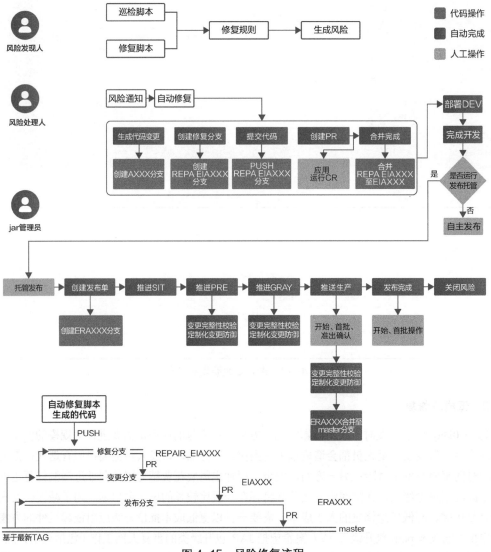

图 4-15 风险修复流程

4. 自动化复测

当研发人员完成漏洞修复后，就到了修复验证环节。正常情况下，当业务研发人员完成漏洞修复后会通知安全工程师验证漏洞是否正确修复，安全工程师确认修复完成后关闭漏洞工单并允许应用发布上线。在漏洞少的情况下这种模式不会有任何问题，但批量应急或漏洞工单量大的时候，漏洞复测将会给安全工程师带来很大的负担，同时由于漏洞验证不及时而被阻塞发布流程，业务迭代周期被拉长。通过建立漏洞自动化复测的能力，能够解决大部分漏洞的验证问题，尤其是自动化扫描工具发现的漏洞基本都能做到自动化复测，极大地提升了漏洞复测的效率，进一步降低人工成本，缩短研发修复漏洞的迭代周期。漏洞自动化复测流程如图 4-16 所示。

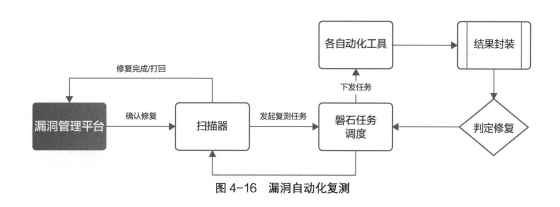

图 4-16 漏洞自动化复测

自动化复测并不仅限于自动化工具发现的漏洞，对于一些人工发现的但修复验证较简单的漏洞也可使用。例如一些敏感信息泄露、未授权访问漏洞等，可通过发送相同请求后判断响应包内容来验证修复，但这部分场景情况较复杂，还需要持续迭代和优化。

4.4.2 常态化风险巡检

每个安全管控机制及安全防护产品都要有对应的日常巡检能力，防止因未知渠道创建变更导致安全管控或防护遗漏的产生。而安全巡检机制是否有效，最关键的几点如下：

- 要有完整的资产数据做支撑，只有清楚需要管控的范围，才能知道哪些变更不符合预期。
- 巡检的时效性要有保障，巡检是否及时将直接关系到风险窗口期的长短。
- 巡检能力本身的稳定性也至关重要，一旦巡检服务自身出现问题，巡检的内容就必然会出现遗漏。当发现异常情况时需要第一时间排查、确认，存在风险时才可以第一时间止血或加固，具体效果如图 4-17 所示。

第 4 章 默认安全建设方案

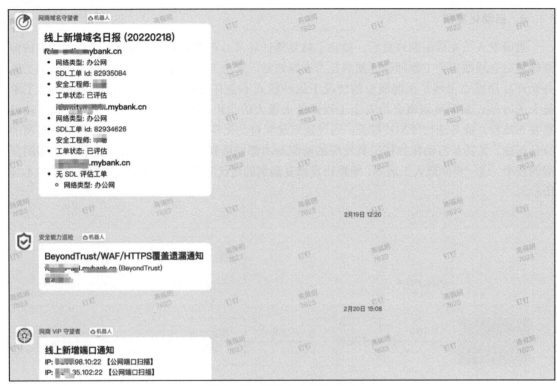

图 4-17 默认安全巡检机制

4.5 风险发现体系的演进

4.5.1 背景

自从许多大型企业集团开启中台战略后,企业安全组织架构也逐渐演化为一个大的安全中台部门支撑各业务线安全部门的形式,如图 4-18 所示。安全中台部门负责提供通用的安全能力并支持业务线安全部门的工作,业务线安全团队则是身处一线与业务部门共同作战,它们的责任是保障一线业务的安全,做着最直接支撑业务安全的工作,如业务的安全评估、业务漏洞的收敛等,完成安全能力赋能业务的最后一公里。

通常每个安全产品由若干名安全人员组成的一个小团队负责日常的开发和运营,产品需要为所有业务线的 CISO 团队提供日常安全工作需要的安全能力,并且每个产品会拥有自己的能力体系,包括自己的调度中心、数据中心、运营中心,这也是大多数集团企业安全组织的现状以及安

4.5 风险发现体系的演进

全产品的现状。这种模式已经持续多年并且确实支撑起了日常的安全运营工作,但随着传统安全漏洞的收敛以及安全运营工作的深入,这种模式也出现了如下一些问题。

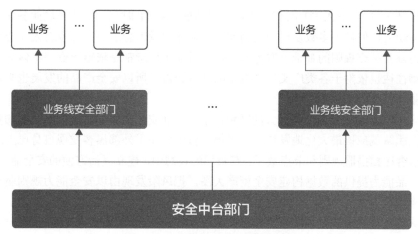

图 4-18 中台模式的安全组织架构

1）各安全产品的能力和数据自成体系,导致协作成本高。由于每个安全产品都有自己的能力体系,而大多数能力在设计之初就以实现漏洞检出能力为目标,并未系统性考虑深层的开放协作问题,导致安全产品间的协作成本相对较高。而随着传统安全漏洞的收敛以及应对的安全问题复杂度的提高,各 CISO 部门又会对安全产品间的协作有较多需求,这种协作大多数情况不是扫描器间的调用或者是漏洞数据间的互通,而是需要扫描器某个子功能模块或扫描器的某个分析漏洞的中间数据。如主机采集发现某个存在 NDay 漏洞的 jar 包,此时还要知道是否在代码上有使用这个存在漏洞的 jar 包功能。

2）CISO 多样的安全治理需求与安全中台有限的资源形成矛盾。由于 CISO 部门每天应对的安全问题复杂多样,对安全产品的能力也有较多的需求,每个 CISO 部门对同一个功能的要求可能还不一样,面对复杂多样的需求,中台人力有限及团队间协作的成本导致许多需求需要漫长的沟通和排期,而安全问题属于风险,往往接受不了如此长时间的等待,并且由于安全问题复杂多样,CISO 也希望相关能力能按照自己的需要快速迭代。这时候要么接受风险等待排期,要么优先于其他 CISO 的需求,抑或自建相关能力。而据我们观察,一些脱离救火阶段的 CISO 团队已经开始自行探索能解决目前各自面对的风险的能力了。而安全中台这边又会因为需要应对 CISO 的各种需求而分掉大量精力,导致核心的基础能力投入受到影响。

3）各安全产品运营体验割裂。作为一线参与 SDL 工作的安全人员,每天有一部分精力需要投入到评估业务系统、业务接口是否存在风险等事务上。而目前各安全产品都拥有各自的运营中心,正常情况下需要了解某个接口是否存在风险就需要到多个产品运营中心查看,这显然不符合预想的工作方式。理想条件下肯定是在想要了解某个接口情况的时候,能把这个接口及这个应用的相关信息都整合好进行统一展示。

4.5.2 安全产品的转变

我们已经从 IT 时代进入 DT 时代，不同于以前的传统 IT 时代，如今开展业务需要把更多重心放在数据驱动上，但是大多数发现漏洞的安全产品在建设理念上似乎并没有太大变化，还是在提升自身能力以及扩充规则的基础上发挥作用。同时安全风险都是依附于资产实体的，安全风险的发现和防御往往也依附于各类广义资产数据的计算分析，所以安全产品的发展也必定会以数据和算力作为驱动力，进入 DT 时代。

企业安全团队与外部安全公司最大的区别在于，企业安全团队拥有对自己透明的资产信息，那么企业安全团队就应该最大化地发挥这个优势，否则要先于外部黑客发现自身已上线的安全漏洞就只能与黑客比扫描器规则和节点数了。在我们的设想中，建立灵活方便的安全能力协作体系，依托各安全产品能力提供的数据构建安全资产大图，把风险发现由以安全能力规则驱动推进到以算力和数据驱动是其中的关键。具体的思想可见 4.2 节。

为了最大化发挥企业安全团队资产信息透明的优势，第一步就是需要把所有资产信息数据化，当所有的资产信息数据化并以适合的数据模型存储之后，就可以做到高效、低成本地使用这些数据，以达到风险发现和安全运营的需求。在这个时候基础的安全产品只是作为一个嵌入到应用中的一个"传感器"，为这套体系提供这些基础安全产品在不同视角下能看到的数据，这些数据被统一采集到云端进行计算以还原资产及内部运行逻辑的全貌，以后所有的风险发现和大部分安全运营工作都在云端进行，不再依赖以往的在单一扫描器上进行规则编写的方法。这也是我们认为安全产品发展进入 DT 时代的关键，即以数据和算力来驱动业务，在安全领域就是指导风险的发现、治理、防御、溯源等。

4.5.3 实现思路

1. 算力驱动

强大的算力和优秀的分布式大数据计算技术是这一切的驱动力。自 Google 提出了 MapReduce 模型后，分布式大数据计算技术得到了快速发展，正是这些技术的发展，使得通过大数据计算和分析实现业务目标成为可能。在网商银行，我们可以使用 MaxCompute、TuGraph 等强大的分布式大数据计算产品，以及足够的算力，这为安全数据分析提供了支持。

2. 数据打通

要想实现"全局视野"，首先就需要将数据都放到一起，而"将数据都放到一起"意味着需要把数据的存储底层打通，尽可能减少 API 等低效的数据交换方式，使用一个统一的数据计算平台，直接操作数据库进行取数计算，最大程度地保留数据使用和计算的灵活性。这样一来数据的使用成本将会大幅降低，而数据的高效和低使用成本将是支撑后续业务的基础。

3. 图数据模型存储

数据取到之后，我们需要整合这些数据并且构建它们的关系大图，往后所有的安全运营工作都基于这张大图，而不再依赖安全产品自身的规则检测能力。这里说到大图，意味着希望底层存储用的是图数据库而不是传统的关系型数据库。使用图数据库主要有下面三个原因：

1) 图模型更贴近真实世界实体关系的抽象，这就能更方便地还原资产及内部运行逻辑的全貌。

2) 待接入了大量多维度的数据之后，通过这些数据还原真实业务逻辑时需要大量的关联计算，而关系型数据模型由于其模型特性，在多数据关联和数据维度增加时，需要的计算量会爆炸式增长（想象一下 N 张表进行连接的情况），而图数据模型没有这个问题，增加数据维度只是增加节点的一个属性或一条边的关系而已，如图 4-19 所示。

3) 风险发现过程中往往需要寻找数据的关联关系，使用关系型数据库很难把真实的业务逻辑进行还原并持久化。就算做到了，数据的使用成本也会相对较高，而前面也说了数据的高效和低使用成本是支撑后续业务的基础。图数据库在这方面具有天然的优势，多维度数据的关联对图模型来说只是一条边的关系，数据的关联使用的时间复杂度能做到非常低，甚至能到 $O(1)$ 级别。

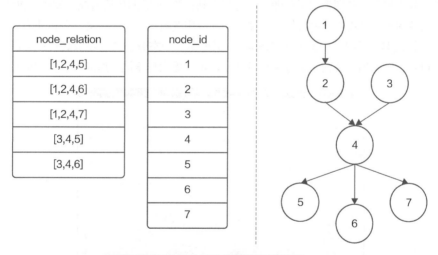

关系模型中缺少[3,4,7]的链路，但仍可通过图模型关联分析出来

图 4-19 有向链路使用关系型模型及图模型表现的差异

图模型主要是为了方便构建各个业务逻辑之间的关系，这对自动化运行程序进行数据关联分析很友好。但由于目前图数据库的查询语言尚未成熟，还存在多套标准，对于大多数习惯使用结构化数据库做数据分析的工程师来说也存在学习成本和门槛。为了方便这些工程师，对于一些结构化数据就可满足的场景也可以通过从图中导出需要的结构化数据进行特定场景的数据分析。

另外，这里说的图模型只是逻辑上的，由于这个体系需要大量的数据接入，把数据都放在单个物理图上可能对数据库压力较大。可以考虑使用多个图合并成逻辑图从而降低数据库压力及提高数据查询速率，对于没有实时性要求并且计算量大的规则，还可以使用离线存储来构造这个逻辑图以便进行分布式计算，当然这属于工程层面的问题，这里不进行展开。

4. 应用逻辑数据化

如今大多数资产都已经实现了数据化，比如我们能很轻松地知道某个应用都运行在什么机器上、这个机器的配置是怎样的、都开了什么端口、被挂在了哪个负载均衡器后面，但是只有这些数据还是做不到我们希望的还原真实业务逻辑的级别，要做到这一点，应用逻辑数据化是欠缺的一个关键点，程序分析则是解决这个问题的关键技术。

程序分析又分为静态分析和动态分析，静态分析只依赖代码或其构建产物，可以独立于应用进行分析，但存在分析能力的瓶颈；而动态分析依赖于对应用进行插桩，过多的插桩点及插桩点过多的逻辑会导致应用运行性能下降而影响使用。基于工程化的现实考虑，使用静态分析得到大部分的应用逻辑，再结合动态分析补足因静态分析瓶颈导致无法分析的部分，可能是当下最优解。

在获得程序分析结果后，如何构建应用的行为模型并进行持久化，以及方便地使用这些数据又是一个关键问题。安全行业熟知的 CodeQL 给大家展示了一个实现的方向，但是因为它只开源了一部分，所以无法得知其内部细节。Tabby 这个项目给我们示范了另一个实现方向，即使用程序分析技术生成代码属性图（CPG）并存储在图数据库中，在图上记录污点传播的信息，配合污点分析的 UDF（用户自定义函数）只需要写一条图查询语句即可获得污点到任意 sink[①] 的传播情况，如图 4-20 所示。我们可以以此参考使用静态分析得到的数据来构建最初的应用逻辑图，并使用动态分析能力进行边的补齐和确定（比如拦截器、反射、多态调用等场景）。另外由于动态分析具有获取真实业务运行态信息的特点，也可以对运行态的相关信息进行采样及补充，可以更大程度地还原业务真实的运行状态。

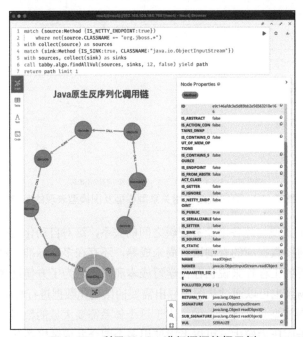

图 4-20　利用 Tabby 进行漏洞挖掘示例

---

① sink：代码分析中的概念，指代污点传播到的目标函数或方法，此目标函数或方法一般是代码分析人员关注的函数或方法。

当完成一个应用的程序分析时就能得到一个应用的内部逻辑图,但互联网应用架构发展到今天,每个应用已经不是一个孤立的存在,而是与其他应用有着错综复杂的关系,当把所有的应用逻辑都数据化并存储成图之后,再把应用间调用的边连接起来就能得到应用间的调用关系大图。这时候可以把企业内部所有的应用合并起来当作一个大的应用进行分析,届时跨编程语言、跨应用分析将不再是问题。往后所有关于应用治理相关的工作都可以在云端这张大图的基础上编写图数据查询规则来完成,包括传统的白盒及灰盒的风险分析及漏洞发现。

那么应用逻辑数据化需要做到什么粒度?理想情况下我们肯定希望把应用的所有逻辑都构建出来,这样可以避免在分析的时候发现缺少某些逻辑的尴尬,但工程实现上还是需要为现有的工程技术瓶颈及性能做些妥协,可以按照实际需要做些取舍。

5. 重塑安全资产

人们常说资产信息是安全工作的基础。在传统的安全工作理念中,资产的作用在于让安全团队明确需要保护的目标,这就导致了传统的资产信息可能只停留在应用、负载均衡器、机器、端口等这些信息上,但安全运营工作是否有这些信息就足够了?

在我们的设想中,安全团队的目标是通过数据构建所有资产及其内部运行逻辑的全貌,资产的概念不再停留在安全团队需要保护的资产的个体信息上。能表现其个体逻辑的所有信息都属于资产,安全运营工作就是在这些以数据形式表现的资产上做各种规则来实现的。基于这个设想,上面应用逻辑数据化后的产物就是资产的一部分,但只靠这些信息来还原所有资产内部逻辑是远远不够的,以下举几个例子来说明还需要什么数据。

首先是传统的资产数据,如机器、负载均衡器(LB)、进程、端口、安全产品部署情况等信息,待这些信息补充之后,就能很直观、迅速地知道请求某个接口时可能会经过哪些 LB、这些 LB 开放了哪些端口的映射、这些端口又映射到了哪些 Pod 的哪些端口上、这些 Pod 上的安全产品覆盖情况是怎样的,再结合应用逻辑数据化后的产物,也能知道当请求走到应用代码时应用又执行了什么逻辑。

我们还可以继续挖掘这些传统资产里的运行逻辑数据,如 LB 上可能跑着多个模块、这些模块内部的逻辑图信息、WAF 里面的规则逻辑、sidecar 里的逻辑等数据,只要有需要就可以把它们的逻辑转换为以可方便查询的形式放到图中。

前面所说的都是与后端相关的,前端的信息是否也需要呢?同样的,如果对前端进行程序分析,就能知道某个后端接口都会透出到哪些前端页面上、要触发这些接口都会经过哪些前端交互、执行这些交互时又会触发哪些接口,这些数据对于发现逻辑漏洞以及扫描器策略也是重要的一环。

此外为了减少数据的关联计算及方便分析,我们会对资产生成各种各样的标签,比如接口的权限信息、数据字段是否是敏感信息等,这些标签也可以落在这个图模型的适当位置。

待需要关注及分析的数据都录入完成后,安全团队通过数据构建的"矩阵"(在《黑客帝国》里面矩阵是一个模拟真实世界的系统)就已经完成,由于数据多维性丰富到已经可以把构建出来的图视为一个安全资产知识图谱,安全运营就可基于这个安全资产知识图谱做图计算及数据挖掘。可以说生成的原始资产图谱是一个大而全的图,针对某些特定场景,如果只需要这些资产图谱里面的某些信息，也可以对多余的信息和节点进行屏蔽并生成子视图来满足业务需要，以避免某些子领域又需要从头构建底层数仓，从而实现"One For All"，如图 4-21 所示。当然受工程能力的限制，人们很难把所有数据都放到一个物理图上，但这可以通过多图合并成一个逻辑大图的方式实现。

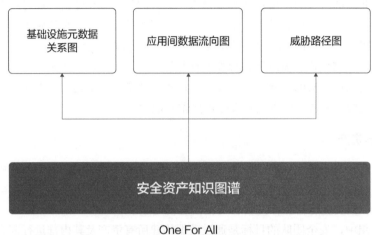

图 4-21　大图衍生子图

6. 安全能力调度中心

通过前面的步骤已经实现了各安全产品间数据、视角层面的打通和协作，构建了安全资产知识图谱这个数据中心。是否这样就足够了，安全能力间协作是否还有更进一步的空间呢？ 这里也提出一种设想。

虽然现在各个安全产品都自成体系，但其实抽象一下，几乎所有安全产品都可分为服务器端和客户端（Agent 端），服务器端负责对客户端的调度、数据采集以及规则下发，客户端负责具体的工作（如发送 payload、扫描代码、执行下发的规则等）。那么是否可以把各个安全产品的服务器端相关能力进行抽离及合并，使得各个安全产品的调度交由统一的工作流调度系统，即共享一个服务器端能力，使得安全能力间的协作和调度更为顺畅呢？

在所有安全能力都共享一个服务器端后，它们的能力调度可以做到统一管控了，但能力协作如果还是按照以往通过 API 的模式，那统一服务器端就没有意义了。在这个阶段应该把各个安全产品的能力进行解构，把每个安全产品内部的逻辑能力原子化。比如大家比较熟悉的黑盒扫描器可以解构为：获取规则、判断目标资产需要使用什么扫描策略、执行规则模块、发送 payload 等子模块。待所有安全产品的能力解构完成后，原本安全产品的核心功能即可方便地提供需要的数据，比如 SAST 的代码分析能力可以提供构建应用逻辑图需要的数据、IAST 的插桩模块可以提供应用的动态数据。

安全能力原子化后，为了让它们能够直接协作，就需要一个编排系统，从而将它们按照安全工程师的业务目标进行编排组合，以及一个统一的安全作业调度中心，对这些编排后的任务进行调度以实现原本各个安全产品服务器端的调度能力。

有了安全作业编排系统和统一安全作业调度中心，安全能力间就可以进行各种融合和交互。通过把相应的安全能力模块组合编排成一个 DAG（Directed Acyclic Graph），届时各种安全能力就不再是一个个单独的产品，而是一个个安全能力概念，由一个个 DAG 组成，如图 4-22 所示。诸如 CISO 临时需要某个安全产品开放某个能力，安全中台再进行排期开发的情况将不再出现，安全工程师直接把需要的安全能力算子引入需要用到这个能力的 DAG 中即可完成。

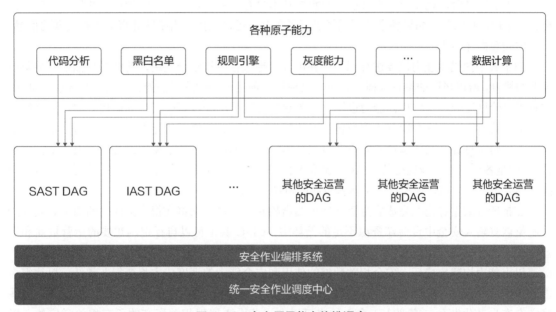

图 4-22　安全原子能力编排调度

7. 运营规则市场

在安全资产知识图谱及安全能力调度中心完成后，安全工程师需要新增一个直接在安全能力调度中心的统一工作流上执行的运营规则。在安全资产知识图谱上取数、对安全原子能力进行编排、在安全策略引擎算子上配置规则，最终形成一个个用作安全风险发现和治理的 DAG，这也是对安全专家经验以及安全智能经验的沉淀。安全团队的工作不仅仅有风险发现和治理，还有其他运营工作，所以相应地，不仅只有负责风险发现和治理的 DAG，还有比如安全产品部署应该按照什么顺序进行部署、灰度发布、观察的 DAG，保证和验证安全产品有效性的 DAG，应急响应流程的 DAG 等。

各个 CISO 需要进行的安全治理及安全运营工作大多类似，因为这套体系完成后，安全工程师都是在统一的能力底座上进行安全运营工作。这意味着这些 DAG 可以很方便地被复用和移植，CISO 的工作也可进行沉淀，新的 CISO 团队可快速复用之前其他 CISO 的运营能力和运营经验，最终形成一个类似运营规则市场的产物。安全工程师可以在这个市场上进行"淘宝"，再稍微进行改造以满足自己的需要。

8. 统一的安全运营工作台

安全数据中心及能力中心统一后,统一的安全运营中心也变得必要了。

以往各个安全产品都有自己的运营后台,安全工程师在确定一个应用、一个接口是否存在安全风险时需要到各个不同的运营后台上进行查询。而负责安全运营的人员希望的是在人工介入评估某个资产是否有风险的时候,要评估的资产的所有相关信息都能快速展现在眼前。这种情况同样适用于资产平台,现在资产平台展示的数据基本只有元数据,即应用的接口及数量、接口内部逻辑、接口的画像等。如果各个数据已经进行了关联,可以直接点击跳转并查询所有关联的信息,相信体验会提升不止一个档次。

由于各个扫描器能力已经进行原子化并可方便地进行编排组合使用,传统的扫描能力界限已经变得模糊,所以风险的治理大概率也不会只使用之前某一项扫描器的能力而是组合各能力进行。这时候再给以往的各个扫描器能力设置一个单独的运营页已经没有必要,取而代之的应该是统一的安全运营工作台。这个运营工作台包含以往各个扫描器运营需要的能力,包含黑白名单、扫描下发、规则编写等,这些运营能力不针对某个单独的扫描器而是共享使用。另外每天各个扫描器(以后就是各个用于风险巡检的 DAG)都会产出很多需要人工关注的结果,以往需要负责这些扫描器的人员进行处理,现在在一个运营页面即可统一呈现及处理。

在把所有数据打通及完成安全资产知识图谱构建后,这一切将变得自然而然的简单。此外为了避免重复陷入安全中台前端资源不足的循环中,CISO 甚至可以自行定制想要的运营页面和运营模式。

以上能力构建完成后,安全相关数据的使用和安全能力的调度成本将变得非常低,以往很多由于 ROI 太低而不能落地的安全运营规则都能落地,此时安全自动化程度将进一步提升。一些确实存在自动化瓶颈、需要人工介入的也可以在运营中心展现相关资产的所有相关联信息,以使运营人员能快速处理相关告警。到了这个阶段,大多数安全运营工作已经由前辈们沉淀下来的规则自动完成,剩下需要人工介入的,只需喝着咖啡、点点鼠标即可完成,安全运营工作进一步标准化。

4.5.4 安全团队间的职能变化

建设理念的不同随之带来产品形态的不同,也伴随着运营模式的改变,而这可能也会影响着安全团队间的职能和协作模式。

这个运营体系的一个设计理念是放手让 CISO 做自己想做的事,不再被原本的安全产品形态捆住手脚。那么首先带来的变化就是,因为各个安全产品无须再各自维护一个运营后台和调度中心,非核心能力的需求会大幅降低,提供安全能力的安全中台可以从繁杂的运营需求中慢慢脱身,只需要关注安全产品的核心能力以及安全产品提供的数据的质量,所以原本分配到各个安全产品的人员可能会有所减少。而 CISO 最清楚自己负责的部门需要的安全治理方案,并要定制大量的治理和运营规则,所以 CISO 的人员配置可能会有所增加。最终可能会呈现出"中台打薄,前台打厚"的情况。

在最初的想法中，安全中台甚至都不需要管理扫描规则，这一切都交由 CISO 定制。但考虑到并不是每个 CISO 团队都有精力来定制，所以中台还是需要设立专门的安全交付职能岗位，给各 CISO 交付一套标准的风险治理规则，CISO 可再根据自身情况进行定制化修改。

由于产品的形态高度自由及可定制，对于想定制规则的安全工程师来说，如果不理解其实现理念及相关细分技术会遭遇一定门槛。对此，中台可以提供一个相关的培训服务，形式可以是线下培训，也可以是入职培训材料。

4.5.5 运营实践

1. 数据生命周期监控

安全工作都是围绕保护数据的安全进行的，所以像理清数据的流动，监控数据的产生、落库、消费、删除等生命周期中的关键步骤其实是非常关键的工作。我们也看到过一些尝试，比如通过解析离线计算任务的 SQL 得到数据血缘，但这只是数据间的关系，很难表示出整个数据的生命周期过程。

只要在构建安全资产知识图谱时，做到保留变量的污点传播信息，那么监控数据的生命周期将不再是难题。再结合其他数据，如图 4-23 所示，我们就能知道某个数据是从哪个前端页、由什么用户填入生成的；然后通过什么接口发送给后端；传给后端过程中经过了哪些中间件；这些中间件是否有对数据进行相关处理（比如镜像采集到 SLS）；数据到后端接口后存储到了哪个表和哪个字段中；这个数据落库后又通过哪些接口透出给前端的哪些页面；通过哪些内网的 RPC 接口给到其他应用；其他应用又会对这个数据进行什么处理；数据又在哪些阶段被删除；删除的数据是否在其他地方还有保留。要做到这些，取决于我们在这个知识图谱中引入了多少维度的数据，以及这些数据的质量能否支持这些需求。

2. 风险决策中心

安全工程师在进行风险治理的时候，常常会遇到要关联各种数据，并对这些数据进行分析和得出结论的场景。对于这种场景以往做起来成本会相对较高且麻烦，原因首先是数据都分散在各处，每需要一个维度的数据就需要接入一次；其次是各个风险发现安全产品的能力和数据在设计之初并未考虑互通的情况，导致很多需求在不改造的情况下不好满足。比如在漏洞应急场景，通过主机采集发现某个存在 0Day 漏洞的 jar 包，此时还想知道是否在代码上有使用这个存在漏洞的 jar 包功能，实现这样看似简单的通用需求在以往可能需要耗费较大的人力，而这也只是关联了两个维度的数据而已。

当完成上文描述的体系搭建后，各个安全数据和安全能力能做到很好的融合，关联分析成本与以往相比会变得非常低，以后治理各项风险时就可以方便地关联各个维度的数据以进行判断。

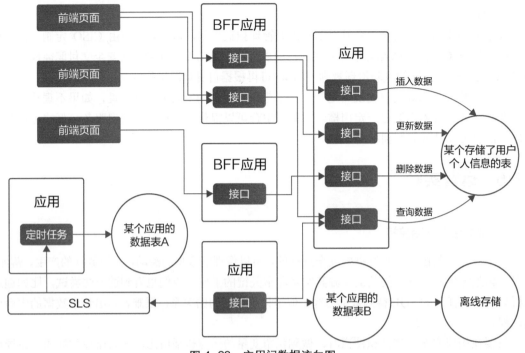

图 4-23 应用间数据流向图

再以漏洞应急响应的场景举例，当收到情报显示某个 jar 包存在 0Day 漏洞时，可以从日常主机 jar 包巡检的结果中获取受影响的应用，随后触发代码分析能力的动作算子来分析目标应用是否有使用受影响的 jar 包功能。得出结果后通过安全资产知识图谱关联各资产的网络状况、安全产品部署情况、应用间的数据流向情况等信息，确定漏洞在各资产上的危害情况，进而确定修复的优先级。计算优先级的逻辑会以专家规则的方式落到一个专门决策引擎上，最后根据决策的结果触发如发单等动作，后续的漏洞修复验证逻辑亦可按照类似的步骤，如图 4-24 所示。

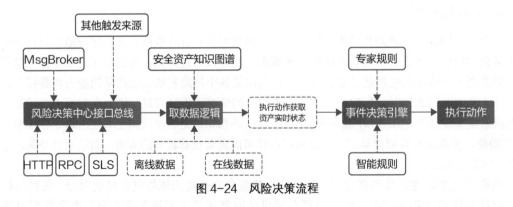

图 4-24 风险决策流程

安全工程师在进行风险治理时都会有类似的流程和逻辑，所以可以把相同步骤逻辑抽象出来并实现为通用的能力，这其中就包括用于接收事件触发的接口总线、进行数据提取的能力、对获取到的数据进行逻辑计算以替代大量 if-else 逻辑的决策引擎、执行各种动作的能力，这些能力都由统一的编排和作业调度引擎进行统筹，以算子的形式落到一个个安全风险治理的 DAG 上。

3. 安全度量体系

安全度量一直是令安全行业头疼的一个问题，针对这个问题，我们在这个运营体系之上能做哪些事情呢？

前面也说到安全工作应该是围绕数据安全展开的，在实现数据流向的监控后，就能知道需要保护的数据都会流经哪些资产。想要进行安全度量，一个必不可少的前提就是要知道这些资产可受到的攻击面、安全防护情况、防护的有效性，对于这些数据源，可以启动一个检验安全有效性的项目去获取。当然安全有效性检验依然可以在前面设计的统一作业调度上使用各安全原子能力去实现。

通过安全有效性检验项目获取各安全防护产品的有效性数据，再把这些数据标记到资产上之后，我们就能知道需要保护的数据流经的资产的安全风险情况。因为图模型可以非常方便地进行链路分析，我们通过对链路中各个资产风险情况进行加权计算就可以得到这条链路的风险情况。汇总比较各个链路的风险情况后，安全管理者可以明确知道目前哪些数据链路的哪些点的安全缺位最大，下一步安全工作的投入重心应该放在哪里；同样的，把所有链路加权后的风险情况再进行加权计算就可以得到企业安全建设的总体水平，这可能是企业管理者想要知道的信息。当然，企业内部的攻击队也可以在此之上进行数据挖掘以发现新的攻击路径并进行演练，演练结束后针对此次攻击路径的数据挖掘规则就可以沉淀下来反哺安全建设。

4.6 小结

本章重点介绍了默认安全建设的具体实施路径及部分实践案例，以及企业该如何将安全与业务复合，管理与技术并重，围绕安全基线规范设定、安全心智培养、事前风险评估、存量风险治理等治理手段，打造成熟的安全风险治理体系，从而有效规避实质安全与合规风险。

第 5 章
默认安全治理应用实践

第 4 章主要从通用视角介绍了默认安全建设，下面将从实践的角度，讲讲网商银行在一些行业风险防控痛点上的做法。这里选择了软件供应链安全治理、水平越权漏洞检测和前端安全风险治理三个案例。

5.1 软件供应链安全治理

供应链的概念来源于制造业，指制造和供应某产品所需要的过程链，包括原材料供应、制造和零售等多个阶段。软件供应链与之类似，是指一个通过多级软件设计、开发阶段编写软件，并通过软件交付渠道将软件从供应商送达用户的过程链，包括企业内外的所有代码、人员、系统和流程。

如图 5-1 所示为软件供应链的主要组成。

图 5-1　软件供应链

5.1.1 面临的软件供应链风险

在软件设计开发中，技术日新月异，复杂度与日俱增。报告显示，近五年，开源代码在应用程序中的占比从 40%增长到超过 70%。各类软件供应链产品的引入大幅提高了研发效率，但同时也引入了大量风险，主要有以下几个方面。

1）信息安全风险。2022 年年初，Log4j 漏洞席卷全球，Google、Apple 等全球各大厂商无一幸免，美国白宫都不得不召开会议讨论。Gartner 预计，至 2025 年，全球将有接近一半的企业会遭受软件供应链攻击。

2）内容安全风险。一些开源软件作者喜欢在作品中表达政治主张，更有甚者在作品中掺杂恶意破坏性代码。例如在代码中引入无限循环，输出政治主张；嵌入恶意代码，向开发者的磁盘写入大量垃圾文件等。

3）质量及长期支持风险。在国际冲突严峻的背景下，软件供应链产品的支持得不到长期保障。

4）知识产权风险。软件供应链产品涉及版权、专利、商标等一系列权利和义务，通过各类许可协议对相关知识产权进行约束限制，若使用者未依据许可协议使用，则可能面临知识产权风险。

5.1.2 如何应对软件供应链安全风险

软件供应链风险现状如图 5-2 所示。

1. 攻防对比

从范围来看，软件供应链产品可大致分为六部分，这里重点分析以下内容。
1）日常办公使用的各类工具、软件等。
2）各类三方组件：开源组件（如 Fastjson、Log4j），外购 SDK 等。
3）各类三方软件：开源软件（如 Jenkins），外购软件。
对应上述细分，列举相应的防护手段如下。
（1）日常办公使用的工具、软件
- 风险

首先，办公软件可能存在 0Day/NDay 漏洞，如 2022 年国家信息安全漏洞共享平台（CNVD）披露了向日葵远控软件存在远程代码执行漏洞，Windows 平台的向日葵个人版和简约版软件受影响，攻击者可利用该漏洞获取服务器控制权。

其次，插件商城、应用商城存在病毒木马植入，例如 2017 年，Google Chrome 浏览器内的知名插件 User-Agent Switcher 被发现内藏恶意代码，会上传用户打开的每一个标签页链接，并会在用户访问部分网站时插入推广代码。

图 5-2 软件供应链风险现状

再次,发布、更新渠道也可能受到攻击,被植入病毒木马。例如 2015 年 9 月爆发的 XcodeGhost 事件,攻击者利用当时开发者难以通过官方渠道下载 Xcode 的疏漏,发布了带有病毒的 Xcode,导致 2500 多款通过该 Xcode 开发的 iOS App 被植入恶意代码,影响到的 iOS 用户数达 1.28 亿。

- 防护

部分公司会采取不允许办公设备连接互联网的防护措施,这在一定程度上能降低办公环境的风险,但其效果与禁止访问互联网的方式息息相关,病毒木马的通信手段多种多样,TCP、UDP、ICMP、伪装 HTTP 流量等都可能存在,一旦绕过联网限制,办公设备的安全就岌岌可危。

此外,杀毒软件、EDR 等产品也可以提供防护能力,但面对窃取敏感信息的场景就显得吃力了,还是需要与联网限制联合才能达到较好的防护效果。

(2)三方组件

- 风险

首先,三方组件存在 0Day/NDay 漏洞,三方组件的漏洞非常多,其中不乏 Fastjson、Log4j 反序列化这类攻击难度低、影响广泛的漏洞。

其次，对软件仓库恶意投毒并植入木马的事件愈演愈烈。对攻击者来说，与挖掘 0Day 漏洞、攻击软件发布/更新渠道相比，恶意投毒是一种成本低、收益高的攻击方式。借助 Python、Node.js 等技术栈的依赖包在安装期间即可执行代码的功能，攻击者通过注册相似包名（如 requests 与 request）、抢注企业内部包名等方式进行投毒，将病毒木马、挖矿、窃取敏感信息等恶意代码插入安装期间的 hook 函数或三方组件入口函数内，若企业员工在研发过程中疏忽大意导致拼写错误或是未指定内部软件仓库，就有可能被攻击成功，让攻击者进入办公网络甚至是生产网络。例如，2022 年，攻击者定向收集 Ably 公司发布的各类产品、代码名称，发布了几十个恶意 Node.js 依赖包进行投毒（见图 5-3）。

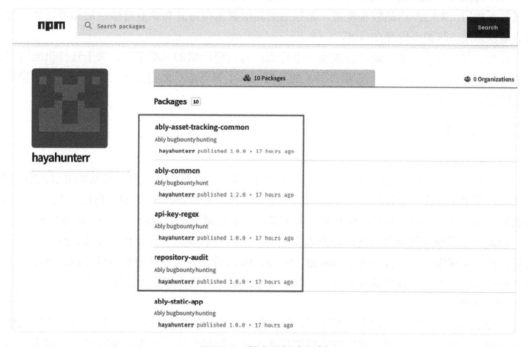

图 5-3　供应链投毒示例

- 防护

对于三方组件的漏洞，现有的防护手段已经较为成熟，流量层有 WAF、IDS，应用层有 RASP，主机层有 HIDS；防御纵深较好，外部情报也较充足，政府部门、安全厂商、开源社区等都会对影响重大的漏洞发布预警。

但对于投毒攻击，防护手段就极为匮乏。在办公设备上，还有杀毒软件、EDR、联网限制能提供一定防护，但在生产、测试环境上则几乎无所依靠，WAF、RASP 都束手无策。此外，投毒攻击的外部情报质量堪忧，偶有安全团队会发布一些投毒攻击事件，但缺乏持续性；NPM、PyPI 官方也会处理一些投毒攻击，但时效慢，通常需要数天甚至一周，也存在一定遗漏；国内受限于网络环境，很多人会使用各类镜像源，而镜像源只是默认同步上游，没有专人处理这些投毒攻击，时效更慢。

（3）三方软件
- 风险

首先，同三方组件的漏洞一样，三方软件也存在 0Day/NDay 漏洞，GitLab、Jenkins、WebLogic 等都属于漏洞大户。

其次，发布、更新渠道可能被攻击、植入木马。例如 2020 年，SolarWinds 遭遇攻击，攻击者攻陷了企业内的 CI/CD 平台，污染了关键产品 SolarWinds Origin，进而影响了美国政府等大量下游客户。

- 防护

与三方组件的漏洞防护类似，其防护手段也较为成熟，有所区别的点是受限于三方软件的技术栈各不相同，RASP 产品较难覆盖，而且由于其部署运维方式与企业自研应用相差较大，安全团队难以感知，防护手段存在盲区。

此外，结合以上分析，还可以发现一个特点：与自研应用的风险不同，关于软件供应链产品（包括办公工具、三方软件、三方组件等）的风险，除了要考虑产品自身外，其发布、更新渠道引入的风险也不可轻视。

2. 治理方案

（1）收敛渠道

上文提到，软件供应链产品除了要考虑自身的风险外，还要注意发布、更新渠道引入的风险。在搜索引擎随便搜索一个软件名，下载地址可能就有几十上百条；在 NPM、PyPI 等软件仓库中，也能轻易找到几十个镜像地址，这些第三方安装、更新渠道众多且风险不可控，很难治理。

因此，必须收敛软件供应链产品进入企业内各个环境的渠道。可禁止在办公、测试、生产等环境访问外部网络，企业自建内部 Maven、NPM、PyPI 等软件仓库和办公软件商城，引导员工使用企业内部的软件供应链产品发布渠道，这样才能为后续的进一步治理打好基础。

（2）严格准入

收敛渠道之后，虽然风险敞口变小了，但内部软件仓库依然会和上游同步，"带病"产品仍会进入企业边界内。所以，建立软件供应链产品准入模式势在必行。此外，2021 年，中国人民银行等五部门联合发布的《关于规范金融业开源技术应用与发展的意见》中也提到：

鼓励金融机构建立健全开源技术应用管理制度体系，规范开源技术的引入审批、技术评估、合规使用、漏洞检测、更新维护、应急处置、停用退出等行为。

推动金融机构建立健全对开源技术基本功能、性能指标、安全性、社区成熟度、商业支持度、行业认可度等方面的评估体系，对开源技术引入、使用、更新、退出等环节开展定期评估，在提升自身评估能力的同时，可结合实际引入第三方评估服务。

对于三方软件，无论是外部采购还是开源软件，都应严格执行引入评估机制。在采购流程、应用创建、硬件资源申请流程增加安全审批节点，并进行完整细致的安全测试。同理，办公软件也应执行严格的引入评估机制，软件入驻内部软件商城时，应通过官方发布渠道下载和更新，并校验 hash 值。还需要通过 VirusTotal 等平台检测是否内含恶意行为。

针对三方组件，在 Maven、NPM、PyPI 等内部软件仓库推行准入模式，对于新增依赖包必须

5.1 软件供应链安全治理

进行安全扫描，不仅要排查是否存在已知漏洞，还要检测是否包含投毒攻击代码。对于三方组件漏洞，可抓取 CVE、CNVD 等漏洞库数据进行分析比对，市场上也有较多安全产品可供选择，如 OpenSCA、BlackDuck 等。但对于投毒攻击，暂无安全产品可选，情报也较匮乏，自建检测能力体系是更好的选择。

网商银行以"健全软件供应链产品风险发现和防御能力"为目标，分析软件供应链投毒攻击特点，创新性地设计了静态扫描、动态扫描、风险分决策三位一体的检测方案（见图 5-4）。静态扫描以正则特征和语义分析为基础，对软件包代码进行检测，耗时短，能获取恶意代码调用链路，可覆盖特征较明显的投毒攻击；动态扫描在独立隔离的沙箱环境中模拟受害者触发恶意代码，监控沙箱的网络、进程、文件访问等异常行为，根据行为判断是否为投毒攻击，耗时较长，可覆盖代码混淆、二进制后门等较隐蔽的投毒攻击；风险分决策机制根据每个开源软件包的历史版本数量、文件大小、下载量等元数据，设定不同权重进行评分，能够最大程度地减少误报和漏报。同时，网商银行阻断了对互联网上官方软件仓库和各类镜像仓库的访问，软件供应链产品只允许从内部软件仓库中下载安装（见图 5-5）；并将后门投毒自动化发现能力与内部软件仓库实时联动，一旦发现恶意投毒的软件包，即实时同步给内部 Maven、NPM、PyPI 等软件仓库，禁止对恶意软件包的访问和下载等行为，实现快速、准确地发现供应链投毒攻击并实时从软件仓库下架的防护效果。

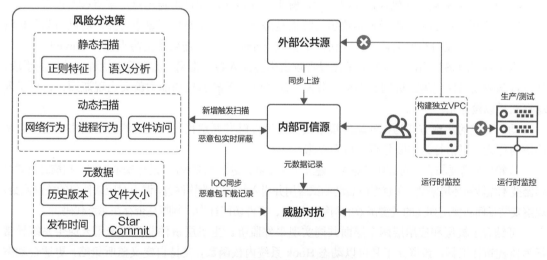

图 5-4　软件供应链投毒检测

（3）主动发现

软件供应链后门投毒的主动发现与漏洞发现的思路类似，投毒检测也可分为静态扫描和动态扫描两部分，但实现方式有所区别。

静态扫描可分为正则特征和语义分析两种方式。

- 正则特征是匹配黑名单特征，选择与投毒攻击高关联的 curl、dig、/dev/tcp，以及攻击者常用的恶意域名，如 ceye.io、ngork.io 等，正则特征速度快、效率高，但缺点是比较死板，攻击者较容易绕过检测。

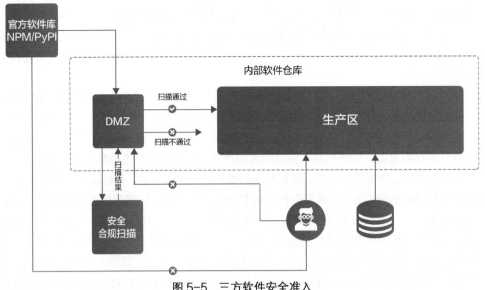

图 5-5　三方软件安全准入

- 语义分析是从软件包入口代码开始，解析程序语义，通过指定污点汇聚点检测投毒特征。这里要注意的是，由于投毒攻击的特点是恶意代码不需要外部参数可控，所以与漏洞检测不同，语义分析时只需要指定污点汇聚点（sink），而不需要指定污点源（source）。

为了规避静态扫描，攻击者常常在投毒攻击中会加入各种混淆、加密等干扰程序分析的手段，甚至将恶意代码打包为二进制文件进行分发，这种情况下静态扫描能力就会出现瓶颈，需要引入动态扫描以做补充。

动态扫描的实现方式为在沙箱环境中模拟受害者触发恶意代码，监控沙箱的网络、进程、文件访问行为，根据行为判断是否为投毒攻击。

沙箱环境需要与企业内部环境隔离，建立单独集群，划定独立 VPC 进行安全加固。扫描时可通过容器技术做沙箱环境隔离，在容器内启动测试应用并引入待扫描的软件包，调用对应软件包的关键函数，观察安装期间和使用期间的关键函数的网络、进程、文件访问行为，判断是否存在恶意代码。

可结合主机层和应用层两个层面共同实现事件监听。主机层事件监听可选用云原生系统异常行为监控审计工具，该审计工具可以动态 Hook 系统内核函数，支持自定义监听策略，更适合动态扫描场景，其架构如图 5-6 所示，监听到的事件样例如图 5-7 所示。

但主机层事件监听存在部分局限，例如，网络事件仅能捕获到外连 IP 等信息，难以区分域名和网络请求详情；部分后门投毒会使用间接依赖的方式引入恶意代码，主机层事件监听难以定位到实际恶意代码文件。而引入应用层事件监听，则可以对主机层事件监听进行有效补充。应用层事件监听的具体实现为，在沙箱内部署应用层安全切面，对应用层网络、文件、进程等相关函数注入 Hook 点。当投毒的恶意代码被触发时，即可捕获网络请求包详情、访问域名等信息，关联函数调用链路，定位到实际触发 Hook 点的文件位置。此外，应用层安全切面还可提供函数 Fuzz 能力，覆盖恶意代码仅在调用某些函数方法时才被触发的场景。

5.1 软件供应链安全治理

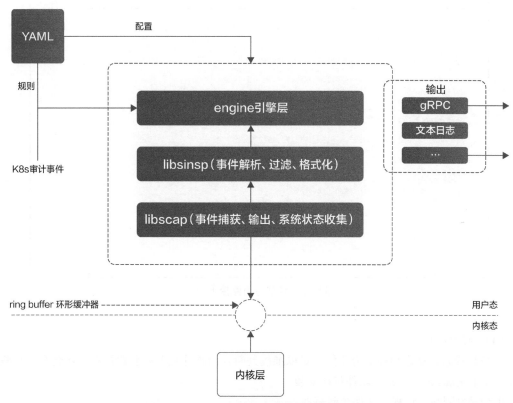

图 5-6　主机层事件监听架构图

图 5-7　异常行为监控

第 5 章 默认安全治理应用实践

```
{
    "output": "13:34:32.677125189: Notice Disallowed container outbound connection destination
(command=node index.js connection=172.17.0.2:52764->193.161.193.99:37503 user=<NA> user_loginuid=-1
container=mzut9ja7 (id=07ad85bb346b) container_id=07ad85bb346b container_name=mzut9ja7 image=node
ip=193.161.193.99 port=37503 parent=sh proc.exeline=node index.js proc.exepath=/usr/local/bin/node
proc.pid=4075518 proc.pname=sh proc.ppid=4075516 program=node)",
    "current_time": "2022-06-14T05:34:32.677125189Z",
    "container_id": "07ad85bb346b",
    "container_image_repository": "node",
    "container_name": "mzut9ja7",
    "evt_time": "",
    "fd_time": "",
    "fd_name": "172.17.0.2:52764->193.161.193.99:37503",
    "fd_rip": "193.161.193.99",
    "fd_rport": 37503,
    "proc_cmdline": "node index.js",
    "proc_exeline": "node index.js",
    "proc_exepath": "/usr/local/bin/node",
    "proc_name": "node",
    "proc_pid": 4075518,
    "proc_pname": "sh",
    "proc_ppid": 4075516,
    "user_loginuid": -1,
    "user_name": null
}
```

图 5-7　异常行为监控（续）

（4）风险分决策

仅依靠静态和动态扫描能力依然不足以准确判断开源软件是否被恶意投毒，还会存在一些误报和漏报的情况。许多正常的软件包在安装期间也会触发网络、进程、文件访问事件，如下载二进制依赖、安装期间进行编译等；还有部分投毒攻击，在沙箱中无法正常运行，如缺少部分命令或缺少依赖库等。经过分析投毒攻击除代码之外的特征，我们发现绝大多数投毒攻击的软件包文件通常较小，软件包内目录、文件数量较少，历史版本数量、下载量较少，且大部分没有填写代码库地址和官网，即便有少数填写了的，其代码库 Star/Commit 数量也较少。我们可以根据这些特征，引入风险分决策机制，计算每个组件的历史版本数量、文件大小、Star/Commit 数量等元数据，设定不同权重进行评分，对于多个元数据都偏低的软件包，其风险分就高，再结合静态、动态扫描能力，即可最大程度上减少误报和漏报，如图 5-8 所示。

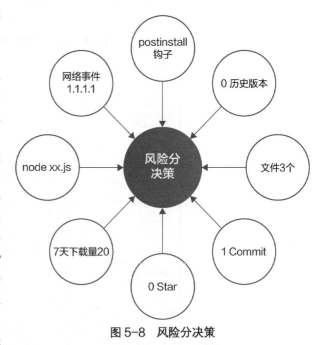

图 5-8　风险分决策

5.1.3 理清台账

执行了严格的准入机制后,我们就能较好地把控软件供应链产品的增量风险,但存量风险仍须治理,这时就需要整理企业内的软件供应链产品台账。

三方组件的台账可通过分析代码库的包管理文件(如 pom.xml 等)得到一部分,但隐式依赖难以分析。解决这一问题有两种方法。

- 在主机上下发组件采集脚本,读取主机环境内的 jar 包等组件。如果企业已完成云原生改造,也可扫描应用镜像中的组件文件。
- 在应用编译构建阶段,可通过构建工具(如 maven 等)获取完整的依赖关系,得到应用使用的全部组件。

综合这两种方法,可比较全面地整理企业内的三方组件台账,为后续风险治理、应急响应都打下坚实的基础。

三方软件的台账整理是个难点,与企业的架构强相关,三方软件的部署运维模式与企业自研应用有较明显的差异。例如,企业自研应用通常使用了标准的 CI/CD 流程,而三方软件要么无法使用这套标准发布流程,必须单独申请机器资源黑屏运维;要么需要对发布流程进行定制,如构建自定义镜像等。我们可以根据这些特点进行有针对性的感知管控。

- 联合 SRE 梳理企业内非标机器资源并持续监控,这些非标机器资源可能是单独的物理机,也可能是使用定制镜像的容器。结合采购流程、财务合同记录,梳理外部采购的软件清单。
- 整理常用三方软件的 Web 指纹特征,分析历史流量数据,并对企业内所有域名以及负载均衡进行识别匹配,发现可能存在的三方软件。
- 对于办公软件,可通过 EDR 等终端安全产品收集设备内的所有软件及其引入来源,如 MacOS 可获取系统的 gatekeeper 数据,并包含软件下载来源。此外,对各软件的插件也进行收集,如 Chrome、IDEA 等。

5.1.4 隔离防护

三方组件的防护与自研应用的防护区别不大,在此不再详述。三方软件受限于其技术栈和部署运维模式,难以达到与自研应用持平的防护水位,需要加强。三方软件在网络通信上通常独立性较强,与其他应用交互较少,因此可划定独立的三方软件隔离区,将三方软件统一迁移至隔离区内。隔离区与企业生产测试环境之间仅保留必要的白名单,白名单之外的入向和出向访问均阻断,这样,即使三方软件被入侵,攻击者也难以进一步横向移动而影响生产测试环境,为安全团队赢得宝贵的对抗时间。

5.2 水平越权漏洞检测

在互联网与大数据时代，利用信息泄露侵扰人民生活的现象屡见不鲜，尤其个人信息泄露导致的电信网络诈骗等各种违法犯罪活动更是愈演愈烈，严重威胁到个人财产安全和社会稳定。随着《中华人民共和国数据安全法》《中华人民共和国个人信息保护法》的相继施行，国家层面对于数据相关的法律体系在不断完善，用户对个人隐私数据的重视程度也在不断提升。数据的安全保护非常重要，而水平越权漏洞能够直接影响用户的隐私信息且较容易被攻击者利用。由于水平越权漏洞与业务逻辑强耦合，仅仅依靠自动化漏洞识别能力难以完全发现，因此水平越权漏洞检测一直是业界难题。

目前行业内有不少水平越权漏洞的检测方案，但基本都存在以下的一个或多个问题。

- 误报高：虽然没有行业的数据，但是依据以往经验目前行业内通用的越权扫描手段在做到尽量少漏报的情况下，误报率可能达到90%以上，这种量级的误报会让安全工程师淹没在告警噪声中，使他们没有动力去确认是否存在风险。
- 检出率低：如果要做到少误报就会存在大量的漏报情况。
- 通用性不强：部分方案是针对特定场景做的，又或者是需要研发人员按照规范去实现的，不具备通用性。

举一个很常见的业务场景作为例子。例如，某个论坛的查看用户信息的页面会调用接口 https://bbs.test.com/portal/api/user?userNo=200201，接口返回的数据如下：

```
{
  "status": "ok",
  "data": {
    "userNo": "200201",
    "userName": "李明",
    "userLevel": 3,
    "lastLogin": "2023-01-18 11:00:42"
  }
}
```

因为这个场景下有黑盒检测越权漏洞常见的各种特征：ID可遍历、有个人信息返回、请求参数名也符合特征，所以传统的黑盒检测方法很可能就把这个判断为出现水平越权漏洞了，而事实上这只是一个再正常不过的业务场景。

因为水平越权一般都涉及有关数据的操作，所以可以从数据角度入手，解释其产生的根本原因：水平越权漏洞产生的原因是某个用户可以操作其他用户的私有数据。根据这个原因，我们做水平越权漏洞检测的时候就应该把重点放在如何让扫描器知道哪些是用户的私有数据上。

只要做好了用户私有数据操作参数的判断，下发黑盒水平越权扫描任务前告知黑盒哪个参数是私有数据操作参数，如图 5-9 所示，即可大大降低误报率，从而提升扫描准确率。黑盒的水平越权扫描逻辑相对比较成熟，所以下面重点介绍如何识别私有数据的操作参数。

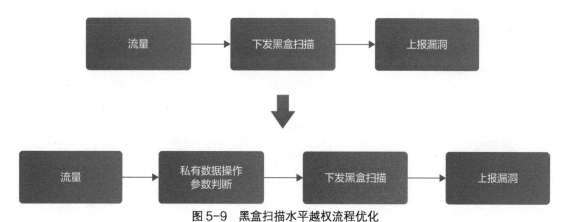

图 5-9 黑盒扫描水平越权流程优化

1. 理论基础

如何判断是否为私有数据？我们的方法是从业务历史流量入手。先来看图 5-10 所示的两个用户的流量模型图。

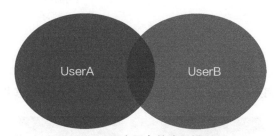

图 5-10 两个用户的流量模型图

在两个用户的流量模型里，交集的部分可以理解为两个用户都可以访问的数据，非交集部分可以理解为只有用户自己才能访问到的数据，这部分就可以认为是用户的私有数据。由此可以推广到多用户的模型里，基本思路就是所有用户都可以访问到的就是公有数据，其余的可以认为是私有数据。

根据这个思路，以数据作为实体可以得出数据与用户之间的关系图。公有数据会被多个用户访问，如图 5-11 所示；而私有数据因为只归属某个用户私有，所以在正常的业务中只能被该用户访问，如图 5-12 所示。这就可以作为一个最明显的特征。

这里为什么不用用户作为实体去映射数据呢？其实在实践过程中就能发现以用户为实体去映射数据会存在很多问题，比如我们不可能保证每个用户都会把自己能访问的数据都访问一遍，那就会出现某些只被一个用户访问的公有数据在这个模式下被归类为私有数据的情况，从而导致分析结果出现偏差，使用数据作为实体去映射用户则可以避免这个问题。

2. 工程实现

有了理论基础，如何将之落实到工程上呢？下面介绍一种工程实现方案，总体的流程步骤可以参考图 5-13。

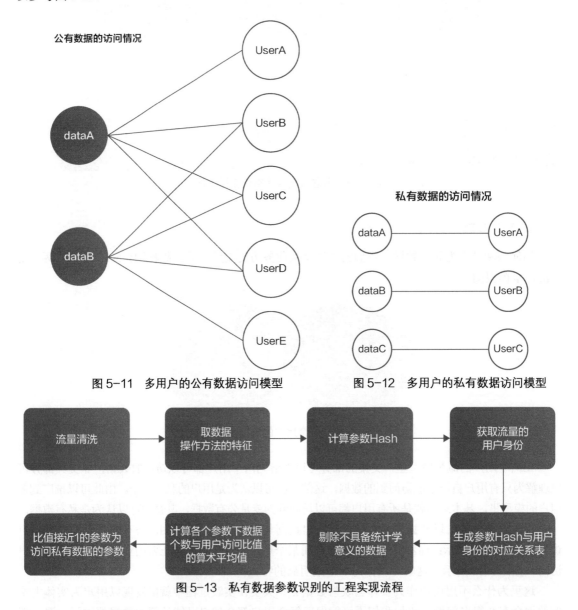

图 5-11　多用户的公有数据访问模型　　　图 5-12　多用户的私有数据访问模型

图 5-13　私有数据参数识别的工程实现流程

第一步是"流量清洗",与通过威胁感知去分析异常流量不同,流量清洗做的是分析正常的用户访问流量,所以在这部分需要把一些有干扰的流量剔除掉,如内外部扫描器流量、业务报错流量等。其实这里只要保留有效的访问就可以了,对于办公网络的系统,剔除扫描器流量之后基本都是正常有效的流量;而公网系统的流量就比较复杂,关于拿到比较有效的剔除外部恶意流量的方法,一种是做数据分析,查看数量大的返回包,这种大多是由外部恶意流量触发了应用的错误导致的，可以根据这个返回包剔除很多恶意用户的流量，另一种就是根据一些常规的特征判断，如 json 里面 status 的值是 false。此外还有一种方法是根据返回的 json 结构判断，如果跟正常的返回结构相差比较大，可以认为是异常流量并剔除。清洗还有一步需要做的就是要把流量格式化，这里需要注意把 RESTful 格式的请求也考虑在内。因为在 RESTful 格式下参数会被放在 request uri 上，如果未考虑这部分，会导致后续这部分的流量去重机制失效以及检测越权时被漏掉。

第二步是"取数据操作方法的特征"，设置这个步骤的原因是某些应用会存在通过一个接口进行多个操作的情况，比如一个/user 接口，参数是 action=del&id=1，这里通过 action 这个参数控制后端的行为，因为这里把一个接口当作一个功能，所以 action=del 这部分应该要算作接口的一部分。继而这里需要把具有这种数据操作方法的特征筛选出来，并把它与接口一起当作一个整体，如果没有匹配到这个特征，就可以直接把接口名当作功能的操作接口。拿到这个数据操作接口之后，为这个数据操作接口计算一个唯一 Hash 值，以便后续定位唯一的接口。

第三步是"计算参数 Hash"，这一步主要是为了对参数进行拆分并计算出这个参数的唯一 Hash 值。在真实的业务场景下常常会出现一个请求里面有多个数据查询的情况，如 http://xxx.test.cn/user?id=1&orderId=321，在这种场景下，id=1 与 orderId=321 是查询两条不一样的数据，那就需要拆分为两条流量：http://xxx.test.cn/user?id=1 和 http://xxx.test.cn/user?orderId=321。接下来还可以做一个打标过滤的操作，业务流量中会存在大量非数据资源操作的参数，比如参数值是枚举值的，对全量的流量进行无差别分析显然会浪费大量的计算资源，所以在这一步开始前可以先做一个过滤，即根据拆分好的流量，对请求中的 param 和 value 进行打标，符合规则的才会进一步计算，不符合的就直接剔除，这里主要是过滤一些非数据查询的参数。得到打标的剩余流量后就可以使用上一步计算得到的 Hash 值一起计算本条数据请求的唯一 Hash 值，这个唯一 Hash 值包含了请求接口、数据操作特征、参数名，与域名一起筛选就可以定位到一个唯一的查询特定数据的服务。

第四步是要根据上述步骤筛选出来的流量获取该流量对应的用户。要完成这一步，流量中就必须包含用户的身份信息，而通过 session 信息获取这个身份信息不是一个很好的选择，原因是 session 只是临时存储在缓存中的，处理流量时缓存可能已经失效，而且大量使用 session 与缓存交换用户信息对缓存的压力会非常大，处理效率也会非常低。比较好的方式是在用户登录时就通过统一登录系统在 cookie 中写入用户的身份信息，这个信息只用于流量分析计算场景，在进行流量分析时直接通过流量信息获取对应的用户身份信息。另外如果这个用户身份信息不需要消耗大量计算资源即可获得，可以把这个步骤提前。

通过以上步骤就可以得到一个请求信息与用户信息的映射关系表了，大致如图 5-14 所示。

图 5-14 请求信息与用户信息的映射关系表

得到这个关系表之后还需要做的一步是剔除一些不具备统计学意义的数据。因为我们只能拿一段时间的流量进行分析,那么就肯定会出现某些接口在这段时间内的访问比较少甚至是个位数的情况,而这些数据因为样本太少,在统计学上是没有意义的,如果纳入统计会影响结果,所以需要把它们剔除。方法可以是简单地设定一个阈值,对低于这些阈值的数据请求进行剔除。

最后就是把这些数据聚合起来进行计算。对域名、数据操作 Hash、数据值进行聚合计算,就能得到各个接口请求的数据的数量,再通过域名、数据操作 Hash、数据值及用户身份的聚合计算得到每个用户访问每条数据的情况,对以上两组数据求比值可得到这个流量计算周期内各个数据被用户访问的情况,这个数值可记为 ratio,如图 5-15 所示。这个 ratio 只是反映了一个流量周期内的接口访问情况,而一个周期内的流量情况对于流量较少的接口来说还不够准确,为了保证模型的准确性,需要让更多的流量参与计算,并不断进行迭代。这里可以对多个周期的 ratio 值计算算术平均数,得到较长周期的训练模型,最后只要取一个接近 1 的 ratio 阈值就可以知道哪些数据是私有数据参数了。为了验证这个数据模型的准确性,可以找一些历史上出现过水平越权漏洞的接口或某个通过资源 ID 查询私有数据的业务接口进行校验,如果模型步骤无误,应该对查询私有数据的参数计算并得到 ratio 接近 1,若不是则需要分析一下哪个步骤的数据处理出现了问题。

图 5-15 参数的用户访问数据模型

这里取接近 1 的数值作为阈值而不是直接取 1,是因为虽然我们前面做了很多流量清洗的工作,但是还是无法保证所有流量都是真实有效的流量,总会有干扰流量的存在,如果直接取 1 会导致部分有干扰流量的私有接口被遗漏。前面计算算术平均值其实也是为了降低这个干扰的影响。

通过以上步骤获得参数的私有属性后,再通过自动化黑盒扫描或人工介入的半自动化方式确认访问私有属性的参数是否存在水平越权漏洞,即可高效、准确地发现水平越权漏洞。

5.3 前端安全风险治理

5.3.1 背景介绍

如今在大型企业中,传统类型的漏洞(如 SQL 注入、SSRF、命令执行等)已不再肆虐。出现这一现象的原因,一方面是这些漏洞只与服务器端的代码强相关,而现在大型互联网公司的技术栈都相对统一,因此每个企业都会有对应技术栈的通用安全解决方案,所以这种漏洞经过 SDL

流程层层卡点后还能"存活"的概率很低；另一方面，对于传统漏洞的挖掘，目前黑、白、灰盒扫描技术都趋于成熟，所以就算出现了这种漏洞，在攻击者发现之前也早已被修复了。

前端安全风险则不然。现在前端技术"百花齐放"，也造就了很多对前端漏洞挖掘的奇技淫巧和漏洞猎手构造 payload 时的"比短"绕过。但对于前端漏洞例如 XSS 抑或是涉及交互的逻辑类型的漏洞，目前还没有可以一劳永逸解决它们的"银弹"。同时，因为前端安全漏洞攻击针对的基本是客户端，也就是使用各式各样浏览器的用户，而大部分用户对自己的浏览器并不会及时更新安全漏洞补丁或进行加固设置，因此对于实际攻击的防御能力很低。以下简单列举几个 XSS 漏洞会导致的高危风险。

- 窃取用户 cookie 等身份凭证信息。通过 XSS 漏洞，攻击者可以轻易地窃取用户的 cookie 等身份凭证。尽管 cookie 有 HTTPOnly、secure 的保护，但仍有大量的身份凭证通过 localStorage 等方式存储。
- 结合移动客户端风险，攻破客户端。现在很多 App 都会通过 bridge 机制，允许前端 H5 页面通过特定的 JS 方法，直接调用对应的支付、拍照、分享、弹出浮层之类的原生功能。其中，仅允许内部调用的 JSAPI 存在极高的权限：可操作操作系统层面的文件、可劫持用户当前与服务器端的连接等；这些内部 JSAPI 仅允许"白名单内的域名"调用，因此如果攻击者找到了白名单域名的 XSS，便可利用这些 JSAPI 发起攻击；攻击者可以劫持用户账号，甚至直接入侵用户的 PC/移动设备。
- 监控/控制用户。攻击者可以利用 XSS 漏洞在用户访问的页面注入 JS 代码，实现监控用户、控制用户在该页面的网络请求等操作，攻击者甚至可以利用 XSS 漏洞来控制大量用户、引发蠕虫攻击。

5.3.2 传统解决思路

对于这种风险，最直接的解决方法就是找到前端安全风险对应代码的所在位置，然后修复它，但是前端问题的输入点和输出点不是一一对应的，同时它也与客户端环境息息相关，漏洞挖掘难度呈指数级增长。

所以在攻防对抗演练期间最快速的解决方案绝不是堆人力去挖掘漏洞。很多时候企业在进行安全建设时容易陷入一个要打造"绝对安全"方案的状态，即对于每一个安全风险的封堵，都要做到密不透风。但是其实在很多"救火"阶段，攻防都是一个螺旋上升的过程，若能找到一个方法，可以让攻击者的投入远远大于其能够获得的收益，那么也就从逻辑上消除了这个漏洞。

而主流浏览器的一个特性——Content-Security-Policy（CSP），可以在很大程度上提高前端漏洞的利用难度。在攻防对抗阶段，为了应对外部钓鱼攻击，我们通常会对公网开放的域名和应用进行梳理，一旦发现办公网络存在管理后台会将外部对用户提交的数据流进行前端展示的情况，就需要对这些应用配置 Content-Security-Policy（此处不再叙述这个应用配置的原理以及其他相关事项）。添加 CSP 响应头的过程可以参考下文。

1. 引入 pom.xml

```xml
<dependencies>
    <dependency>
        <groupId>org.springframework.boot</groupId>
        <artifactId>spring-boot-starter-security</artifactId>
    </dependency>
    <dependency>
            <groupId>org.springframework.security</groupId>
            <artifactId>spring-security-web</artifactId>
        <version>5.1.4.RELEASE</version>
</dependency>
</dependencies>
```

2. 开启配置

```java
WebSecurityConfigurerAdapter {

    @Override
    protected void configure(HttpSecurity http) {
        http
            // ...
            .headers(headers -> headers
                .contentSecurityPolicy(csp -> csp
                    .policyDirectives("default-src *.▇▇▇▇▇▇▇ ▇▇▇▇▇▇ *.mybank.cn report-uri http://log.test.cn/api/v1/log/add;")
                )
            );
    }
}
```

3. 使用自定义 filter

```java
public class CSPFilter implements Filter {
    @Override
    public void doFilter(ServletRequest servletRequest, ServletResponse servletResponse, FilterChain filterChain) throws IOException, ServletException {
        ((HttpServletResponse) servletResponse).setHeader("Content-Security-Policy", "default-src *.▇▇▇▇▇▇▇ ▇▇▇▇▇▇ *.mybank.cn report-uri http://log.test.cn/api/v1/log/add;");
        filterChain.doFilter(servletRequest, servletResponse);
    }
}
```

但是事实证明，这种方案极其低效，因为不同的应用使用的前端开发技术不同，导致每个应用引用的前端资源千奇百怪，而各种函数的调用方式也是五花八门，如滥用各种 eval 函数、引用外部可随意更改的前端 js 库等。因此在进行灰度观察的时候，通常需要开发人员频繁地变更策略。同时我们在观察过程中也发现一个问题，Chrome 浏览器在用策略进行拦截并上报的时候，对于自定义的伪协议，它在上报日志的时候是默认不会写明的，这往往会造成告警遗漏从而产生误拦截的情况。

5.3.3 默认防护

从默认安全的理念出发，需要做到全站应用以及后续的新增域名在上线的时候都覆盖一些常见的前端安全响应头，如 X-Content-Type-Options、X-XSS-Protection、X-Download-Options、strict-transport-security、Content-Security-Policy 等，而想要全站覆盖安全响应头，推动线上成百上千个应用进行代码改造是不现实的。

通过切面防御的思路，即在用户和服务器的请求链路中的某个环节，例如在 Nginx 中新增一个流量清洗切面模块，对用户的 HTTP Response 进行一次 Hook 修改，可实现无感增加相应的 HTTP 响应头。同时可以在统一的管控平台对指定域名或者全量域名下发安全响应头配置，每次配置更新都是实时生效的，应用或者 Nginx 无须更新发布。

整个系统的基础架构如图 5-16 所示。

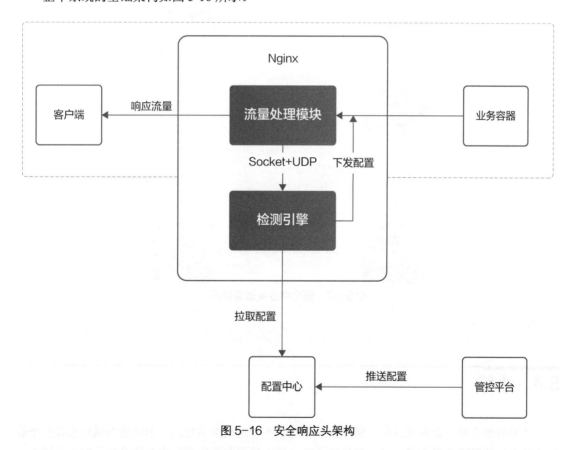

图 5-16　安全响应头架构

不同于以往需要修改应用代码，按照此方法，只需在管控平台上增加策略，比如 Lua 策略脚本，就可以一次性对所有域名覆盖我们的安全响应头。

```
    local csp_rules = "default-src *.████████████ ████████ *.mybank.cn report-
uri http://log.test.cn/api/v1/log/add"
    agent.rsp.set_rsp_header("X-Content-Type-Options", "nosniff")
    agent.rsp.set_rsp_header("X-XSS-Protection", "1; mode=block")
    agent.rsp.set_rsp_header("X-Download-Options", "noopen")
    agent.rsp.set_rsp_header("Content-Security-Policy-Report-Only", csp_rules)
```

然后将日常的观察日志上报 SLS，从而形成全站安全响应头的运营闭合，如图 5-17 所示。

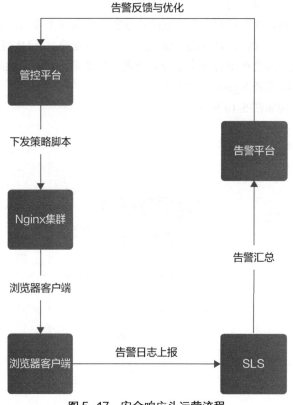

图 5-17　安全响应头运营流程

5.4　小结

本章详细介绍了面向软件供应链的安全治理、水平越权漏洞检测、前端安全风险治理三个业界比较关注的风险治理方案，进一步体现了事前风险规避在数字银行安全体系建设中的重要性，这为默认安全建设提供了实践参考。

第三部分

可信纵深防御

安全是数字银行的生命线,同时也是数字银行业务开展的关键竞争力。金融级的默认安全治理可以大幅减少应用服务已知风险的暴露面及事后安全加固带来的成本投入。但对于运行时的攻击,尤其是对于在数字化转型场景下的高级和未知威胁,还需要可信纵深防御体系进行应对,形成完备的安全治理防御体系,有效地将数字银行面临的已知和未知风险的威胁控制在事前。

第 6 章

可信纵深防御概念及架构

安全是数字银行的生命线，数字银行所建立的安全体系需要将风险控制在事前，做到不发生实质性风险事件。前面的章节介绍了数字银行的默认安全治理体系和最佳实践，做到将已知风险处置、安全加固控制在应用系统上线前，规避已知漏洞、风险被引入运行环境。但对于应用系统运行时面临的攻击威胁，尤其是 0Day 漏洞攻击、软硬件供应链攻击、社会工程学攻击及业务违规滥用等高级和未知威胁，仍须建立一套符合数字银行安全和效率要求的纵深防御体系，以规避运行时风险事件的发生，保障数字银行在线数据、资金的安全性。网商银行基于自身数字银行的特性及要求提出并实践了可信纵深防御体系，本章将详细说明。

6.1 银行业数字化防御体系面临的挑战

2016 年《中华人民共和国网络安全法》和《国家网络空间安全战略》发布，2021 年国务院又根据《中华人民共和国网络安全法》制定了《关键信息基础设施安全保护条例》。《国家网络空间安全战略》提出"夯实网络安全基础"这一战略任务，强调尽快在核心技术上取得突破，加快安全可信产品的推广应用。《关键信息基础设施安全保护条例》及《网络安全等级保护条例》要求优先采购安全可信的网络产品和服务，以此筑牢网络安全保障体系。因此，建立一个安全可信的防御体系对于金融行业来说尤为重要。

同时，数字化转型在给银行业带来高效、便捷的金融产品的同时，也给银行业的安全防护带来了以下挑战。

1. **安全事件造成的影响面扩大**

在数字化理念的推动下，越来越多的高价值信息资产从线下转移到线上，高价值资产在线化比例高且更密集，与之前相比，这些高价值数字资产一旦被攻击或泄露，造成的影响面会更大。例如，新西兰证券交易所网站在 2020 年 8 月 31 日的市场交易开盘不久再次崩溃，这是它连续第 5 个交易日受到黑客攻击；2019 年 2 月马耳他历史最悠久的金融服务商瓦莱塔银行被黑客入侵，被盗取了 1300 万欧元，为降低损失，瓦莱塔银行被迫关闭了所有现代化交易渠道，不仅银行网站脱机，ATM、分支机构、手机银行的一系列电子邮件服务都被暂停，马耳他民众被迫只能进行现金交易。以上攻击事件不但给金融机构带来了损失，也造成了极负面的社会影响，由于银行业本身是经营风险的行业，一旦被黑客攻击成功，造成的经济、声誉影响将是无法估量的。

2. 在线数字资产保护难度增大

数字银行的高价值数字资产量大质高，更容易成为高阶攻击者觊觎的目标，例如，2019 年 7 月，第一资本银行数据库遭受黑客攻击，约 1.06 亿的银行卡用户及申请人信息被泄露。银行业的行业性质决定了银行机构对于风险处置的重视度更高，因此对于已知的漏洞和风险均会有效防范，但是对于高级和未知威胁的防范则较为困难，如 0Day 攻击、社会工程学攻击、软硬件供应链攻击等，且随着银行业数字化转型中新业务模式、新技术和新平台的使用，应对难度逐步增大。

在数字银行模式下，对于高级和未知威胁，基于边界的防护体系的应对挑战巨大。在基于边界的防护体系中，固定且清晰的边界是开展网络安全工作的重要前提，众多安全保护措施均是基于安全边界部署和实施的。而伴随着银行业数字化的发展，数字银行的开户、登录、收钱、转账等操作均可通过互联网进行在线化操作，极大地扩大了原有应用服务的暴露面。开放化要求银行与商业生态系统共享数据、算法、交易、流程和其他业务功能，而共享意味着银行信息系统需要从过去的封闭状态逐步走向开放；在数据的管理上，云计算模式下数据的产生、流通和应用变得空前密集，数据像血液一样在业务的每个环节中流转，数据链路触及范围更广，动态性更强，数据在收集、存储、使用、加工、传输、销毁等整个生命周期中均存在被攻击和泄露的风险。如上变化的发生，使得基于边界的防护体系在数字银行模式下，对于高级和未知威胁的应对挑战巨大，难度骤然增加。

3. 安全防护水平与用户体验难以兼顾

数字银行需要更加注重效率和体验的提升。数字银行在业务策略上需要小步快跑、快速迭代来适应分秒必争的业务变化，通过更快地调整产品、策略去适应用户需求，提升用户体验。因此，数字银行需要在安全和效率之间寻找最佳平衡点。传统的基于边界网段的管控手段在大型数字化业务落地的实践下容易陷入两难困境：安全策略难以适配业务的快速调整，阻碍业务发展；资产变化速度快，安全策略调整工作量呈指数级增加，低效的人工变更模式使得安全管理粗放，风险很难得到有效控制，无法满足数字银行对安全、效率与体验的要求。

因此，如何在日益严峻、复杂的网络安全环境下守住数字银行安全底线，为银行业数字化转型战略的顺利实施提供可靠的安全保障，高效规避银行业数字化转型中和转型后风险事件的发生，有效应对高级和未知威胁，是数字银行需要重点研究和解决的问题。

6.2 国内外新兴安全防御技术简介

近年来为应对越来越严峻的安全攻击局势,国内外安全领域的企业、专家提出了如可信计算、安全平行切面等新兴的安全理念与技术方案,简要介绍如下。

6.2.1 可信计算

可信计算(Trusted Computing,TC)是一项由可信计算组织(Trusted Computing Group,TCG)推动和开发的技术。可信计算是在计算和通信系统中广泛使用的基于硬件安全模块支持的可信计算平台,可以提高系统安全性。

2003 年,可信计算组织(TCG)提出新的可信定义:如果一个实体的行为总是以预期的方式,朝着预期的目标,则该实体是可信的。

从我国自身国情和技术出发,沈昌祥院士提出了主动免疫可信计算(也称可信计算 3.0[①])的思想:主动免疫可信计算是一种在计算的同时进行安全防护的新模式,以密码为基因抗体实施身份识别、状态度量、保密存储等功能,及时识别"自己"和"非己"成分,从而破坏与排斥进入机体的有害物质,相当于为网络信息系统培育了免疫能力;做到网络信息系统的安全可信,保障计算任务逻辑组合不被破坏、不被篡改,从而实现预期设计的计算目标。

1. 新计算模式:在计算的同时进行安全防护

主动免疫可信计算是一种在计算的同时进行安全防护的新模式,采用计算和防护并行的双体系结构,使计算结果总是符合预期,计算全程可测可控、不被干扰。

2. 双体系结构:计算部件+防护部件

主动免疫可信计算建立双体系结构,包括计算部件和防护部件,保持原有计算部件功能流程不变,同时并行建立一个逻辑上独立的防护部件,能够主动实施对计算部件的可信监控,实现对计算部件全生命周期的可信保障。

3. 四要素可信动态访问控制

要求必须对访问控制过程中的"主体、客体、操作、环境"四要素进行动态可信度量、识别和控制,以解决传统无计算环境要素的访问控制策略模型只基于授权标识属性进行操作,而不做可信验证,导致难防篡改的安全缺陷。

---

① 胡俊,沈昌祥,公备. 可信计算 3.0 工程初步[M]. 北京:人民邮电出版社,2018.

6.2.2 安全平行切面

安全平行切面体系（以下简称安全切面）是蚂蚁集团提出并实践的下一代原生安全架构，通过"端—管—云"各层次切面使安全管控与业务相互融合且解耦，并依托标准化接口为业务提供精准内视与高效干预能力，具备感知覆盖能力强、应急攻防响应快、安全治理高效和安全布防灵活的核心优势。在业务复杂性爆炸的背景下，安全切面可以有效解决传统外挂式安全体系隔靴搔痒、内嵌式安全体系业务与安全相互束缚的行业痛点。

安全切面具备"精准感知、及时管控、保障有力、稳健发展"的特点，以"分层建设、多层联动、稳定及安全保障、碎片化适配"为要则构建与业务平行的安全空间，将安全能力分层融入业务体系，以建立基于安全切面的各种保障机制，通过碎片化场景适配和拉平基础设施环境差异。

安全切面因为强大的数据流和控制流的内视和干预能力，可以用来刻画应用系统的可信行为、保障应用系统的动态行为可信，并为访问控制等关键应用安全组件提供强化保障。因此，安全切面可以与可信计算技术栈一起，共同为应用系统提供完整的安全可信保障能力。此外，安全切面支持对应用和基础设施构建不同层级的防御能力，以实现各级间的安全管控，同时也支持多层级安全切面相互联动以形成整体的防御体系，从而达到更好的安全治理、防护、对抗效果。

因此，数字银行可以充分采用安全切面的架构理念来建设安全防护体系，达成事前应对高级和未知威胁的目标，同时保证安全体系建设与业务系统升级迭代既融合又解耦，提升安全加固的效率及风险识别的精准度，减少安全加固对于业务和技术的打扰。

6.2.3 零信任

2010 年，Forrester Research 首席分析师 John Kindervag 首次提出了零信任（Zero Trust，ZT）理念，对访问控制在范式上实现颠覆，指引安全体系架构从"网络中心化"转向"身份中心化"。零信任的基本原则是"从不信任，始终验证"，即企业内外部的任何人、事、物均不可信，应在授权前对任何试图接入系统的人、事、物进行验证，且数据资源按最小权限原则分配。零信任架构（Zero Trust Architecture，ZTA）对访问主体身份管控更加全面，访问鉴权更为精准，全面考虑了访问链路的安全性、稳定性和访问速度。零信任架构主要包含现代身份与访问管理、软件定义边界和微隔离三个关键技术。现代身份与访问管理技术是支撑企业业务和数据安全的重要基础设施，主要通过包括身份鉴别、授权、管理、分析和审计等措施，围绕身份、权限、环境、活动等关键数据进行管理与治理的方式，确保以正确的身份、在正确的访问环境下、基于正当的理由访问正确的资源。软件定义边界技术旨在利用基于身份的访问控制以及完备的权限认证机制，为企业应用和服务提供隐身保护，有效保护企业的数据安全。软件定义边界具有网络隐身、预验证、预授权、应用级的访问准入和扩展性五个特点。微隔离是一种更细粒度的网络隔离技术，在逻辑上将数据中心划分为不同的安全段，进而为每个段定义安全控制措施和所提供的服务。

我国零信任网络访问技术及解决方案也跟随全球趋势得到了快速的发展。零信任在发展实践中也暴露了一些问题，如国内沈昌祥院士、国外 Gartner 都对零信任架构的局限性做出了细致的分析。目前，零信任在实施落地上存在如下部署复杂、迁移难、代价大等问题：一方面，其适用范围受限，特别对于已有系统和 IT 基础设施系统来说，难以直接改造应用；另一方面，零信任体系过于强调分布式，导致其安全检查点难以收敛，容易产生被绕过的安全风险；此外，我们也注意到，零信任虽然强调鉴权验证，但对于如何进行完备的验证也缺乏指导，导致很多零信任系统在实现上并不能有效应对服务型水平越权等网络攻击。

6.3 可信纵深防御概念

可信纵深防御是一种新的安全防御体系架构，是主动免疫可信计算在数字银行场景的落地实践，可以做到只允许预期内的行为执行即主动免疫，而且能够实现对所有威胁路径的多层覆盖，大幅降低风险事件发生的概率。同时它还建立了完备的信任链，将信任关系逐级规约至硬件芯片可信根，保障防御体系自身的安全。建立的防御措施做到仅允许信息系统在安全可信的环境下运行预期内的资源和行为加载、执行，且确保内容均是经过安全评估为无风险的；同时根据数字银行面临的威胁状况，可信防御措施需要多层覆盖，最终形成可信纵深防御体系，有效地应对 0Day 攻击、社会工程学攻击、软硬件供应链攻击等高级和未知威胁。

6.3.1 可信防御理念

攻击者在何时何地通过何种攻击手法发起攻击是无法预测的，但是数字银行信息系统的运行状态可以基于网络流量、应用日志和系统进程等信息有效地分析刻画，因此在防御思路上需要将不确定的攻击威胁，通过已知的业务状态转换为有效的防御策略来应对威胁，有效规避风险事件的发生。因此，在安全风险控制上，首先应遵循可信计算理念来建立可信根，再基于可信根构建信任链，进而基于基础设施层、应用层、网络层、移动端和终端层等各层建立可信策略控制点，最后形成可信防护策略，仅允许执行预期内即数字银行信息系统运行所依赖的资源和行为，确保防护强度达到可信级。可信级防御需要满足以下两点要求。

1. 数字银行信息系统安全管控依赖的模块或组件自身是安全可信的

信息系统的可信管控依赖各层建立的模块或组件，其本身的安全性对于整个可信防御体系至关重要。因此，首先需要确保可信管控依赖的模块或组件自身是安全可信的。

2. 数字银行信息系统运行环境、依赖的资源和行为是必要且无风险的

例如针对一个新应用，应用运行依赖的类、方法、函数、参数、进程、文件、网络及调用链等均是必要的，非必要的资源和行为将通过可信管控策略默认拦截。针对应用、系统和服务间的互访行为，确保访问者的身份、权限、环境和行为均是可信的，操作是可追溯、可审计的，预期外的访问行为将通过可信管控策略默认拦截，同时针对被拦截的访问行为做日志记录，做到行为可追溯、可审计。

总之，数字银行信息系统运行环境、依赖的资源和行为均是经过安全评估为无风险的。对于一个新应用，应用运行环境及所依赖的类、方法、函数、参数、进程、文件、网络及调用链等也是经过安全评估为无风险的，若评估存在风险则更换为其他安全的环境、资源或行为，或者是针对评估发现的风险建立有效的控制措施。

6.3.2 纵深防御理念

纵深防御的理念来自战争学，该理念在信息安全领域得到了广泛的使用和推广。该理念即通过建立多层重叠的安全防护系统构成多道防线，使得即使某一防线失效也能被其他防线弥补，也即通过增加系统防御的层数或将各层之间的漏洞错开的方式防范差错发生。为了避免因单点防御措施失效导致风险事件的发生，数字银行须采用纵深防御理念进行可信防御体系的建设。例如，针对开放至互联网的应用系统，为了有效应对入侵导致的数据泄露或资金被盗威胁，在网络层，需要基于网络层切面管控能力建立对网络流量、应用语义及访问者身份和权限的可信管控能力，做到访问来源 IP、请求的域名、请求的接口及参数、访问者的身份和权限等均是符合预期的、可信的；在应用层，需要基于应用切面能力建立应用运行时的可信管控能力，确保应用运行加载的类、方法、函数、参数、进程、文件、网络及调用链等均是符合预期的、可信的；在容器主机层，通过容器中的系统安全切面管控模块或组件，对容器运行时所加载的应用、进程等进行可信管控，做到应用、进程的加载和运行均是符合预期的、可信的；在基础设施层，基于硬件可信芯片对设备 BIOS、BMC、板卡固件、OS Loader、OS 内核进行可信管控，保证其启动及运行的可信。同时基于硬件可信芯片的可信存储和密码技术建立从 BIOS 到板卡固件、OS Loader、OS 内核、应用自下而上的信任链，保障可信策略控制点本身的安全可信。综上所述，从计算环境可信角度，基于信任链保障可信策略控制点的安全；从数字资产保护角度，通过各层的可信管控能力实施数据内视和可信管控，最终建立可信纵深防御体系。

在可信纵深防御体系的建设中，每增加一层可信防御能力，所建设的防御体系的防御强度都会大幅增强，同时也意味着投入成本的增加。因此，在可信纵深防御体系的建设当中，所建设的可信防御能力的深度即层数需要根据数字银行面临的威胁状况、业务特性、IT 架构、建设成本、管控效率等因素综合评估和判断。我们应在威胁有效应对和数字银行的合规要求、安全成本投入、管控效率上取得最佳平衡，做到既能满足监管合规要求，又可以高效应对面临的高级和未知威胁，同时可以将可信纵深防御体系的建设成本和管控效率控制在合理范围，不会因为防御体系建设过重而带来过多成本、性能和效率的损耗。

6.4 可信纵深防御架构

6.4.1 设计目标

安全团队应基于数字银行业务特性及面临的威胁状况,结合可信计算、安全平行切面等新兴安全体系思想,设计面向数字银行的可信纵深防御体系。可信纵深防御体系以可信根为支撑,以可信软件基为核心,以密码学方法为主要手段,通过度量、检测、证明以及管控等手段,构建贯穿硬件、固件、系统软件、应用软件和网络行为的完整信任链,为信息系统的运行提供安全可信的底座。可信防御措施进行多层覆盖,以大幅降低风险事件发生的概率。最终达成事前高效规避已知(含高级)和未知威胁的目标,兼顾数字银行效率与体验要求。

6.4.2 整体架构

如图 6-1 所示为数字银行可信纵深防御体系整体架构。

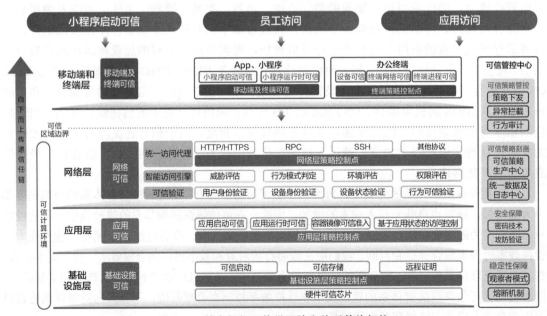

图 6-1 数字银行可信纵深防御体系整体架构

面向数字银行的可信纵深防御体系整体架构（见图6-1）包含四个关键部分：硬件可信芯片、可信策略控制点、信任链和可信管控中心，由安全防护部件形成的可信防护体系与由计算部件形成的计算体系形成双体系结构。其中可信管控中心又由可信策略管控系统、可信策略刻画系统、安全保障系统、稳定性保障系统四部分组成。在整体架构设计上以硬件可信芯片为信任根；以可信软件基为核心，它由基础设施层、应用层、网络层及移动端和终端层等各层构建的可信策略控制点组成；基于硬件可信芯片构建的信任链来保障可信策略控制点的安全可信；基于可信策略刻画系统及密码学技术生成的"免疫基因抗体"对数字银行信息系统的运行环境、资源加载和交互行为进行可信管控，有效识别"自己"和"非己"成分，破坏与排斥进入信息系统机体的有害物质，为信息系统加持"免疫能力"，保障信息系统和数字资产的安全性；安全保障和稳定性保障技术为整体可信纵深防御体系的落地提供支撑，防止在可信纵深防御体系建设中产生安全漏洞和稳定性风险事件，导致业务受损。

1. 基于硬件可信芯片构建信任根

基于硬件可信芯片和密码学方法对物理机的启动参数和启动程序进行可信管控，同时提供静态和动态信任链的校验机制，确保硬件芯片、启动参数、OS等均是安全可信的。同时基于硬件可信芯片构建信任链以将信任关系从基础设施层逐层传递至应用层和网络层，最终形成完备的信任链，以支持对数字银行信息系统和数字资产的可信管控。

2. 基于安全平行切面构建可信策略控制点以实现平行体系结构

基于数字银行IT架构分析、选型或者设计可信策略控制点，实现对各类已知和未知风险场景的数据内视和可信管控。在可信策略控制点的部署上，充分利用安全平行切面提供的原生安全控制点能力，实现安全管控与业务应用既融合又解耦，即安全能够深入业务逻辑，不再是外挂式安全；业务上线即带有默认安全可信的能力，并实现跨维的检测、响应与防护；同时安全能力可编程、可扩展，与业务各自独立演进。

数字银行可信纵深防御体系架构如图6-1所示，针对开放的应用系统服务，在访问链路上，在移动端及终端层、网络层、应用层及基础设施层建立不同层面的可信策略控制点，并配置符合可信防御强度要求的安全防御策略。

在移动端及终端层，以移动端安全切面或SDK及终端检测与响应（Endpoint Detection and Response, EDR）能力作为可信策略控制点，针对用户的日常操作行为及员工的办公行为，对使用的小程序、软件、进程、网络等建立精细化的可信管控能力，做到仅允许预期内的小程序、软件、进程、网络行为是可以加载和执行的，以有效抵御恶意软件的加载和运行及木马、病毒的回连等行为。

在网络层，以统一访问代理网关流量切面为可信策略控制点，建立针对访问主体身份、权限、环境、行为的可信管控策略，确保访问主体仅能通过预期内的身份、权限，在安全的环境下，按照预期内的行为进行应用系统的使用，异常的身份冒用、越权操作、不可信的环境及网络攻击行为将直接被拦截并上报为安全事件。

在应用层，以应用切面和应用运行时防护（Runtime Application Self-protection，RASP）及安全容器系统切面为可信策略控制点，对容器、应用调用的类、方法、函数、文件和网络行为建立白名单的可信管控策略，确保容器和应用仅能按照预期内的方式启动或运行。

在基础设施层，基于以硬件可信芯片为信任根，以及各安全管控组件或模块，对物理机节点的启动和运行进行可信管控，确保使用的物理机是可信的。

如上所述，通过各个层面建立的可信策略控制点，配置可信管控策略，建立覆盖数字银行信息系统和数字资产全链路的可信纵深防御体系，有效应对数字银行面临的高级和未知威胁。

3. 基于信任链保障可信防御产品或能力的安全可信

可信策略控制点是数字银行实施可信管控依赖的关键能力，如何保障可信策略控制点的安全性至关重要。如果实施可信管控依赖的能力自身是不安全的，则对于业务信息系统的可信管控将无法保障，同时这些能力本身也可能会引入新的安全风险。因此，在可信策略控制点的建设中需要充分利用硬件可信芯片提供的可信存储和密码技术，逐步构建并完善信任链，将整个信任机制由硬件可信芯片逐层传递至基础设施层、应用层和网络层等各个层面的可信策略控制点，保障可信策略控制点的安全性，为数字银行业务信息系统和数字资产的可信管控提供基础能力支撑。

4. 基于可信管控中心实施可信管控

可信管控中心是可信纵深防御体系的大脑中枢，负责可信策略的生成、配置下发、事件上报和行为审计等工作，同时为整个可信纵深防御体系的运行提供安全性和稳定性保障。可信管控中心由可信策略管控、可信策略刻画、安全保障、稳定性保障等系统组成。

（1）可信策略管控

可信策略管控系统通常由策略下发、异常拦截、行为审计等功能模块构成。基于可信策略刻画系统生成的管控策略，该系统根据数字银行面临的安全威胁进行策略的配置下发，以保障数字银行信息系统和数字资产按照预期的方式运行和使用。

（2）可信策略刻画

可信策略刻画系统是可信纵深防御体系"免疫抗体"的生产中心。它根据在移动端和终端、网络、应用、容器主机和基础设施等位置采集的数据和日志，利用大数据平台的数据分析能力，进行可信策略的分析，有效刻画出预期内的可信行为，并生成相应的管控策略。策略内容需要通过密码技术进行加密保护，以保障策略内容的机密性和完整性。将可信策略配置上线后即可发挥作用，有效地识别出预期内和非预期的行为并进行威胁应对。

（3）安全保障及稳定性保障

安全保障体系可以保障所建设的可信防御能力及策略本身的安全性，稳定性保障体系可以降低可信防御能力和策略在落地过程中稳定性风险事件发生的概率，防止对业务造成负增值。

综上所述，可信纵深防御体系整体架构以硬件可信芯片为信任根，以可信策略控制点为可信软件基，基于基础设施层、应用层、网络层及移动端和终端层各层面建立的可信策略控制点，进行多层纵深可信防护策略的设计并落地，覆盖业务应用、信息系统和服务全链路，形成完备的可信纵深防御体系，有效应对数字银行面临的高级和未知威胁。

6.5 小结

基于当前日趋复杂的攻击态势及传统防御体系的不足，网商银行提出了可信纵深防御的思路和设计原则，定义了业务运行所依赖的不同层面的安全可信场景和行为内容，同时基于不同的控制面设计多层纵深防御能力，最终形成可信纵深防御体系。

本章明确了数字银行可信纵深防御体系的建设目标和体系架构，它由硬件可信芯片、可信策略控制点、信任链和可信管控中心组成。其中安全防护部件形成了可信防护体系，与由计算部件形成的计算体系形成双体系结构；可信管控中心又由可信策略管控系统、可信策略刻画系统、安全保障系统、稳定性保障系统四部分组成。

第 7 章
可信纵深防御建设方案

本章重点介绍构建数字银行可信纵深防御体系的关键步骤,包括建设原则、建设基线、关键能力建设、技术保障、实战牵引和体系演进等部分内容(见图 7-1),接下来将对每个部分进行详细说明。

图 7-1　构建数字银行可信纵深防御体系的关键步骤

7.1 建设原则

基于数字银行信息系统的访问链路及面临的威胁态势,在可信纵深防御体系建设中需要符合安全可信、多层覆盖、自身安全保障、稳定性保障的原则。

1. 安全可信

在数字银行安全防御体系建设中,对高级和未知威胁的应对是面临的难点问题,通过建立可信防御体系能力可以有效应对该类威胁。在具体的应对方法上需要符合以下要求:首先,在数字银行业务应用服务访问的关键路径中建立可信策略控制点,并基于硬件可信芯片构建信任链来保障可信策略控制点自身的安全性;其次,基于数字银行信息系统和数据交互的网络流量和日志信息,有效分析和刻画预期内资源加载和访问行为的特征,且这些资源和行为均是经过安全评估为无风险的;最后,基于建立的可信策略控制点配置下发可信管控策略,有效应对数字银行面临的已知(含高级)和未知威胁。

2. 多层覆盖

在数字银行可信防御体系的建设当中,出于对可用性和稳定性等因素的考虑,可信防御能力需要根据数字银行面临的威胁进行多层覆盖,不过度依赖单点防护能力,避免因单点防御措施失效而导致风险事件的发生。具体实施方法上需要满足如下要求:针对需要保护的信息系统和数字资产,根据信息系统和数据资产面临的威胁状况和威胁路径,在移动端及终端层、网络层、应用层、基础设施层等不同层面覆盖可信防护能力和管控策略;针对威胁路径较短的信息系统和数字资产,需要在单层框架上进行多层可信防御能力的设计和覆盖,如在网络层可以根据网络的交互和用户的请求,在网络入口网关、应用网关、应用容器的 Sidecar 及网络出口网关等位置建立可信策略控制点,并根据各个位置网关的特性建立与之匹配的网络流量可信、访问者身份可信、访问者权限可信、访问者行为可信等不同维度的可信管控能力,真实、高效地刻画出预期内的网络交互行为特征,达成有效应对已知(含高级)和未知威胁的目标。

3. 自身安全保障

在数字银行可信防御产品能力及策略的建设过程中,可信防御产品能力自身的安全性至关重要。若数字银行设计和落地的可信防御产品能力或策略自身存在安全漏洞,则无法保障业务级应用服务的安全性,同时所携带的漏洞还会带来新的攻击面,一旦被成功利用将导致业务受损。因此,数字银行可信防御能力及策略自身的安全性需要重点评估、加固、保障和检验。在设计可信防御能力时需要充分利用硬件可信芯片的可信存储和密码技术,通过构建完备的信任链等方式来保障可信防御产品能力的安全性；在可信管控策略的设计上充分利用密码技术，对可信策略及需要管控的行为内容进行加密保护，确保可信策略和管控内容的机密性与完整性；在网络传输上充分利用数字证书等密码技术保障数字资产在传输过程中的安全性；最后通过在靶机环境中持续模拟触发各类风险行为，根据风险行为的响应信息或拦截日志来确保防御能力和策略的持续有效。

4. 稳定性保障

在数字银行可信防御体系建设当中，需要规避因为可信防御产品能力或策略配置不当而引发业务不可用的稳定性风险。可信防御产品能力及策略的稳定性是否有保障，直接决定了可信防御体系是否能够真正发挥价值。因此，可信防御产品能力及策略自身的稳定性需要重点建设和保障，以有效发挥可信防御产品能力的价值。

7.2 建设基线

基于可信纵深防御体系的建设思路和设计原则，数字银行安全防御体系的建设可以定义不同层面的可信场景行为为基线和行为内容，包括基础设施可信、应用可信、网络可信、移动端及终端可信；同时基于单个防御平面设计不同的防御能力，结合各个场景的安全可信要求建设可信防御产品能力和可信策略。见表 7-1。

表 7-1 数字银行可信纵深防御体系场景定义

分层	子分类	可信定义	防护场景
基础设施可信	硬件可信	针对硬件加载时的硬件类型、版本、固件内容、配置等进行可信验证，确保系统运行前依赖的硬件是符合预期的	目的是抵御硬件供应链风险：若硬件在生产和采购过程中被替换或植入后门，需要在启动时检测并阻止硬件的使用
	OS 启动时可信	针对 OS 引导、启动的每个环节进行可信验证和管控，确保 OS 启动的过程是符合预期的	目的是抵御来自攻击者入侵后植入的可驻留的 OS 级别的后门和 Rootkit 的风险，以及攻击者控制了 OS 供应链，并植入后门的风险
	OS 运行时可信	针对 OS 运行状态持续进行可信验证和管控，确保运行中 OS 是不被篡改的	目的是抵御 OS 级别的 Rootkit
	虚拟机可信	针对虚拟机 Hypervisor 持续进行可信验证和管控，确保虚拟化机制状态是符合预期的；同时也需要验证和管控通过虚拟机启动的 OS，确保它是符合预期的，实现虚拟化场景的安全可信	目的是抵御在虚拟化场景中，攻击者通过在虚拟机 Hypervisor 层或者虚拟机 OS 中植入恶意代码的攻击行为

续表

分层	子分类	可信定义	防护场景
应用可信	容器可信	针对容器驱动持续进行可信验证和管控,确保容器底层机制的运行状态是符合预期的;同时进一步验证,确保容器镜像符合预期,禁止加载不安全的镜像	目的是抵御在容器化场景中,容器镜像存在软件供应链的攻击威胁
	应用启动可信	针对主机、容器中启动的应用程序进行可信验证和管控,确保启动的应用代码和配置是符合预期的	目的是抵御攻击者入侵主机、容器后,尝试执行自己的木马程序以进一步攻击或者留后门的攻击行为
	运行时可信	针对主机、容器当中运行的应用进程持续进行可信验证和管控,以判断程序运行空间的代码是否被篡改、程序行为是否符合预期	目的是抵御攻击者入侵主机、容器中的某个应用,在应用进程代码执行空间中插入自己的恶意代码的行为
网络可信	访问者身份可信	访问者被定义为业务场景当中请求的发起方,此处包括人员、终端、应用、Web、RPC、DB 服务等。针对网络服务的访问者进行授权,并持续地对授予的身份进行可信验证和管控,以判断访问者身份是否符合预期	目的是抵御攻击者通过 0Day 漏洞或 APT 攻击获得一定权限,进一步攻击办公网、生产网内开放的服务,利用其中的漏洞入侵并窃取数据
	访问者状态可信	针对访问者所处的运行环境和运行状态持续进行可信验证和管控,以确保访问者的运行环境、运行状态和身份是可信的,而非攻击者伪造的	目的是抵御攻击者利用已经入侵的应用服务器或利用其身份发起攻击来扩大攻击面的风险
	信息传输可信	针对访问者信息传输的链路进行加密,建立安全的信息传输通道,以确保访问者的身份及传输的信息是可信的,没有被攻击者篡改	目的是抵御攻击者利用已经入侵的应用服务器劫持传输链路当中的敏感信息来获取敏感数据或敏感配置
移动端及终端可信	终端进程可信	针对访问者使用的终端应用和进程行为建立白名单管控策略,以确保发起者的终端运行时的应用进程是可信的,非攻击者的恶意应用程序	目的是抵御攻击者利用已经入侵的终端运行恶意的病毒、木马软件
	终端网络可信	针对访问者使用的终端网络行为建立白名单管控策略,以确保发起者的终端网络行为是可信的,非攻击者的恶意后门和恶意数据、文件的外发行为	目的是抵御攻击者利用已经入侵的终端建立持久化的后门或者进行敏感数据和文件的外发
	小程序加载可信	针对访问者使用的小程序应用在加载前进行签名验证,只有验签通过的小程序才会被 App 加载。同时会验证小程序启动参数,对于不满足预期的启动参数,不允许小程序加载	目的是抵御攻击者利用恶意小程序或利用小程序漏洞获取非法权限进而导致用户敏感信息泄露
	小程序运行时可信	针对访问者使用的小程序运行过程中的运行模式、调用的 JSAPI、运行的插件、使用的标签等进行运行时白名单校验,对于不满足预期的内容,不允许小程序使用	目的是抵御攻击者利用小程序运行时依赖的组件、接口漏洞获取非法权限进而导致用户敏感信息泄露

7.3 关键能力建设

本节将对数字银行可信纵深体系当中构建的关键能力进行详细说明，内容包括基础设施可信、容器镜像可信、容器应用可信、应用运行时可信、网络身份行为可信、网络出向交互可信、数据使用权限可信、移动端小程序加载和执行可信、终端网络进程可信、信任链构建等核心能力。

7.3.1 基础设施可信

1. 简介

基础设施可信指以硬件可信芯片作为信任根，针对使用的物理节点建立可信管控体系，消除传统思想中对于BIOS、内核等基础设施软硬件和组件的隐式信任，确保物理机节点在启动时的硬件、BIOS、内核等均是符合预期的、可信的，进一步针对物理机节点中的二进制文件建立可信验证和管控机制，确保物理机上启动和运行的二进制文件也均是符合预期的。同时充分利用硬件可信芯片的可信存储和密码技术构建完备的信任链。基础设施可信能力整体架构如图7-2所示。

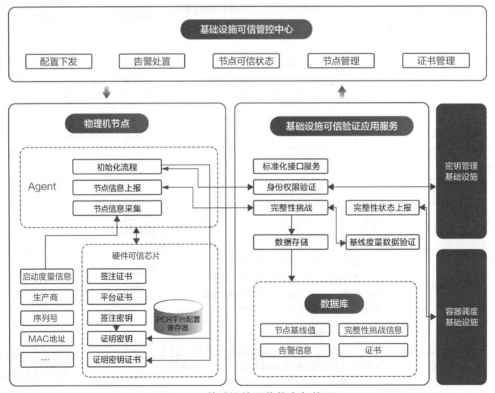

图 7-2　基础设施可信能力架构图

2. 技术方案

基于硬件可信芯片，建设物理机的安全管控组件或模块，实施对物理机整体启动流程的可信管控，确保物理机的启动和运行时均是可信、没有被篡改的。主要包含如下功能模块。

- 内核模块签名：通过修改内核源码，让内核具备识别及处理证书超期问题的能力，解决内核模块重签名机制、证书过期等场景的安全风险；同时在方案设计上兼容内核开源生态的功能。
- 证书白名单管理：由于内核签名使用的部分证书是通过静态编译链接到内核当中的，如果被签名证书不可信，比如在私钥被泄露的场景下，风险将不可控。因此需要对使用的证书进行动态可信验证，确保使用的证书是符合预期的，以防止不安全签名程序的运行。
- 运行时可信验证：针对启动时已通过验证、状态为"可信"的物理机，进一步通过安全管控模块或组件，对运行的软件、组件、进程等进行可信管控，将信任链传递至上层软件。

基础设施可信是基于硬件可信芯片实现的标准软件方案。在策略配置上需要支持策略的观察者模式、策略的拦截模式、阻断内核的加载、应用启动及白名单基线更新等功能。

7.3.2 应用可信

信任链由基础设施层传递至应用层后，需要确保应用启动、运行所依赖的容器镜像、容器进程、容器网络、容器文件资源、应用调用的系统函数等都是安全、可信的。因此，需要在应用启动的镜像获取、镜像启动、容器进程启动、容器网络行为、容器文件加载、应用启动、应用函数调用等各个环节建立可信控制点，以对各个环境的资源加载和行为进行可信度量，实现应用可信。

1. 容器镜像可信

（1）简介

数字化转型中云计算及云原生技术的使用已经越来越普及，因此此处基于云原生的架构模式介绍容器镜像可信的技术方案。容器镜像可信能力依托云原生的容器化技术进行建设，基于容器镜像的生命周期建立对容器主机的可信准入管控机制，整个管控机制贯穿容器镜像的整个生命周期，以保证容器镜像交付全链路的一致性、完整性和安全性。首先基于研发平台生产出安全可信的镜像并提交至镜像存储中心，针对发布至生产环境的镜像进行安全验证、扫描和签名，在部署阶段下发安全规则进行签名校验和安全风险评估，如果容器镜像签名校验未通过或存在已知安全漏洞，则基于可信管控策略阻止镜像发布至生产环境，保证只允许安全可信的镜像启动并运行。容器镜像可信能力整体架构如图 7-3 所示。

（2）技术方案

容器镜像可信整体技术方案分为容器镜像安全检测及容器镜像可信准入两大模块，接下来重点介绍两大模块的具体实施步骤。

- 容器镜像安全检测路径

如图 7-4 所示，容器镜像安全检测主要包含以下步骤：

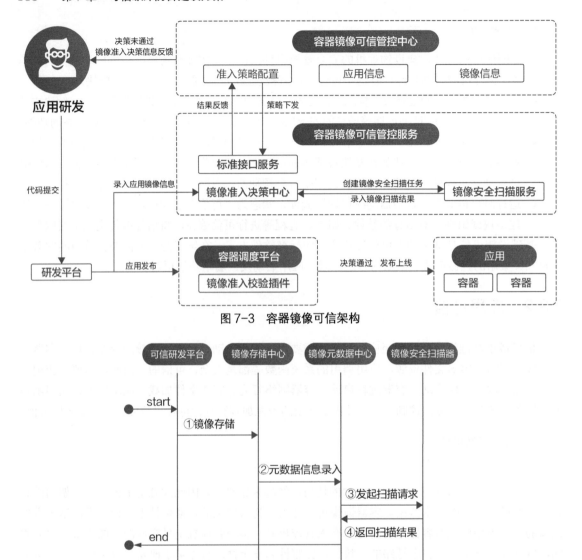

图 7-3　容器镜像可信架构

图 7-4　容器镜像安全检测图解

① 可信研发平台完成镜像构建及签名后将镜像上传到镜像存储中心。
② 可信研发平台将镜像名称、存储位置、签名信息录入镜像元数据中心。
③ 镜像元数据中心在新增记录后,请求镜像安全扫描器进行镜像扫描。
④ 镜像安全扫描器将扫描结果返回镜像元数据中心进行结果录入。

- 容器镜像可信准入路径

如图 7-5 所示,容器镜像可信准入主要包含以下步骤:
① 数字银行技术团队提交应用部署申请。
② 部署平台将需要部署的镜像提交至容器调度平台,并下发镜像部署请求。

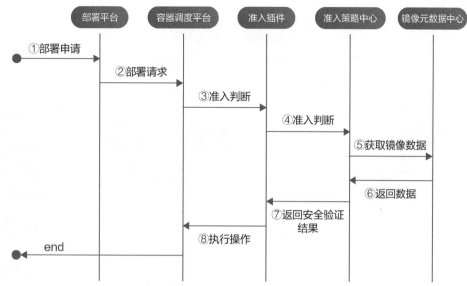

图 7-5　容器镜像可信准入图解

③ 容器调度平台加载准入插件，判断当前镜像准入策略。
④ 准入插件获取准入策略，判断当前镜像是否符合准入要求。
⑤ 准入策略中心根据镜像唯一标识获取镜像签名和镜像扫描数据。
⑥ 准入策略中心进行可信验证，判断当前应用镜像是否可以部署上线。
⑦ 准入策略中心将安全验证结果返回给准入插件。
⑧ 容器调度平台根据准入插件评估的结果执行后续操作，决策通过则获取应用镜像进行部署，否则返回报错。

容器镜像可信能力的构建主要依赖控制面，如可信研发平台、可信镜像存储中心、可信镜像元数据平台、镜像安全扫描器、镜像准入策略中心、容器调度平台等组件。容器镜像准入插件会继承在 Kubernetes 集群中。同时由于需要收集全量镜像数据，因此需要大数据平台的支持。

在容器镜像可信管控策略的配置上需要支持的策略内容包括但不限于：在应用或镜像名称维度添加拦截策略；针对扫描发现的镜像漏洞添加拦截策略。

对于容器镜像可信能力基础规则的升级，需要定期从内外部漏洞数据库采集漏洞信息，编写扫描插件，并定期进行扫描插件的更新。

2. 容器应用可信

（1）简介

容器应用可信指的是基于容器、主机当中建设的安全管控模块或组件，对容器和主机当中启动时和运行态的进程等建立可信级的管控能力。通过对应用及系统进程等行为进行实时管控，确保容器主机中进程和运行的指令等的行为是符合安全预期的、可信的。容器应用可信能力整体架构如图 7-6 所示。

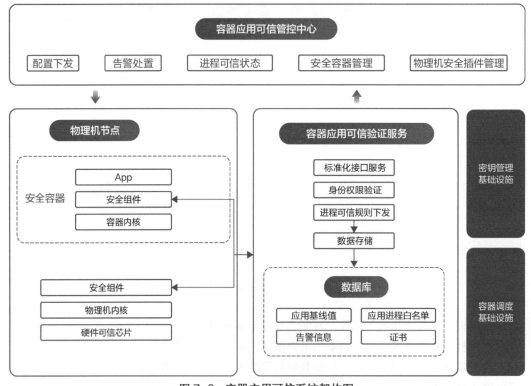

图 7-6　容器应用可信系统架构图

（2）技术方案

数字银行基于安全加固和管控要求，可以针对使用的容器、主机定制开发容器管控模块或插件，实现对容器、主机中系统调用 syscall 行为的风险识别、判断、拦截、追溯和审计，具体实施上可以基于 gVisor 等开源方案实现。在容器当中设计并落地可信防御的内核模块，实现对容器的可信管控。针对物理机可以通过内核集成方案，即将物理机内核管控模块和主机入侵检测系统结合，通过主机入侵检测系统在物理机内核指令执行前配置拦截模块，确保启动和运行的进程及行为都是通过了安全模块验证的、可信的。

在可信管控策略的配置上，建立的容器应用可信能力需要支持如下场景的可信策略。

- 进程启动可信：支持对进程启动行为，执行的命令、参数、用户、执行二进制文件哈希值等维度的可信管控。
- 文件可信：支持对系统访问文件及文件内容的可信管控，保证系统读取的文件及文件的内容均是符合预期的。
- 网络可信：支持对系统监听端口及网络请求的可信管控。

在稳定性建设上，由于容器应用可信策略需要对容器主机当中的进程、指令进行精细化管理，策略配置稳定性风险较高，因此在稳定性建设方面需要重点支持如下几个功能。

- 容器应用可信系统策略配置需要支持细化到应用和镜像的维度。

- 告警日志须支持截断，避免告警的大量输出对系统造成性能影响。
- 策略配置下发需要支持可灰度、可监控、可回滚的能力。
- 熔断的差异化配置机制，线下禁止触发熔断，线上须支持熔断。

3. 应用运行时可信

（1）简介

应用运行时可信主要是指对数字银行在线应用系统的网络访问、文件访问、系统命令执行及应用代码执行等行为建立数据内视和可信级的管控规则，实现对异常攻击和未知网络访问、文件访问、系统命令执行、应用代码执行等行为的可信管控，最终实现应用系统运行时可以防御已知漏洞和0Day漏洞攻击的效果。应用运行时可信能力整体架构如图7-7所示。

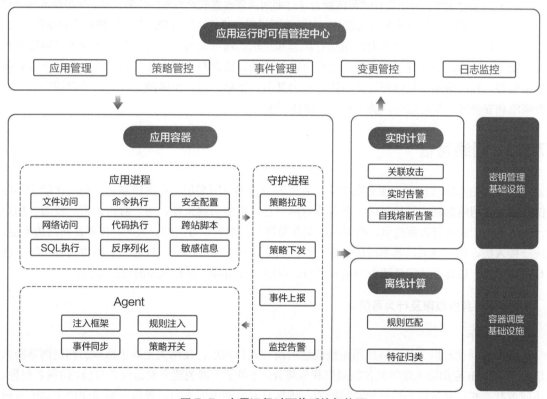

图7-7　应用运行时可信系统架构图

（2）技术方案

在应用层基于应用运行时防护能力建立的可信策略控制点，可以对应用运行时依赖的网络行为、文件操作行为、高危反序列化函数的加载等行为建立可信级的白名单管控规则和策略，确保只有预期内的行为才可以成功执行。

实施应用运行时可信防护能力的关键技术点包括如下内容。

- 注入安全检查逻辑：通过字节码修改技术，"Hook"应用网络访问、文件访问、系统命令执行、代码执行等基础类和方法，将安全校验代码注入应用字节码。
- 动态下发应用策略：当安全校验代码注入应用字节码后，异步监听本地应用可信端口以接收应用策略。守护进程从服务器端实时拉取应用策略，存储在本地。当应用策略发生变化，守护进程会将应用策略发送给应用可信端口。应用可信端口接收应用策略，直接实时更新到应用内存中。安全检查逻辑会通过应用内存来实时获取最新应用策略。
- 上报事件限流：为保障应用运行时可信能力的稳定运行，在事件上报环节需要设定每秒钟可上传事件的阈值，超过阈值的事件不会上报。
- 进程熔断机制：应用运行时可信能力运行期间需要针对应用的CPU、内存、负载等配置监控阈值，超过阈值则对防护策略进行降级，以防对业务造成影响。
- 拦截策略熔断：应用运行时可信能力运行期间需要设置安全事件的拦截阈值，当每秒或每分钟应用拦截事件超过设置的阈值时，自动熔断拦截策略并进行告警，防止拦截正常的业务行为。

应用运行时可信能力涉及对应用运行流程和逻辑的精细化管控，因此在发布至生产环境前需要从安全、架构、稳定性等多方视角进行全面的评估。结合数字银行业务技术栈、业务特性和基础架构等，针对应用运行时可信能力进行能力部署、策略开启，保障能力及策略开启期间的稳定性风险和安全风险是可控的，防止对业务造成影响。

7.3.3 网络可信

信任链由基础设施层传递至应用层，并进一步传递至网络层，在网络层建立的防护能力不能仅仅依赖于网络的隔离管控策略，而是要对网络访问中的访问来源、用户身份、用户权限、用户行为等不同因素进行可信度量，确保网络交互是符合预期的、可信的。因此，需要在网络边界层、统一接入层、统一网关层等不同层面建立网络层的可信策略控制点，针对交互当中的各个环节进行可信度量，以确保访问链路中的用户身份、权限、行为都是符合预期的可信行为。

1. 网络身份权限及行为可信

（1）简介

统一访问代理网关是边界应用系统流量的统一入口地址，在网关处除了常规的四层网络防火墙及七层Web应用防火墙等具备的规则和策略外，还可基于网关建立对访问者身份、访问者权限、访问者状态和访问者行为的可信管控能力，确保只有预期内的人员、设备和应用使用可信的身份且符合预期的权限，才能对目标的应用系统进行访问和操作，且行为是符合预期的、可信的。统一访问代理网关可信功能整体架构如图7-8所示。

（2）技术方案

网络身份权限及行为可信方案的关键点是在网络交互的合适位置构建网络层的可信策略控制点，同时在可信策略控制点对访问者的身份、权限和行为进行有效的识别和判断，确保是符合预期的、可信的。接下来以人员及终端身份可信、运行时和管理时的行为可信为例进行说明。

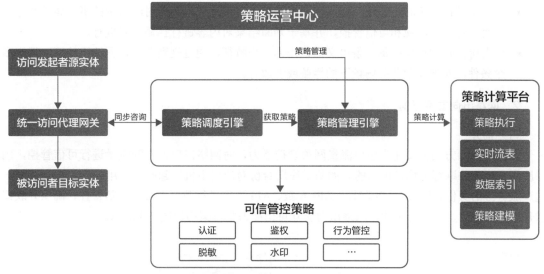

图 7-8　统一访问代理网关可信功能架构图

- 人员及终端身份可信：基于终端安全管控组件实现对设备的可信管控。数字银行分发的办公终端需要默认安装终端安全管控组件，当员工使用该办公终端访问办公系统时，统一访问代理层的可信网关会采集终端设备相关信息，通过校验设备信息与使用的账号信息，确保使用的终端是可信的。如果校验发现设备是可信的则放行访问请求，若发现来源的设备是非可信的，则直接拦截或需要完成多因子认证并校验通过后才允许本次访问行为。多因子认证需要优先选择具有可变更属性的认证技术，如二次密码、动态令牌等，确保应用系统访问者的身份是可信的。
- 运行时和管理时行为可信：统一访问代理网关承载了开放应用服务的全量实时请求，是实现网络行为可信能力建设的关键点。因此，在统一访问代理网关处需要按照不同的类型进行业务拆分，并针对性地建立多业务场景的可信管控策略。例如，针对开放至互联网的服务，需要根据来自互联网的访问请求严格地校验来源的 IP、用户的身份和权限，确保都是符合预期的，以有效规避越权类的安全风险；针对开放至办公网的数据、资金类后台，严格地校验来源的终端、员工身份、员工权限和员工的行为，确保是符合预期的，才能允许后台功能的操作，以有效地规避员工违规操作等风险事件的发生；针对生产网内部应用接口之间的调用，需要对来访的应用、主机、接口和服务进行校验，确保是符合预期的应用服务之间的调用，以有效地规避生产网内部接口的滥用风险。通过如上所述方案，最终实现全链路的网络身份行为可信。

网络身份权限及行为可信能力实施的关键是搭建统一的访问代理网关，实现全流量的接管；针对接管的流量建立访问者身份、权限、行为的管控能力；基于业务特征分析可信的行为特征，最终建立可信级管控策略。关键步骤如下。

- 开启安全管控模块：针对数字银行所建立的统一代理网关层，根据管控需求开启安全模块，需要确保所有的流量均是可以管控的。

- 配置基础语义策略：在统一访问代理层通过编写语义代码实现对流量中的事件属性和行为内容进行数据内视和可信管控，并基于判断结果对内容进行拦截或者放行。
- 配置可信管控策略：每一条语义知识作为一个特征，通过规则逻辑设置编排特征，组合多个条件，实现复杂业务场景下的拦截或者放行。

2. 网络出向交互可信

（1）简介

在网络出口方向需要建立出口流量网关管控能力，对网络出口方向的流量进行可信管控，确保应用主机的外联行为均是可信的。如基于应用身份对应用主机发起网络应用的行为进行管控，通过服务方的身份、权限、API 路径、API 参数、API 内容进行数据内视和可信管控，确保外联请求是安全、可信、合法合规的。网络出向交互可信能力整体架构如图 7-9 所示。

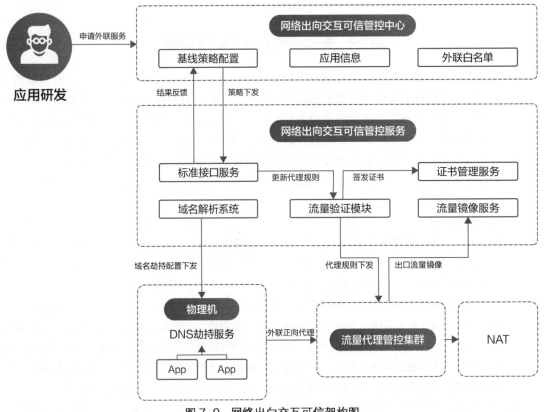

图 7-9　网络出向交互可信架构图

（2）技术方案

网络出向交互可信能力建设需要建立网络出口流量网关，实现对全量出口流量的安全接管，并对应用主机外联的系统服务进行服务地址、接口、参数、行为等信息的可信管控，确保外联的行为是安全可信且合法合规的。在出口流量网关的方案设计上有如下关键技术点。
- 流量劫持：所建立的出口流量网关能力可支持对应用的识别、灰度引流及流量代理功能，通过流量代理管控集群进行外联流量的可信管控。
- TLS 证书植入：在应用运行时场景中存在应用系统与外部域名进行 TLS 握手的需求，如与 HTTPS 的交互首先需要通过流量代理管控集群与外联外部域名进行 TLS 握手，会有域名校验无法通过的问题。此时需要结合数字银行内部 CA 颁发的证书及管控模块或组件中植入的 CA 根证书，确保 TLS 握手是可信的。

网络出向交互可信能力在应用外联流量的管控上主要包含以下步骤：
- 出口流量网关的接入：数字银行须根据自身 IT 架构建立出口流量网关的功能，对全量网络出向流量进行统一接管，并支持四/七层交互内容的精细化管控。
- 外联域名服务的精细化管控：针对需要主动外联的域名服务，要基于出口流量网关的能力建立域名、API 路径和详细参数精细化的可信管控能力，做到外联的域名参数均是符合预期的、可信的。

7.3.4 数据使用可信

1. 简介

当前典型应用架构如图 7-10 所示，数据应用（直连业务数据库的应用）提供基础原子 RPC 服务，以便其他边界应用（如 Web 应用、定时任务）调用，而不会为每个应用独立实现。因此，在当前典型应用架构模式下边界应用会各自实现数据访问的鉴权逻辑，此种做法存在如下弊端：①开发人员由于缺乏安全意识而对边界应用数据访问服务不做鉴权；②开发人员由于安全水平薄弱，设置的边界应用数据鉴权逻辑存在缺陷；③在该架构模式下数据鉴权逻辑代码和业务特性代码耦合在一起，导致安全团队很难有效识别鉴权逻辑的缺陷情况。如上三个原因导致越权漏洞很难被彻底发现及彻底治理。

基于上述风险情况，并结合网商银行应用架构特性，笔者所在团队提出并设计了一种基于授权模型令牌的数据使用权限可信防护方案，其核心思路是在数据应用处设计并实现鉴权逻辑。信息安全团队为数据应用设计并提供标准的鉴权 SDK 进行接入，以保证在数据应用被访问时符合安全定义的标准规范。这样做可以带来以下几点收益：①由于在数据应用处设计并实现了鉴权逻辑，因此即使边界应用未做数据鉴权逻辑的判断也不会导致越权漏洞的产生；②由于鉴权 SDK 为标准版本且经过安全评估，可大幅降低边界应用开发人员编写的数据鉴权有缺陷的概率；③该方案在设计上就会将数据鉴权逻辑代码和业务特性代码进行解耦，并且不同的应用开发人员不需要各自实现逻辑代码，从而降低开发成本；④在安全扫描和安全评估时可以高效、准确地识别出数据应用中的鉴权逻辑是否符合标准规范，以及是否存在安全漏洞。整体方案如图 7-11 所示。

第 7 章 可信纵深防御建设方案

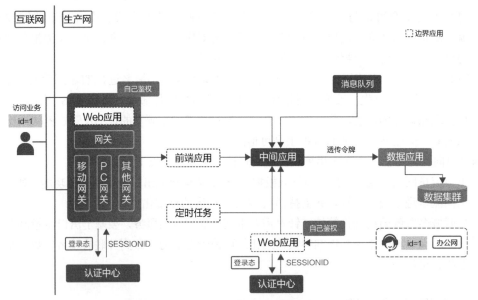

图 7-10 典型应用架构和越权风险现状说明

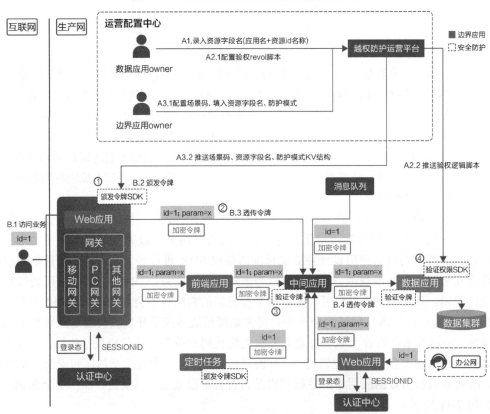

图 7-11 基于授权模型令牌的数据使用权限可信防护方案

2. 技术方案

整体方案主要包含 4 部分：令牌生成、令牌透传、令牌验证、权限鉴定。

（1）令牌生成

如图 7-12 所示，一次业务数据访问行为可以抽象为已登录系统的主体对需要访问的资源客体发起操作请求。因此，可以通过当前登录主体操作资源的授权主体列表进行访问控制。

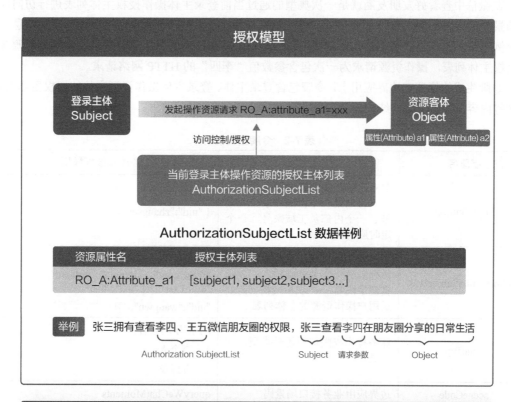

图 7-12 授权关系模型

登录主体是操作资源请求的发起方，可以是一个自然人或企业账号、一个内部员工域账号、一个定时应用任务等。资源客体这里主要指业务数据，比如一条订单记录或客户信息等。操作资源请求为一次网络请求，网络请求报文中携带要操作的资源客体属性的名称和数值。当前登录主体操作资源客体的授权主体列表比较晦涩难懂，可以通过下面微信使用的具体例子来说明其代表的含义。

在微信中查看好友朋友圈就是一次典型的通过当前登录主体操作授权主体列表进行访问控制的场景。假设张三拥有李四、王五微信朋友圈的查看权限，张三查看李四朋友圈分享的信息。在这个例子中，张三是登录主体，朋友圈的信息是资源客体，李四、王五是登录主体操作资源客体的授权主体列表，操作资源请求为一次包含参数值"李四"的 HTTP 网络请求。

令牌生成的位置在边界应用上，令牌包含登录主体、登录主体操作资源客体的授权主体列表、签名等内容，其明文数据结构如表 7-2 所示。

表 7-2 令牌结构说明

字段名	字段含义	备注和数据样例
LoginSubject	登录主体是操作资源请求的发起方，可以是一个自然人或企业账号、一个内部员工域账号、一个定时应用任务等	1. 表示自然人 { "uid":"zhangsan" } ...
AuthorizationSubjectList	当前登录用户操作资源的授权主体列表是一个 KV 结构，K 表示资源字段名，V 表示授权当前登录用户操作资源的主体列表	{"resourceFieldName":"orderId", "authList": [{ "uid": "lisi", "uid":"wangwu", }]}
sceneType	业务操作权限模型场景类型，枚举类型	场景码/场景含义 1. 查个人 2. 查好友
sceneCode	边界应用业务接口场景码	queryWeChatMoments
timestamp	令牌生成时间戳	1660116950327
signature	对其他字段内容进行签名	xxxxxxxxx

还是以张三查看李四的朋友圈信息为例，其中 LoginSubject 为张三，AuthorizationSubjectList 为李四、王五，sceneType 为查好友，sceneCode 为查询好友朋友圈，signature 为上述字段的签名。其令牌内容数据如图 7-13 所示。

（2）令牌透传

我们需要将边界应用生成的令牌内容传递到数据应用以进行数据鉴权。如果将令牌通过请求接口参数传递，那么对于整条链路上的应用而言需要做大量的改造，链路上的应用均需要增加专门的令牌字段参数，并需要对相应的参数进行识别和传递。这里通过各层的安全平行切面能力来解决，在网络协议层增加令牌透传，业务应用无须单独改造，请求协议改造流程如下所示。

```
{
    "LoginSubject": {
        "uid": "zhangsan",
    },
    "sceneCode": "queryWeChatMoments",
    "sceneType": 2,
    "timestamp": "1660116950327",
    "AuthorizationSubjectList": [
        {
            "resourceFieldName": "WeChatMoments",
            "authObjectList": [{
                "uid": "lisi",
                "uid": "wangwu",
            }]
        }
    ],
    "signature": "11111111111111111111111111111111"
}
```

图 7-13　令牌数据结构代码

基于安全平行切面实现令牌透传的逻辑以 Java 语言举例说明如下：Java 语言透传逻辑为请求发送端（比如 httpClient、消息发布方、rpcClient 等）在发送请求之前，需要从约定的 ThreadLocal 中获取令牌，并且将其放入协议请求头中；请求接收端（比如 httpService、消息订阅方、rpcService 等）在接收请求之前，需要从约定的请求头中得到令牌，并且将其放入 ThreadLocal 中（见图 7-14）。

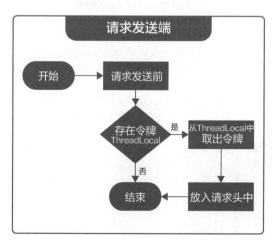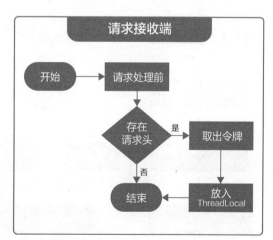

图 7-14　基于安全平行切面实现令牌透传

令牌透传的原理可参考蚂蚁金服开源的分布式链路跟踪解决方案 SOFATracer，详细内容可以参考以下网址：https://www.sofastack.tech/projects/sofa-tracer/overview/。

（3）令牌验证

设计的令牌要具备防伪造、防篡改、一定周期内防重放的特性，链路中的所有应用在收到令牌时首先需要进行令牌验证，如果没有通过令牌验证，则中止业务代码的执行。

在边界应用生成令牌之后需要对令牌内容进行加密,保证令牌难以伪造和篡改。

(4)权限鉴定

数据鉴权逻辑是整个方案中最核心的部分,用以将所有边界应用的数据鉴权逻辑在数据应用处落地。这样做可以带来如下几点好处。

- 可高效发现并拦截边界应用数据鉴权逻辑遗漏的情况。
- 数据鉴权逻辑统一在数据应用处收口可以降低出错概率,并解决由于边界应用开发人员安全意识不足及传统数据鉴权逻辑散落在边界应用处而导致的容易编写出有缺陷的鉴权逻辑的问题。

如图 7-15 所示,在一次正常的业务请求中,接入鉴权 SDK 的数据应用在收到令牌后会自动将其解密为明文令牌。数据应用首先要查询并得到从接口传入的参数值及对应的用户 ID,然后将传入的参数值及对应的用户 ID 传入鉴权 SDK。经典场景下,鉴权 SDK 内部校验权限的逻辑是判断参数值对应的用户 ID 是否在令牌 AuthorizationSubjectList 中。如果不在,则表示存在越权行为,发现存在越权行为时可根据配置的策略来进行观察或者拦截。

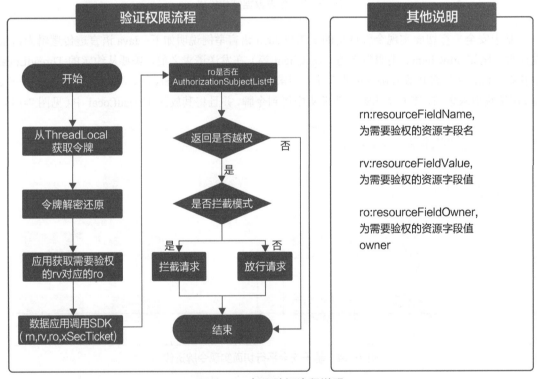

图 7-15 权限验证流程说明

在实际改造接入时,需要与数据应用的开发人员沟通并进行代码微改造,需要改造的内容主要包括:改造传参提供的具体资源的创建者(比如这里的资源是订单数据,那么下单人则为订单创建者)、按照规范调用鉴权 SDK。安全团队在合并代码环节就可以进行鉴权逻辑规范的扫描了。

7.3.5 端安全可信

信任链由基础设施层传递至应用层,进一步传递至网络层,并最终建立完整的服务器端的信任传递机制。接下来需要将信任链传递至终端层,实现端到端的安全可信。这里以移动端和终端层的落地详细展开说明终端层的安全可信防护能力建设。

1. 移动端安全可信

(1) 简介

此处以 iOS 的移动端管控为例说明移动端安全可信。以 iOS 安全切面作为切入点,可确保策略控制点不侵入 App 的构建流程,而是仅集成即可。安全团队可以通过下发的配置动态注册/注销切点,最终实现对线上 App 服务的快速管控、防护和止血。移动端安全可信的 iOS 端整体方案如图 7-16 所示。

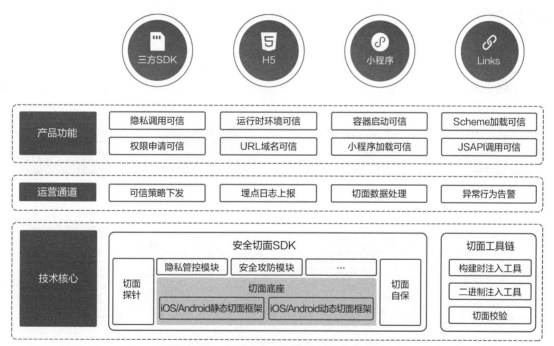

图 7-16 移动端安全可信的 iOS 端架构图

(2) 技术方案

基于移动端的安全切面实现服务的可信管控,其关键技术及特性包括如下几点。

- 端动态切面技术原理:利用 Objective-C 编程语言消息的查找和派发机制,进行类结构的动态修改,替换原方法的实现(implements,IMP)以一个与原方法签名相同的方法的函数指针作为壳。处理消息时,能够在这个壳内部拿到所有参数,最后通过函数指针直接执行原方法。

- 动态构造管控函数：运行时执行到原函数时，会执行自定义函数，所以实质上执行的是构造的新函数（这个函数的参数格式是固定的），这里可以获得所有参数的地址和返回值以及自定义数据。最后通过 ffi_call 函数调用其他函数，这个调用可以通过前面说过的函数模板函数指针参数地址实现。
- 灵活的安全配置：该方案不会侵入 App 构建流程，仅需集成 Pod 即可。可以根据下发的配置动态注册/注销 Objective-C 切点，未开启切面时就是纯净版 App，通过配置即可部署切点，而不必发布新的版本。

2. 终端安全可信

（1）简介

数字银行办公终端是员工与办公应用的边界，是数据泄露、钓鱼攻击、水坑攻击的重灾区。因此需要基于终端管控组件实现设备可信、软件可信、进程可信和网络可信的能力，以有效应对外部复杂的攻击行为以及内部员工的违规行为，规避数据泄露风险。终端安全可信能力整体架构如图 7-17 所示。

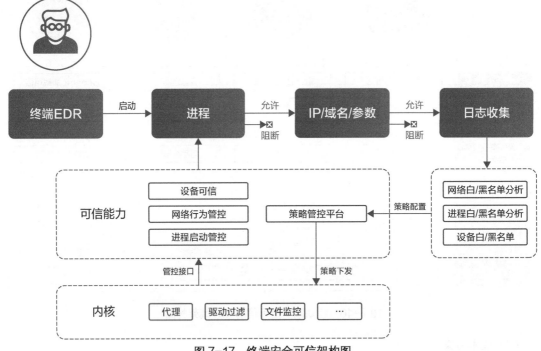

图 7-17　终端安全可信架构图

（2）技术方案

终端可信管控能力的落地需要基于建立的终端 EDR 等管控组件或模块，针对终端设备身份、运行的软件、运行的进程及网络行为进行可信管控，确保终端运行态的资源加载和网络行为均是可信的、符合预期的，以有效规避内外部的攻击和违规行为，其中关键技术点包括如下几个部分。

- 终端设备可信：前文提到的统一代理网关层网关会与终端进行联动，对发起请求的设备进行可信管控。员工办公终端默认安装终端安全管控模块或组件，该模块或者组件会收集当前终端的唯一标识、登录账户名、IP 等信息，将编码后的设备信息通过接口传递给接入层网关，接入层通过校验设备信息与账号信息以及其他指纹等信息，确定终端设备是否可信，若判定是可信设备，则允许访问。若判定是非可信设备，则会触发接入层的其他策略，对设备、使用者身份进行验证或阻断访问。

- 终端进程可信：依赖终端 EDR 的管控能力，可以对终端进程的启动、销毁等行为进行监控，通过检测和响应的深度协同，实现事前的进程可信管控。终端安全管控模块或组件会注册驱动，且驱动会在系统启动的早期阶段启动并对后续启动进程进行管控。通过文件监控和过滤，校验启动文件的文件名、文件哈希值、签名，辅助检查常用启动路径、进程树等信息，判断进程是否可信。如在著名的 Putty 软件供应链攻击事件中，Putty 在正常启动情况下无其他子进程，但是如果 Putty 被注入恶意代码，启动时会执行被注入的病毒文件，而进程可信将有效防御此类攻击。

- 终端网络行为可信：为了防止攻击者利用可信进程发起攻击，需要对终端的网络行为进行可信管控。网络行为在流量方面主要有两个协议，一是 TCP 流量，即五元组信息；二是 DNS 流量，即域名解析。通过 DNS 的劫持和驱动层对 IP 连接的阻断，可实现网络行为的管控。

对于终端可信管控能力的落地，关键实施流程包括如下内容。

- 终端设备可信：统一代理网关层默认调度终端安全管控模块或组件开放的接口，在接入层对可信设备进行验证。因此，终端设备可信的覆盖率依赖统一代理网关和终端安全管控模块或组件的覆盖来保障。

- 终端进程可信：通过收集和统计终端上的进程及进程树信息，统计初始的可信进程集。以此初始可信集作为基准，上线进程可信白名单策略，并为被拦截的进程预留申请通道。如因特殊工作场景，需要在终端上使用新的软件，在经过安全评估之后，可将相关进程加入可信白名单中。对于研发日常工作所必须使用或依赖的系统进程，如 Powershell、cmd 等，在策略管理上会对可信策略进行分组，依据角色和岗位的不同，配置和下发不同的可信策略集。

- 终端网络行为可信：通过收集数字银行所属的公网资产、办公网系统资产以及工作所必需的外部公网系统，整理和汇总可信 IP 集和域名集。以此初始可信集作为基准，上线网络可信白名单策略，并为被拦截的域名、IP 预留申请通道。

7.3.6 信任链构建

（1）简介

信任链可以保障可信策略控制点自身的安全可信。因此，在可信纵深防御体系建设中需要逐步建立并完善信任链，以实现对数字银行信息系统和数字资产交互的可信管控。在具体实施上要基于硬件可信芯片提供的可信存储和密码技术能力逐步建立并完善信任链,并将信任机制由硬件可信芯片逐层传递至基础设施层、应用层、网络层,实现服务器端全链路的安全可信。并最终将这个信任机制传递至终端层,实现端到端整体的安全可信。基于硬件可信芯片的信任链方案整体架构如图 7-18 所示。

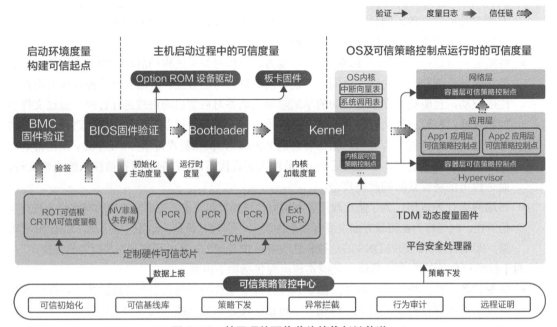

图 7-18　基于硬件可信芯片的信任链传递

（2）技术方案

在系统加电启动时,定制研发的安全芯片优先于 CPU 启动,实现对 BIOS 的可信验证,当 BIOS 验证通过后启动 CPU,并将控制功能转移至 CPU 内置的可信平台控制模块（Trusted Platform Control Module,TPCM）,此模块包含了平台安全处理器（Platform Security Processor,PSP）,由 TPCM 实现对 OS Loader、OS、应用的可信验证,保障设备启动环境的可信性。整个系统的信任链构建及验证流程如下。

1）设备加电,硬件可信芯片最先启动,对 BIOS 进行可信验证和管控,可信芯片直接访问存储芯片并获取 BIOS 数据,依据策略对 BIOS 进行可信验证,BIOS 验证通过后,CPU 可启动。

2）通过内置 PSP 可信根获取 OS Loader 文件数据,依据可信固件的逻辑和可信策略基线对 OS Loader 进行可信度验证,验证通过后,可加载启动 OS Loader。

3）通过内置 PSP 可信根获取操作系统文件数据,依据可信固件的逻辑和策略对操作系统进行可信验证,验证通过后,可加载启动操作系统。

4）通过内置 PSP 可信根获取应用程序文件数据,依据可信固件的逻辑和策略对应用程序进行可信验证,验证通过后,可加载执行应用程序,系统启动完成,由此进入一个可信的启动环境。在云架构及云原生架构模式下,依托于云架构的优势,应用层及网络层的管控能力主要基于软件形态开发实现。因此,对于应用程序的信任链传递机制在方案上可以适用于应用层和网络层的可信策略控制点。

5)针对内嵌至应用程序的安全组件或者模块,在功能设计上须设计和实现组件或者模块的守护程序来对内嵌至应用的组件或模块进行可信验证,验证通过后可加载和执行应用模块或组件。

通过如上流程建立完备的信任链可保障全量可信策略控制点自身的安全可信,为数字银行的信息系统和数字资产的可信管控提供能力支撑,并最终将这个信任机制传递至终端层,实现端到端整体的安全可信。

7.3.7 可信策略

可信策略与传统安全策略的侧重点不同,传统安全策略侧重于对攻击向量的特征分析与提取,然后进行检测及响应。在处理数据特征时,攻击特征往往与业务行为特征差别较大,因此传统安全策略较少影响到业务行为,天然对业务的稳定性影响小,对攻击行为覆盖的全面性及准确性是传统防御策略追求的首要目标。而可信策略只允许执行业务预期的行为,这与业务行为进行深度结合,若正常的业务行为未被可信策略允许则会产生故障,因此可信策略的目标要兼顾安全水位提升及业务稳定性保障。

可信策略体系整体遵循"先粗后细,迭代趋严"的原则,该原则适用于策略生命周期,包括策略设计、存量行为策略生成、存量行为策略发布、增量行为策略生成、增量行为策略发布、策略安全升级、策略下线等环节。

1. 可信策略能力设计

数字银行建立的可信防御策略需要与数字银行的业务特性和形态进行有机结合,这里分别选取网络可信、应用可信和基础设施可信中的部分实例进行展开说明。以 API 请求举例,可信策略粒度从粗到细是控制可访问的域名、控制可访问的路径、控制可访问的参数等。虽然基于这些粒度均可建立可信策略,但是在可信策略能力的设计上,需要在风险应对和管控效率上取得平衡,确保可信策略可以有效应对面临的高级和未知威胁,同时兼顾数字银行效率要求。

(1)网络身份行为可信策略

作为主流的七层协议,HTTP 使用广泛,因此网络层可信策略以 HTTP 为例进行重点说明。网络安全的风险主要来源于入参、出参、身份认证及权限控制,面临的威胁主要包括如下几方面。

- 身份认证及身份标识缺陷:包括服务调用方的身份和服务被调用方的身份,同时也包括应用身份及人员身份,这些身份使用了不安全的身份认证方式,如易泄露的账号密码或 AK、使用照片等方式可绕过的人脸识别、可被请求发起方控制的网络协议中的明文身份、可被重置的密码找回问题。
- 垂直权限控制缺陷:包括系统服务垂直权限控制有缺陷,导致调用方可以在未经授权的情况下访问任意端口,以及可以访问端口中的任意服务、使用任意方法等。需要注意的是不同协议的方法字段所在的位置不一样。

- 水平权限控制缺陷：访问的数据未经过合规合法、符合业务背景的控制，比如 C 端用户越权访问其他用户的数据，后台客服运营人员在没有用户授权工单的情况下查询用户数据，企业数据在没有用户授权协议的情况下输出给第三方供应商等。
- 入参不可控缺陷：调用方的输入未经安全控制，包括参数名、参数范围和内容，这些输入可导致反序列化命令执行、命令注入、SQL 注入等攻击。
- 其他类型攻击：如 DoS 攻击及中间人攻击等。

针对以上安全缺陷风险，结合数字银行业务现状，可分析业务可接受的预期行为并确定策略管控粒度，细化为如下策略内容。

1）服务的有效识别：根据网络服务的不同，所需的安全策略也会存在差异，因此对服务的有效识别是基础需求，策略须支持以下粒度和级别的服务识别，即端口粒度、域名粒度、API 及路径级别和参数级别。

2）服务注册可信：服务注册是指服务上架后提供给其他应用调用的过程。所有服务的注册均须经过安全审批和授权。因此针对服务注册，需要有一条规则默认阻止该服务被其他应用调用，这条规则即通常意义上的网络隔离。服务注册分为四层服务注册和七层服务注册，四层服务注册以端口开放形式体现。网络层面四层服务注册的默认拦截可以在开放端口上限制，也可以在网络上限制，在网络上进行限制具有耦合性低等优点。在隔离的粒度上遵从先粗后细的原则，先做到区域级别的隔离，即公网→办公网→测试网→DMZ→生产网，再做到应用级别的微隔离。四层服务注册默认拦截后再逐步做七层服务注册的默认拦截（由于七层涉及语义，因此需要能够对特定语义进行解析）。

3）人员身份认证可信：对人员身份的认证环节进行加固，通常使用的身份认证有账密、证书、短信、指纹、人脸等方式。由于不同认证的强度及成本不一样，对不同的服务资源须使用特定认证方式。策略须支持服务粒度与认证方式的组合。人员身份认证通常会分为用户身份和员工身份，由于员工的设备及工作环境高度可定制，可以支持安全强度更高的认证方式，员工的认证方式可以快速迭代。但客户端用户环境多且复杂，升级成本高，需要在设计阶段深度考虑，减少存量用户的升级迁移成本。

4）人员身份会话可信：由于人员身份认证涉及人机交互环节，每次认证的成本较高，难以进行高频次持续认证，所以通常使用 Cookie 等手段保存认证后的凭证。但是面对高级威胁，用户及员工终端上的身份认证凭证容易失窃，所以需要对身份凭证进行持续验证，对人员、设备、物理位置进行多维度的统计，限定人员只能在某台设备及常用位置进行访问。如果身份凭证出现在陌生设备、陌生地理位置、陌生时间段等则重新认证。

5）应用身份认证可信：针对应用发起的网络请求，对应用的身份进行认证加固。大型企业的网络拓扑图十分复杂，一个从公网发起的查询服务通常在企业内部会进行多次内部系统调用，理想情况是每次请求都能带上用户身份，实际上基于性能、工程复杂性及架构等因素，通常边界层之后的内部网络交互不会带上用户身份，此时需要有可防篡改的应用身份，用于基础的身份认证。应用身份包括以下实现方式，即在网络协议的扩展字段放入应用身份，如写入自定义请求头、AK/SK 等机制；使用网络包握手时的特征作为应用身份，如使用 IP 及 mTLS 握手证书作为身份，在云计算场景下 IP 常常变动,因此不再适合作为应用标识,同时在利用 mTLS 的特性作为应用标识时要求所有请求都能支持加密。

6)授权可信:当具备基础的身份后,则可以利用身份实施基于角色的访问控制(Role-Based Access Control,RBAC)。权限控制须遵从最小化及合规化等安全原则。

- 默认设置不可信,线上服务默认无权限调用,须通过权限申请并完成审批方可执行,对于预期外的权限先打印错误日志,后进行拦截。
- 动态分级授权,基于环境、上下文、行为序列等多种因素综合判断行为的可信度,实时计算行为可信分,针对不同行为做不同安全等级的实时授权。
- 权限及时回收,当无业务权限使用需求时需要及时回收权限。
- 合理划分权限,在角色划分上需要平衡体验问题及权限问题,高风险场景下由安全、合规及隐私部门来判断权限分配的合理性。
- 不同业务场景的权限申请须设置不同的流程,比较典型的如由外部机构发起的权限申请需要合规人员参与。

7)语义内容可信:对业务请求的内容进行可信管控,根据业务数据类型,限定输入特定格式的业务数据,类型如整数、字符串、布尔、枚举等,如果需要输入特殊字符,一定注意放开的特殊字符是否可能造成潜在的威胁,针对"<>!"等可能造成反序列化或注入的特殊字符,尽量从需求层面推动业务整改以符合安全规范。由于内容语义层不涉及编解码,因此在需求层面尽量避免业务代码有编解码的逻辑,避免攻击者使用编码对攻击载荷进行伪装。

(2)应用系统可信策略

应用系统可信需要重点关注潜在的可引起风险的行为,覆盖范围需要足够全面且准确。为了保障覆盖范围的全面性,需要结合攻击方法,分析攻击行为在计算机过程中的各个步骤,并在计算底层归纳出同类行为,从而覆盖所有的系统行为。下面以攻击工程中进程和端口启动、动态链接库的加载等管控为例来说明。

根据应用系统的运行状态和行为,可分析出应用系统面临的关键风险有如下几条。

- 系统调用未受管控:由于 Linux 提供的系统调用(syscall)众多,若 syscall 未受管控,可能会直接影响内核的安全性。尤其是在容器虚拟化共享主机内核的场景下,内核面临来自恶意进程直接的系统调用攻击、间接的南向网络攻击、硬件隐通道攻击等威胁。通过不受管控的 syscall 进行攻击的例子有 CVE-2016-5195、CVE-2020-14386、CVE-2022-0185 等。
- 进程启动未受管控:进程是系统行为的根本,外部面临 APT 组织的威胁,内部面临内鬼的威胁,他们通常以恶意脚本、病毒、木马的形式对企业内部进行攻击,这些通常又涉及新启动进程及持久化。
- 进程运行时未受管控:针对部分用解释器运行的代码行为,进程运行时存在被注入内存马的风险。
- 端口注册未受管控:部分恶意木马及服务会通过注册新端口的方式暴露,若不管控则涉及的新服务会存在风险。

- 读写文件未受管控：文件是数据的载体，文件内容及配置信息的变更会改变一个系统的行为。因此若文件内容不受管控，则无法阻止风险的配置上线及敏感信息的泄露，如某个进程读取/etc/passwd 等数据。

通过如上风险行为分析，可以针对性地研制如下可信规则策略进行风险应对。

1）系统调用可信：只允许执行特定的 syscall，其余的 syscall 禁止执行，或者在可控的环境，如在容器内核层执行。除了控制 syscall 的种类，syscall 执行时可以针对 syscall 的参数、syscall 的上下文进行可信管控。

2）进程启动可信：针对进程启动环节的参数、进程启动二进制文件的哈希值及签名、启动进程的用户及用户组进行可信管控，确保只有符合预期的进程是可以启动的。更精细化的策略可以结合时间及频率，只允许进程在特定时间段内启动。

3）进程运行时可信：针对启动运行环节，对进程加载到内存的数据进行可信管控，只允许进程加载可信的数据到内存中。

4）读写文件可信：系统读写的文件列表及内容在可信范围内，其中读的内容比写的内容更需要控制，读的内容包括敏感数据及配置类信息，典型的如 Python 进程会再读取并解释 Python 文件，Python 的实际执行逻辑是由文件内容决定的，因此需要控制 Python 读取的文件内容，其中还包括 Python 加载的二/三方包。还有一种文件是配置文件，比如 sshd 的配置文件/etc/ssh/sshd_config，其中若设置了"PasswordAuthentication yes"则会允许通过密码认证 sshd。

5）端口注册可信：端口注册只允许系统注册的安全端口，比如常见的 22、53、80、443、8080 等端口，其他端口默认禁止绑定。

6）身份及环境可信：需要使用可信的方式进行身份认证，如 sshd 一般使用证书；同时需要确保系统启动执行的环境是可信的，如所在容器内不存在严重漏洞、所在物理机是可信的。

（3）基础设施可信策略

针对软硬件供应链，需要确定供应链相关的制成品具备可信的身份，对可信身份识别的最佳方式是利用非对称加密识别签名，但是部分场景难以使用签名这种复杂的算法，比如固件、BIOS、内核，此时可以使用哈希进行替代。涉及的组件包括以下几类。

- 硬件相关：CPU、内存、主板、显卡、固件。
- 操作系统：BIOS、GRUB、内核。
- 系统组件：可执行文件、RPM 文件、Java 二/三方 jar 包、Node.js 二/三方包、Python 二/三方包等。
- 虚拟化组件：容器虚拟化相关组件（如 Runc、Containerd）、半虚拟化技术（如 Xen、KVM），包括此类组件加载的镜像资源文件。

2. 可信策略模型设计

（1）可信策略需要具备的特性

- 可收敛性：由于对于非预期内的行为，可信策略均会拦截，因此建立的可信策略模型要能包含所有业务行为并适配业务架构，避免因业务变动造成影响。

- 可管理性：由于不同应用之间的业务具有差异性，规则须设计到应用粒度才能保证可以较好地适配业务，但这同时也为规则管理带来了较大的复杂性和维护成本。尤其涉及系统层面时，系统由应用行为、运维人员操作、运维脚本等构成，不同应用服务器的大部分行为都是相似的，如果只有应用维度的规则管理，每次系统做基础升级，都需要将每个应用规则都修改一遍，这将带来巨大的运营成本。因此可信策略模型的设计需要区分通用基线和应用基线，应用基线可以继承通用基线，这样如果后续底层有变更，直接修改通用基线即可。
- 稳定性：策略模型需要支持熔断配置及观察模式。熔断配置是避免预期外情况的发生；观察模式是观察可信策略执行情况但不进行拦截。通过这两种设计，可以有效避免因策略误拦截而导致业务应用产生线上故障。熔断配置和观察模式需要支持全局及规则粒度的配置。前期使用全局配置，然后根据精细化管控的程度逐步过渡到精细化的策略配置模式。
- 安全性：由于可信策略是白名单机制，在设计白名单的时候需要避免因白名单过于宽泛而导致策略无效，同时针对白名单的每个维度均需要设计可对抗能力，如以应用名维度进行权限控制应具备应用名防篡改能力，以进程名维度进行校验应具备进程信息防篡改能力。

（2）可信策略生成及上线流程

数字银行业务应用完成可信能力及策略的集成后，需要保证业务安全水位和稳定性能力逐步上升。为了这个目标的达成需要保证业务应用行为的收敛，同时策略配置需要与数字银行的自动扩缩容机制进行适配，保证安全水位和稳定性能力的逐步提升，可信策略的配置不以牺牲稳定性水位为代价。

可信策略生成和上线需要遵循以下原则。

- 原则一，可信策略的生成要覆盖所有的业务行为，因此要能够准确采集并统计现有业务行为的全量数据。
- 原则二，可信策略的变更要能够控制可信策略上线导致的稳定性风险，这里需要一套体系化的流程方案。

对于原则一，以图7-19举例说明。

原则一预期的目标是确保应用主机访问公网的行为均是可管控的，因此需要收集应用主机访问公网的全量数据。如应用主机访问公网，首先经过DNS解析，然后应用主机构造网络请求，网络请求经过主机内核及网卡进行路由，经过交换机、防火墙、NAT网关等设备，最后路由至公网。根据应用主机的请求链路共须建立5个采集点，分别是DNS系统、机器内核、机器网卡、防火墙以及NAT网关，结合管控目标决定需要采集的数据类型和量级，若须管控到IP粒度，则不需要采集DNS数据，若须管控到域名粒度，则须采集DNS数据，综合以上因素确定最优数据采集方案。

对于原则二，需要建立完善的与可信策略变更配套的稳定性保障机制，整体方案如图7-20所示。对于已生成的可信策略，需要对策略进行覆盖率测试，确保策略所覆盖的行为内容的范围是符合预期的；对于首次上线的可信策略，需要先以观察模式运行。观察模式是指当可信策略执行点判断为不通过时，不实际拦截行为，只记录日志，因为日志分析是辅助措施，为了防止行为遗漏，需要以实际的执行情况再做一次验证，对于观察模式运行稳定的策略，才能逐步切换到拦截模式。

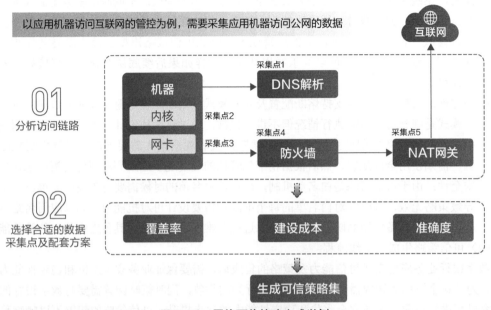

图 7-19 网络可信策略生成举例

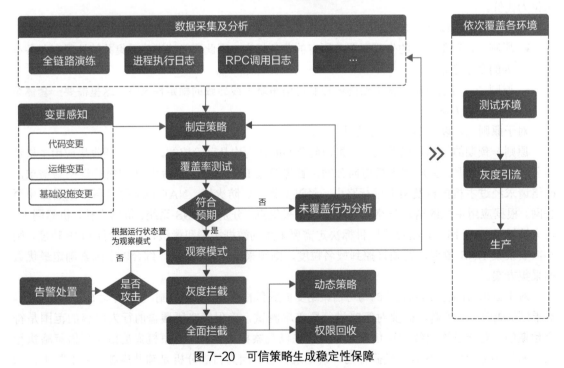

图 7-20 可信策略生成稳定性保障

对于已经建立的可信策略，上线过程同时面临两个新的挑战：一是增量变更可信策略的覆盖，增量变更原则上遵循整体流程，其中有一个注意点是增量变更感知和策略自动化生成；二是可信策略告警的运营处置，需要实时处置产生的告警，优化定义可信行为及攻击行为，防止遗漏真实的威胁事件。

7.4 技术保障

本节将对数字银行可信纵深防御体系构建当中各个层面的技术保障部分进行详细说明，主要包含安全性保障和稳定性保障。

7.4.1 安全性保障

在数字银行可信纵深防御体系建设过程中，在安全性保障上须重点评估如下几方面。

1. 可信产品安全设计

数字银行可信产品在设计和落地过程当中需要充分利用密码技术，保障设计和落地的可信产品在能力及策略运行期间使用的敏感配置文件、敏感数据信息和信息传输链路等的安全性。

2. 可信产品及策略保障

基于数字银行可信产品安全攻防建设，建设和引入的可信产品在上线前须经过严格的安全评估流程。一方面，可信产品上线前须经过严格的 SDL 评估流程，通过黑盒、白盒、灰盒等技术手段保障可信产品没有已知的漏洞；另一方面，将可信纵深防御体系中的可信产品纳入红蓝演练中的重点检验目标，从攻击者视角对可信纵深防御体系中的各层可信产品进行实战化检验评估，解决各个安全产品存在的漏洞和短板，确保每个可信产品在安全性和健壮性上都具备较高的水位，最终确保可信纵深防御体系的整体防御能力和状态是符合预期的。在实战化攻防检验方案上需要包括如下四个方面。

- 可信产品能力和策略已知绕过手法的评估：针对已知安全产品，如 EDR、RASP 等，收集已知公开的绕过手法，并针对各个可信产品的能力和策略，通过已知绕过方案有针对性地进行评估和测试，针对测试结果和发现的问题给出解决方案和建议。
- 可信产品能力和策略未知绕过手法的挖掘：除采用公开的绕过手法外，还可采用模糊测试技术对可信产品能力和策略有针对性地进行评估和测试，结合手工、半自动化和自动化技术，挖掘可信产品能力潜在的绕过手法，提升可信产品能力和策略应对高级和未知威胁的能力。

- 可信产品能力自身安全性评估：在数字银行可信纵深防御体系中，可信产品作为可信策略的承载者，自身的安全性尤为重要。为避免可信产品自身引入风险，需要将可信产品安全评估纳入实战安全检验评估，评估范围覆盖可信产品的 API、控制台等，以保证可信产品自身的安全性。
- 前沿安全对抗技术跟踪研究：安全对抗是持续的过程，在应对日益变化的攻击威胁上，需要紧跟可信纵深防御体系中可信产品相关的前沿技术态势、新型的可信产品组件漏洞、可信策略的绕过方法，为可信产品安全性的增强持续提供新的输入，确保可信产品能力和策略始终处于最佳的运行状态。

3. 极端状态下的可信防御效果保障

可信策略的安全攻防需要对已建立的可信防御策略体系在极端苛刻的条件下进行单点可信策略、可信策略纵深效果、熔断机制等测试，考验其防御能力，验证可信防御的效果，尽可能减少可信防护体系在极端情况下失效的概率。

4. 全链路渗透测试检验可信防御效果

针对已建立的可信纵深防御体系，通过红蓝演练的方式，从攻击方的真实黑客视角发起攻击，演练验证数字银行可信纵深防御体系整体防御的有效性，避免在可信防御能力部署上存在威胁漏过的情况，确保数字银行面临的全量威胁场景均部署了有效的可信防御措施。

7.4.2 稳定性保障

可信防御能力及策略的落地需要满足数字银行业务应用稳定性的要求，核心目标包括两点：保障业务应用稳定可用；保障可信能力及策略的落地对业务应用的性能耗损是在可控的范围内。关键保障手段包含以下几种方式。

1. 充分测试验证

可信能力及策略在正式上线前均须经过严格的压力测试验收，包括以下不同环节和方式的测试：单元测试、集成测试、压力测试和全链路测试。

2. 变更风险左移

为降低可信能力及策略上线带来的稳定性风险，应树立 DevSecOps 理念，将可信策略的生成左移至应用系统研发环节，设计与生产环境一致的可信策略，尽早发现问题和风险并有效处置，将处置成本降到最低。

3. 变更可观测及可应急保障

1）可监控：保证各项稳定性指标可以实时监控及告警，基础指标包括 CPU、内存、负载、IO、网络性能等；业务指标包括接口请求成功率、接口请求耗时、业务错误量；策略指标包括可信策略匹配数、通过数、拦截数。

2）可灰度：可信策略覆盖要有合理的灰度策略。

3）可回滚：可信策略在变更过程之后可以随时回滚。

4）可应急：建立可快速应急的一键应急能力。

5）自动化监控：通过建设自动化的监控能力监控每台机器的波动情况，做到更细粒度的监控及响应。

6）精准告警：针对预期内的告警及拦截事件，须通过编写自动化脚本或策略进行过滤，筛选出需要重点关注的告警信息。

4. 合理设计灰度策略

1）评估变更风险等级：在变更前须确定变更涉及的各个资产的变更风险等级，根据线上环境/线下环境、承载的业务等级以及是否涉及敏感资金和数据等维度综合评估。

2）按照风险等级从低到高逐步变更：按资产等级从低到高依次变更，如优先变更线下环境而后变更线上环境、优先变更边缘业务应用而后变更核心业务应用、优先变更普通客户而后变更重要客户等。

3）变更分批次精细化操作：对单个应用的变更同样需要分多个批次，每个批次须符合统计学抽样原则，只影响部分流量又能覆盖到所有业务情况。

4）不同批次、状态的变更间隔足够长：不同批次的变更及不同状态的变更之间须间隔足够长的时间，确保这个时间段内的流量充分地得到验证。

5. 熔断能力设计

对于首次上线的可信拦截策略，需要通过熔断配置保障在极端情况下业务可以正常运行，熔断配置能力指在短时间内业务拦截数超过阈值时，系统自动降级，让业务可请求放行。

但是熔断能力是把双刃剑，有时也会被攻击者利用从而绕过管控策略，故建议熔断能力的阈值随着可信策略在线运行的时间从小到大逐步提升，避免被攻击者利用。

6. 舆情监控

可信能力及策略上线后，须梳理可能会受策略影响的功能点，监控内外网舆情信息，提前梳理好应急预案，及时响应并处置舆情事件。

7.5 实战牵引

针对数字银行已建设的可信纵深防御体系，需要通过实战的方式检验防御体系的效果，挖掘可信纵深防御体系的短板，引导后续防御体系的建设方向，这里主要包含红蓝演练机制建设、威胁路径图建设和实战攻防检验等环节。

1. 可信纵深防御大图建设

威胁路径图是对数字银行应用系统攻防态势的一个抽象概念，因攻击路径交叉重叠形成的结果类似一张有向图而命名。一条完整的威胁路径从攻击者发起攻击开始，一步步对目标网络的资产展开攻击，逐步接近攻击目标，直到达成攻击目的。利用威胁路径图可以对数字银行可信纵深防御体系定期、定向进行检验，建立可信纵深防御大图。在威胁路径图中，可将攻击者的攻击路径抽象成如图 7-21 中"A→B→C→F"的一条折线，图中的字母代表资产节点，其中 A 代表攻击起点，F 代表攻击目标。节点之间的连线代表攻击场景，攻击场景内会包含可能的攻击方法、可信防御能力及可信防御策略等信息。

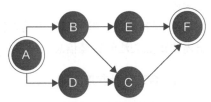

图 7-21 威胁路径图抽象图

威胁路径图不仅要包含基础的资产和攻击场景信息，还要结合实际的攻击场景、方法、工具等信息对威胁路径图添加更多的属性，如增加如下属性。

- 资产属性：如资产所在的网络位置、技术栈、业务类型、责任人、历史漏洞等信息，以提高演练验证效率。
- 优先级属性：针对攻击场景增加威胁场景的优先级，优先级属性可以基于威胁发生概率、威胁造成的损失、攻击难易程度来综合判断。

威胁路径图中的攻击场景细化了该场景内可以使用的所有攻击方法。同时攻击方法细分为攻击技术，针对如上建立的威胁路径大图需要对当前数字银行的整体可信防御能力、防御策略及关联能力和策略的有效性进行打标，并基于算法计算出当前可信防御体系的状态及薄弱点，定期进行检验验证，以攻促防。

2. 实战攻防检验

针对已建设的威胁路径图，需要在威胁路径图的基础上补充数字银行可信防御能力的数据信息，基于威胁路径图的数据常态化进行对抗演练，记录每次演练的结果和效果数据，并填充到平台，形成实战检验平台系统。

建设威胁路径图需要梳理资产节点和威胁场景。资产需要具备网络属性、开发技能栈、业务类型、历史漏洞等信息。资产节点梳理完成后接下来需要梳理攻击场景，攻击场景由资产节点之间的网络连线组成。完成攻击场景的梳理后需要根据各个场景发生的攻击概率、攻击成本、被攻击后造成的损失综合评估攻击场景的优先级信息。

基于如上建设的威胁路径图，接下来需要在威胁路径图中补充对攻击方法的防御能力、防护策略等数据。至此计算出数字银行可信纵深防御体系的覆盖情况、威胁场景的防御情况等信息，以有效指导后续安全建设的重点方向，通过实施安全能力自动化检验或持续的红蓝演练对抗，检验已建设的可信能力的有效性。

同时在红蓝对抗演练当中，根据每次的演练结果进行复盘，重点关注已建设的可信能力及策略被突破或者绕过的问题点，并有针对性地进行能力和策略的升级整改。通过持续地演练、复盘等流程，可促进数字银行可信纵深防御体系能力的不断提升和优化。

7.6 体系演进

在数字银行可信纵深防御体系演进上，建议按照如下几个阶段进行。
- 初步试点落地：基于数字银行面临的顶级风险，选择部分可信防御能力进行试点落地，如针对边界应用面临的已知风险和 0Day 漏洞威胁，可以优先试点落地应用运行时可信防护能力，并建立可信级的防护策略，验证单点防御能力的有效性。
- 体系化覆盖：基于数字银行面临的顶级风险，针对高风险场景建立可信级纵深防御能力，验证可信纵深防御在某类攻击威胁中的防护效果。
- 全面覆盖：针对基于数字银行面临的已知（高级）和未知威胁，全面覆盖应对各类威胁及各个层面的可信级防护能力，并更细粒度地定义预期内的可信行为，以有效应对数字银行当前及未来面临的已知（高级）和未知威胁，保护在线数字资产的安全性。

7.7 小结

本章对数字银行可信纵深防御建设进行了详细的阐述，内容包括建设原则、建设基线、关键能力建设、技术保障、实战牵引及体系演进。其中建设原则又包括安全可信原则、多层覆盖原则、稳定性保障和安全性保障等内容。关键能力部分分别选取基础设施可信、应用可信、网络可信、数据使用可信、端安全可信、信任链构建、可信策略研制等关键内容进行详细说明，本章对数字银行可信纵深防御体系的落地具有指导意义。

第 8 章
可信纵深防御应用实践

前文重点介绍了可信纵深防御的理念、架构、建设方案（包含建设原则、基线、关键能力、技术保障、体系演进及实战牵引）相关内容，本章将基于 0Day 漏洞、钓鱼攻击、软件供应链攻击及业务数据滥用等常见威胁场景说明可信纵深防御体系的应用实践。

8.1　0Day 漏洞防御

1. 需求

随着安全攻防对抗趋势的发展，越来越多的漏洞被发现，"漏洞是不可避免的"已经成为行业共识，其中 0Day 漏洞是被少数黑客发现但尚未公开的漏洞，攻击者利用 0Day 漏洞进行应用系统攻击，就像打开一扇未上锁的门一样简单和快速。在历年国家级、省市级的攻防演练中有不少企业都因为 0Day 漏洞被快速入侵攻破。因此，要保障数字银行的安全性，安全防御体系应具备有效应对 0Day 漏洞攻击的能力。

2. 解决方案

如图 8-1 所示，考虑数字银行可信纵深防御体系对 0Day 漏洞威胁的应对，首先需要分析 0Day 漏洞的攻击链路。详细分析见图 8-1，整个攻击链路贯穿网络层、应用层（应用服务层、容器应用层等）和基础设施层。相应地，只有在多个层面上建立可信防御体系，才能有效防御上述攻击链路，下面给出每个层面的防御能力的简单介绍。

网络层：基于入向的安全可信网关，针对每个域名、接口、请求头、参数进行可信验证。流量可信以域名为维度，针对每个接口的请求头、请求体、请求参数和请求内容进行预期参数及参数值的配置，如可根据对业务接口的分析和刻画，默认只对 0~9、a~z、A~Z、中文等预期内的值放行，其他均进行拦截。针对"未加白"的接口、请求头、请求体、请求参数和请求内容等默认进行拦截。基于出向的安全可信网关，建立应用容器维度的外联管控能力，默认禁止外联，针对存在外联需求的应用按照域名、接口、参数等粒度进行精细化放行。

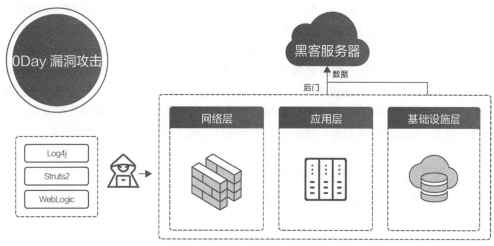

图 8-1 0Day 漏洞攻击路径图

应用服务层：建立应用运行时可信防御能力，以 RASP 为载体，"Hook" 应用网络访问、文件访问、命令执行、代码执行等底层类，实时上报应用运行时的行为事件，针对这些行为生成可信管控策略，并将策略下发至应用内可信策略控制点，对非预期内的行为默认拦截。

容器应用层：建立容器应用可信和外联管控可信能力，以安全容器系统切面为载体，通过 Hook 容器底层函数，实时上报容器命令执行事件，归类容器执行的命令并配置成可信策略，将命令执行可信策略下发至容器应用层，针对预期外的命令执行事件进行拦截。外联管控针对容器内所有网络事件进行安全分析，针对所有已知外网域名访问行为进行白名单归类和下发，对所有白名单以外的外网域名进行可信拦截。

3. 效果

可信纵深防御体系建立后，当 0Day 漏洞攻击发生时，针对应用层的攻击行为就会被应用运行时可信能力拦截，即使侥幸绕过应用运行时可信能力，在后续的攻击链路当中攻击行为依然会被容器应用可信能力及网络层外联管控能力有效拦截，使攻击目标难以达成。接下来以 Log4j 的漏洞应急为例进行 0Day 漏洞防护的说明。

（1）攻击链路分析

以 Log4j 漏洞的利用和防护为例：首先，攻击者会使用通过精心构造的攻击脚本，针对数字银行开放至互联网的漏洞应用发起恶意攻击请求。然后，攻击脚本到达应用层，应用代码调用 lookups 日志函数进行日志打印，触发漏洞利用点，恶意脚本通过该功能点可以执行系统命令。接下来，通过获取的应用权限进一步在应用容器当中反弹后门并回连至攻击者远控服务器，达到长期控制应用及服务器的目的。最终，通过获取的后门权限窃取数字银行的数据资产。

（2）防护方案说明

如图 8-2 所示，以 Log4j 的漏洞利用链路为例介绍可信纵深防御体系对该漏洞的关键应对方

案。首先,当攻击者发起攻击时,在网络层建立的可信防御能力会对请求的参数进行校验,如果设置的参数仅允许包含 0~9、a~z、A~Z 之间的字符,则在网络层会对存在特殊字符的请求默认拦截。然后,如果请求到达了应用层,应用运行时加载类、函数、方法、网络、文件等的行为均会被严格执行白名单控制,针对{jdni:rmi|ldap|…}等服务的调用将无法成功。进一步,请求到达了容器层,容器应用可信能力将会严格限制容器当中的进程行为,非预期内的行为如"bash -i＞&/dev/tcp/ip/port 0＞&1"的反弹 shell 的行为将无法成功执行。最终在网络层,无外联需求的应用将无法出网;有外联需求的应用也被严格限制外联的域名和参数等,从而有效地控制攻击者外联远控服务器。如上,通过构建多层可信级的防御措施最终达成了 0Day 漏洞防御的效果。

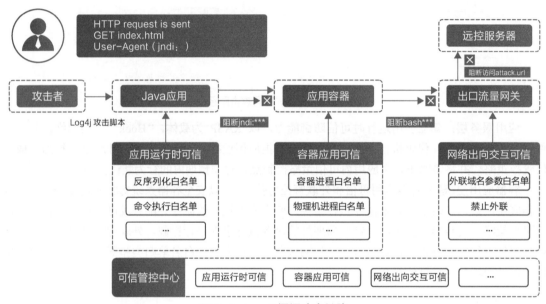

图 8-2　Log4j 漏洞攻击链路

8.2　钓鱼攻击防御

1. 需求

在高级可持续威胁的攻击活动中,攻击者通常来自专业的黑客组织,有明确的攻击目标且攻击方法多样,除了常规攻击行为外还会采用钓鱼攻击、账号或信息欺骗等社会工程学攻击手法,甚至会进行物理攻击,只要被攻击的目标组织存在系统漏洞或者员工有疏忽被骗的情况,就会被入侵攻破。因此,安全防御体系应有效应对员工被钓鱼等社会工程学类的攻击手法。

做好防护首先要了解钓鱼攻击的攻击链,正所谓知己知彼百战不殆,对于此类攻击有深入了解之后才能更好地进行防护。该整体攻击过程可以简化成如图 8-3 所示的威胁路径图。

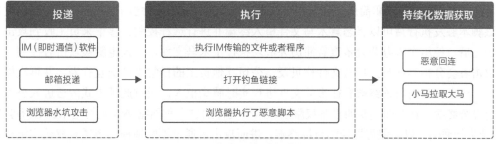

图 8-3 钓鱼攻击威胁路径分析

如图 8-3 所示，钓鱼攻击主要分为三个阶段。

- 投递阶段：恶意攻击者通过向目标的即时通信软件或者邮箱发送链接或者文件并诱导用户点击或者下载文件进行投毒。
- 执行阶段：受害者若点击恶意链接，可能导致被水坑攻击；若在恶意链接中输入重要账号和密码，可能导致数据泄露；若下载攻击者投递的软件，则可能被植入持久化木马并被窃取重要数据。
- 持久化数据获取阶段：受害者终端被植入木马后，木马会访问恶意地址并下载其他大马文件来窃取用户数据。

2. 解决方案

根据上述分析，应针对不同阶段的不同攻击路径，采用不同的策略进行防御。

- 邮箱发件人黑/白名单：一方面，利用威胁情报，收集恶意投毒的邮箱后缀，在邮箱网关处配置黑名单，防止批量的泛投毒攻击。另一方面，通过统计员工与外部邮件通信的需求，设置邮件来源地址的白名单策略，防止员工接收垃圾邮件。通过减少暴露面的方式，降低被钓鱼攻击的可能性。
- 网络可信：利用网络可信白名单策略，阻止员工访问非工作必需的公网资源，可防止员工访问恶意链接，进而防止泄露敏感账号或者下载病毒文件。
- 进程可信：利用进程可信策略，可防止陌生进程尤其是木马文件的执行。从而可以防御执行阶段的木马的执行，也可以防止木马后续的下载和执行行为。

3. 效果

通过建立的可信纵深防御体系，针对员工办公终端运行的软件、进程和网络行为进行可信管控，确保员工使用的终端是可信的。通过结合统一接入层的可信能力对员工的身份、权限、行为进行持续验证和管控，确保使用的设备、身份、权限、行为都是可信的，以有效应对针对员工的钓鱼和社会工程学攻击。

接下来以员工被钓鱼的风险防护为例进行钓鱼攻击防护的说明。

（1）攻击链路分析

首先，攻击者通过招聘平台与目标公司招聘人员取得联系，经过多次沟通后取得对方信任。

然后,他将精心构造的求职简历文件发送至该员工的个人邮箱,文件当中绑定了 0Day 漏洞攻击脚本,该脚本触发执行后可以将恶意木马文件植入终端并进行远程控制。接下来员工收到攻击者求职简历之后,使用个人办公设备查看简历并成功执行了木马文件,个人电脑被攻击者控制。下一步,攻击者会分析当前员工日常文件拷贝及与公司其他员工的日常文件交互行为,并再次植入定制木马,该木马会对与该终端有往来的文件进行实时感染植入,通过此种方式渗透进入公司其他员工的办公终端。在获取到新的设备权限后,木马文件通过多种网络协议及常见 Web 服务尝试和 C2 地址进行通信,以确保可以控制目标终端,进而攻击者通过不断地横向渗透获取数字银行核心资产。

（2）防护方案说明

如图 8-4 所示,首先,针对员工使用的设备进行可信验证,如果员工使用设备不在可信设备当中或者使用的设备状态不可信,将不允许接入办公网络,需要将文件通过其他渠道或者可信的移动介质拷贝至办公电脑。然后,针对员工办公终端中可执行的软件、进程,基于 EDR 建立的可信能力进行可信验证,对于不可信的软件和进程将禁止运行。同时,对由可信软件从终端发起的外联网址建立白名单管控策略,做到外联地址是可信的,对于无外联需求的终端将直接封禁对互联网的访问；同时出口流量网关处会再次对外联地址进行可信管控,确保最终外联地址是符合预期的。进一步,即使攻击者获取了员工终端访问权限,统一代理层网关会对被访问的办公系统、来访的终端设备和访问行为进行可信管控,对于非预期内的设备和行为将会进行阻断或进行多因素认证,认证通过之后才能进一步访问,最终达成有效地应对钓鱼等攻击的目标。

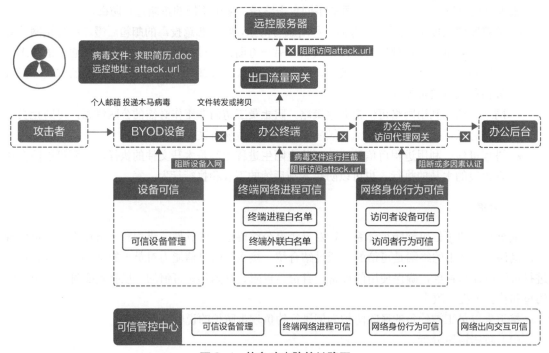

图 8-4　钓鱼攻击防护链路图

8.3 软件供应链风险防御

1. 需求

绝大多数企业都不可避免地需要使用第三方生产的软件组件，而攻击者可以利用这些第三方生产的软件组件的漏洞或者提前植入的后门来攻击目标企业，这类威胁对于任何一家企业来说都是难以防范的。因此，所建立的防御体系需要有效应对软件供应链攻击。

2. 解决方案

供应链-三方包投毒防御：建立内部可信三方软件仓库及访问机制。通过建立内部三方软件仓库，内部三方软件仓库每次从官方源同步外部三方软件时默认经过安全风险扫描（动态扫描，静态扫描，特征风险扫描），当安全扫描结果满足预期时则将其同步至内部三方软件仓库。对于安全扫描存在风险的三方软件包则进行告警并禁止同步至内部软件仓库。同时在办公网、测试网、生产网建立可信三方软件仓库的访问控制能力，限制环境内资源只访问内部三方软件仓库，对于外部三方软件仓库的访问行为默认拦截。

供应链-外采应用安全防御：建立外采应用的实时感知卡点机制和 0Day 防御默认准入机制。通过进行非标应用静态扫描、非标机器资源调度告警和域名申请卡点等手段保障外采应用实时感知，对新增外采应用默认接入流量可信、应用可信和容器可信等防御手段，对所有未知请求、未知应用行为、未知容器命令执行行为进行拦截。

供应链-Java 三方组件安全准入：建立 Java 三方组件安全准入机制，通过编写 Maven 编译插件建立 Java 三方组件编译实时阻断能力。针对外部爆发的恶意投毒 jar 包和 0Day jar 包情报，通过安全插件下发阻断恶意 jar 包的策略，当应用编译发布时进行安全扫描，对所有引用恶意 jar 包的应用进行阻断。

3. 效果

建好后的可信纵深防御体系对发布至生产环境的软件资源都会进行严格的风险扫描，以及对业务系统进程、服务、网络资源进行分析，做到线上运行保留最小资源集合，阻断软件供应链当中注入后门的程序的运行和网络通信，以达到有效应对软件供应链攻击的目标。

（1）攻击链路分析

某外包研发人员负责开发财务管理系统，系统当中需要引入财务报表的展示和打印功能，他在互联网中搜索到了开放的 print.jar 功能包，并直接引入代码中。由于该包为攻击者投放的恶意后门 jar 包，因此系统发布至线上之后后门程序执行成功，且由于机器没有进行严格的外联管控限制，程序运行后直接回连到攻击者远程服务器地址，应用服务器被攻击者远程控制了。

(2)防护方案说明

如图 8-5 所示,针对如上所述的软件供应链风险,所建设的可信纵深防御措施有如下应对方案:首先,在应用镜像的构建环节,容器镜像可信能力会对应用及镜像构建当中引入的二、三方程序包进行分析、扫描、预警,对非可信来源、漏洞的程序包进行拦截或告警,并使之构建失败且无法发布至生产环境。然后,即使它绕过了检测并发布至生产环境,应用运行时可信能力会针对应用运行的函数、网络行为和文件行为进行可信管控,确保应用运行状态是可信的。再进一步,容器应用可信能力对运行的进程进行可信管控,确保运行态加载的进程是可信的。在网络层面,对应用的所有外联行为也进行了严格的可信管控,从而实现全链路的可信,确保运行态加载和使用的软件是可信的,从而不会造成实质安全风险。

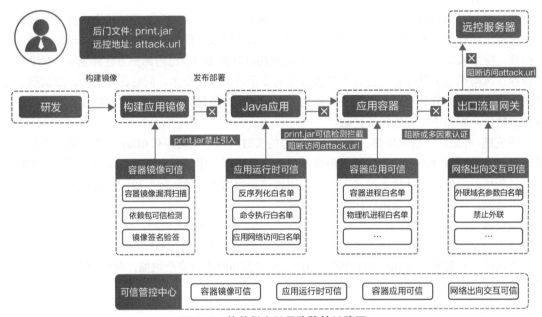

图 8-5　软件供应链风险防控链路图

8.4　业务数据滥用风险防御

1. 需求

2021 年《中华人民共和国个人信息保护法》的颁布说明了国家对个人信息与权益的保护要求日趋加强。个人信息处理者应加强自身对个人信息的保护能力,在日常工作中谨防未授权查询、恶意查询、超范围查询等行为。

在实质风险层面，来自外部攻击者的身份冒用和内部数据窃取而导致的客户信息泄露风险事件频发。一旦攻击者成功窃取了用户账号，将获得该账号下所有应用系统的访问权限，并可根据已分配的系统权限查询客户信息。

2. 解决方案

数据使用权限可信防护产品是一套可针对员工在用户信息查询需求场景下的动态查询鉴权服务，基于 ABAC 鉴权模型对需要访问的数据进行精细化控制。该产品汇聚查询鉴权凭据，提供全量化的决策依据。数据使用权限可信防护产品自身集成员工与客户的鉴权映射关系、员工行为画像数据以及事中风控策略，可以及时生成有效的管控判定指令，在事中对异常的信息查询行为进行阻断，防止因潜在的外部攻击或者内部窃取导致数据泄露事件。同时，它提供员工报备和管控黑/白名单能力，供紧急临时查询和管控需求配置，在保障业务连续性的同时，还可以配合上线临时强管控等需求。它的核心功能如图 8-6 所示。

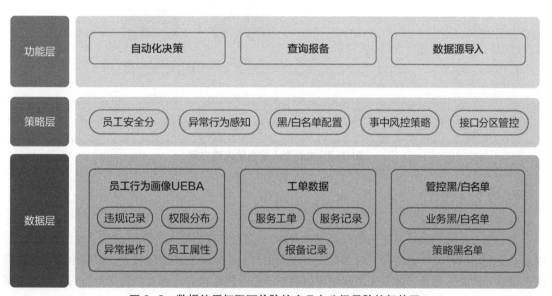

图 8-6 数据使用权限可信防护产品办公场景防护架构图

数据使用权限可信防护产品聚合对客业务系统的服务记录以及客户的核身记录，根据自身维护的客户授权、服务关系以及相关安全策略动态决策员工是否有权限查询客户信息。集中化决策中心实现多应用系统渠道在访问客户信息的场景下都可以有效进行鉴权控制，降低员工未经客户授权、因私查询客户信息的违规风险，保障银行客户信息查询使用的合法化、合规化及安全性。该方案的执行流程可参考图 8-7。

154 第 8 章 可信纵深防御应用实践

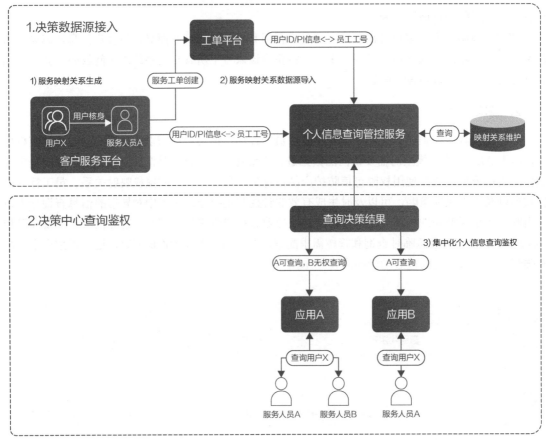

图 8-7 办公个人信息防火墙方案

3. 效果

（1）攻击链路说明

当外部攻击成功窃取员工的访问登录账号时，也就获得了该账号下所有应用系统的访问权限，以及其他应用的权限申请路径。内部员工可以利用自身账号和功能访问权限，根据个人目的超范围查询客户的个人信息。数据使用权限可信防护产品可阻断来自外部攻击者身份冒用和内部数据窃取而导致的客户信息泄露风险。

（2）防护方案说明

如图 8-8 所示，外部攻击者获取内部员工身份权限后，他与员工的操作行为的差异可以被数据使用权限可信防护产品的策略引擎识别并判定为异常，与异常访问行为关联的人员权限和数据操作会被自动写入防护黑名单内，查询数据时会触发系统拦截功能并进行有效拦截和阻断；针对员工恶意查询或操作用户信息和资金的行为，数据使用权限可信防护产品会校验该员工账号是否在黑名单内，以及确认是否提供了有效的鉴权信息。如果判定为超服务范围访问其他用户数据的情况，均会被数据使用权限可信防护产品拦截。

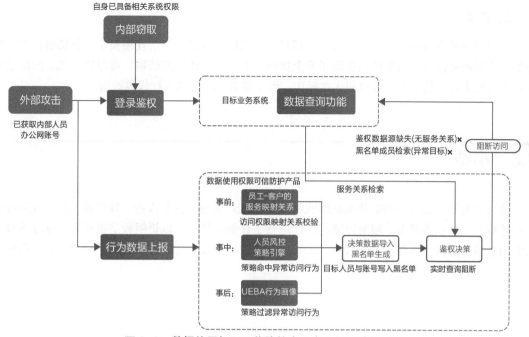

图 8-8　数据使用权限可信防护产品办公场景防护说明

8.5　高效安全加固实践

1. 需求

为满足数字银行业务应用服务高速迭代的效率要求，所建立的可信纵深防御体系须具备可以高效加固的特性。

2. 解决方案

在可信纵深防御体系建设中，对于可信策略控制点的设计和选型，要优先选择符合安全切面理念的可信策略控制点，做到安全管控与业务应用既融合又解耦，即安全能够深入业务逻辑，不再是外挂式安全；业务上线即带有默认安全能力，并实现跨维的检测、响应与防护；安全能力满足可编程、可扩展的要求，与业务各自独立演进；选择符合架构统一及未来技术演进方向的策略控制点。因此可基于安全平行切面技术来建设可信策略控制点，如在移动端可信策略控制点的选择上，优先使用移动端安全切面技术；在应用运行时可信的策略控制上，优先使用应用运行时切面能力；在网络行为可信的策略控制上，优先使用网络安全切面技术并落地可信策略。

3. 效果

通过在移动端及终端层、统一访问代理层、应用层、基础设施层使用安全平行切面技术，面向数字银行的可信纵深防御体系实现了安全加固与业务系统迭代的解耦，可以进行独立的演进迭代，以及线上安全的加固、管控和止血操作，而无须对应用系统进行代码改造。

8.6 小结

本章针对数字银行面临的典型高级威胁，如 0Day 漏洞、钓鱼攻击、软件供应链、业务数据滥用等威胁，从攻击链路、应对方案两方面进行了详细的分析，以说明数字银行可信纵深防御体系能力在威胁防御上的作用。同时对基于切面技术的高效安全加固方案进行了说明，为可信纵深防御体系能力的实践提供了参考。

第四部分

威胁感知与响应

要做好数字银行的安全建设,威胁感知与响应是必不可少的一环。安全一直处于动态之中,任何防御机制在攻防平衡被打破的时候都有可能被突破,而威胁感知与响应的作用就是时刻感知面临的攻击态势、研判攻击的威胁、做出快速的响应。为了在防御机制被突破并造成实质危害前感知和止血,需要建立全面、灵活的威胁感知与响应体系。

第 9 章 威胁感知与响应概念及建设思路

威胁感知与响应贯穿数字银行整体安全体系的事前、事中、事后阶段。在事前阶段,威胁感知与响应需要通过被动感知、主动捕获的方式识别外部具有攻击意图的黑客;在事中阶段,与可信纵深防御联动,我们假设每一层的防御能力在极端情况下都是会被突破的,而威胁感知与响应需要从行为维度发现安全事件并联动防御能力进行定向处置;在事后阶段,需要组织安全、业务、基础设施等部门对安全事件进行全面复盘,总结问题和制定解决方案。

从架构维度看,威胁感知与响应是以统一日志平台、实时计算引擎、知识图谱、数仓、安全编排自动化响应等技术为基础,以数据采集、数据分析、威胁建模、威胁运营、应急响应等能力机制为支撑,以动态化、实时化、主动化、自动化为评判标准,保障在安全事件发生前或正在发生时做到有效感知和应对。

9.1 威胁感知与响应面临的挑战

9.1.1 快速演化的多方面威胁

数字银行为用户提供 24 小时在线金融服务,数以亿计的用户数据在数字化系统中流转、存储;作为国家金融基础设施,它本身承载了大量的用户存款和资金业务。数字银行对于攻击者有无法抗拒的利益诱惑,巨大的"投入收益比"吸引来的不是水平较低的脚本小子,而是高水平的专业黑客,这些攻击团伙往往手握大量 0Day 漏洞,并且具有持续试探、等待防御方犯错的特点。它不仅面临外部攻击者利用漏洞入侵获得权限进而横向渗透获取数据和资金的威胁,而且存在因外部攻击者利用越权或未授权问题而导致的批量数据泄露威胁,还不乏大量黑灰产团伙研究银行公网对客的业务功能场景,不断尝试挖掘高于利用成本的获益场景,进行大批量薅羊毛或结合多个业务场景最终达到套现获利的目的。

9.1.2 高昂的威胁对抗成本

2020 年著名的安全公司 FireEye 遭到 APT 组织入侵，FireEye 透露其系统被所谓的"拥有一流进攻能力的国家"入侵，这就给我们的能力建设提出了挑战：当国家级黑客来临时我们是否有能力感知和对抗，保障系统可用、数据和资金不被盗取？在威胁感知与响应的实际建设过程中我们也不是不计成本的，在落地一项能力时需要考虑这项能力对业务带来的效率影响、是否会引入高可用风险、是否会和云原生持续交付的理念相违背等因素，一个对抗能力从可行方案到实际落地需付出大量的时间和人力成本。

我们从历史的威胁感知与响应实践中得知，一旦攻击者突破网络边界，即使有效感知了，也会带来高响应成本和不可挽回的损失。网商银行作为金融基础设施和依靠信用体系开展业务的主体，一次成功的外部攻击事件可能导致用户信任的丢失、监管的问责和业务拓展困难，这就要求更高的投入以保证在入侵获取初始权限阶段之前消除威胁。

9.1.3 巨大的威胁信息偏差

传统银行在安全产品建设上一般选择采购各类安全公司的安全产品，在不同的基础设施层面部署不同功能的安全监控、安全防御产品，各厂商产品之间无法做到信息联动，甚至同一厂商的安全产品也存在无法进行信息联动的情况，这就导致在威胁感知上存在信息孤岛的问题，威胁运营人员也容易因为信息的片面性而做出错误的判断，忽略真实的告警。在安全事件的响应过程中也存在告警平台与防御产品能力脱节的情况，导致应急响应的流程无法标准化和自动化，对于不同威胁场景的处置多半依靠当时安全人员的经验判断，这对他们的安全技术栈提出了非常高的要求，在常态化的攻防对抗中无法避免由于运营值班人员的技术缺位导致的非标准化操作，最终无法成功消除威胁。

安全公司产品的策略引擎设计大多考虑通用适配能力，比如对于云环境和传统物理环境往往是一套策略，这会导致存在大量误报，直接影响了运营人员的工作效率和工作状态。同时，在这种背景下，告警运营人员并不参与策略的开发和设计，因此即使安全产品开放了"定制加白"功能，也会由于运营人员对原策略的理解不到位导致策略完全失效。同样，运营人员对策略逻辑的认知存在语义鸿沟，使得他们对威胁态势的理解存在偏差，从而影响对关键告警的精确判断，进而无法有效研判威胁事件。

9.1.4 复杂和多变的系统拓扑结构

数字银行业务的运行环境是基于云网络搭建的，云网络和传统网络有很大的差异，它不需要物理设备的架构和布置，而是基于 VPC①、云防火墙、弹性公网 IP 地址、负载均衡等产品来构建

---

① VPC：Virtual Private Cloud，即虚拟专用云的缩写。

整体的专有网络，这对业务来说有很大性能收益，而对于威胁感知与响应建设来说，灵活的基础设施带来的是威胁场景的陡增和架构理解成本的上升。例如网商银行从"同城双活"到"两地三中心"再到如今的"三地五中心"，系统拓扑结构也在变得愈加复杂。

随着云计算技术的不断发展，云原生正在数字银行建设中全面落地。云原生的基础架构具有持续交付的特点。在高效的研发交付场景下，云环境内的应用资产信息瞬息万变，前一分钟这个Pod[①]还归属于 A 应用，后一分钟就可能归属于 B 应用了，相应的资产属性和行为画像也需要快速转换适配。不只业务应用如此，中间件、数据库等也都处在不断变更和迭代的状态，以满足业务高可用的需求，这给威胁感知与响应建设带来了很大挑战。

9.1.5　防不胜防的供应链威胁

在当前追求高效的研发过程中，往往需要引入大量外部开源的依赖库，而且这些依赖库普遍存在多层嵌套依赖的情况，这就导致研发人员有可能在无意识中引入了恶意代码，而这与从外部边界层层突破不同。一旦恶意代码成功执行，就可能直接窃取个人终端设备或者生产服务器的权限，而且恶意代码都是在应用进程的内存中执行的，这给检测带来了很大的挑战。除了研发代码中的供应链威胁，办公软件、基础设施、外采应用等会或多或少地存在供应链入侵的攻击面。FireEye 入侵事件就是由其软件供应商 Solars 公司的软件更新包中存在后门引起的，受到这次供应链攻击入侵的还有微软公司和安全供应商 Malwarebytes。这给我们带来了警示，在银行系统的软件供应链中也存在较大的攻击面，需要做好识别和防护工作。

9.1.6　高时效性的安全要求

外部攻击者或内鬼往往有明确的目标，在摸索到明确的达成路径前一般都处于潜伏状态，以不暴露为前提进行利用点的收集和储备，一旦时机成熟就会快速利用有效路径达成目标。这就要求威胁感知覆盖面广，威胁态势研判的时间跨度长，在行为的阈值和误报之间寻求平衡点，才能避免当感知到事件时态势已经发展到攻击目标已达成的阶段。

9.1.7　自动化过程中的威胁信息丢失

面对常态化攻击，需要构建威胁感知与响应的常态化应对能力，进而必须考虑自动化能力的建设，如告警运营的自动化、处置响应的自动化。但在自动化建设过程中，为了落地自动化能力，往往需要基于经验对数据进行裁剪或对响应判定加上先决条件。在这个过程中，如果数据或者流程不能够严丝合缝地衔接，就会带来威胁信息丢失的问题，威胁行为将会渗透一层层自动化策略编织的网回归到海量的行为数据中。

---

① Pod：一种容器集群管理单元，其主要功能是容器的创建、部署管理和仓库管理等。

9.2 威胁感知与响应建设思路

随着网络安全形势的愈发严峻，数字银行的威胁感知与响应团队需要通过系统性的架构设计来应对外部存在的各类网络安全挑战；通过大数据分析和机器学习，提高网络安全威胁的可见性与预判能力，提升威胁感知与响应的准确性与及时响应能力。

9.2.1 设计思路

2014 年 Gartner[①]将 UBA[②]定义为网络安全的一个子类工具，该工具旨在通过高级统计分析进行异常检测，从而发掘用户在网络和系统中的异常或恶意行为。2015 年 Gartner 又增加了 E（entity）的部分用来强调 "entity behavior"（实体行为）的重要性，比如服务器、网络设备、应用程序、IoT 设备等。"E" 意味着，除了用户行为之外，其他实体行为和用户行为之间的关联也常用于生成更精准的威胁画像，从而帮助检测更复杂的攻击行为。对实体和由实体发起的攻击行为进行梳理、沉淀，我们能够站在企业全域视角以威胁路径图的形式指引威胁感知能力建设，围绕定义的资产实体进行数据基础建设、基于威胁手法建设威胁识别能力和主体多维威胁汇聚/研判能力，针对不同的实体和事件类型沉淀自动化响应剧本。UEBA 使企业能够根据不同用户和实体构成的威胁级别对不同用户和实体应用不同的控制，从而大大消除了误报的数量。

2017 年，Gartner 对 SOAR（Security Orchestration Automation and Response）进行了全面的概念升级，将其定义为安全编排自动化与响应，SOAR 是收集不同来源的安全威胁数据和告警的技术。这个技术利用人工与机器的组合来执行事件分析和分类，从而帮助定义、确定优先级，并根据标准工作流驱动标准化的事件响应活动；通过集成联动多个系统和平台来调整不同的安全工具和技术，将人和技术都编入业务流程中；通过创建手动和自动协同操作的工作流步骤，以简化安全流程和加快事件响应。

在数字银行的威胁感知与响应建设过程中，我们借鉴了 UEBA+SOAR 的思路。任何网络安全威胁最终都是由人发起的，每一次攻击行为都可以关联到终端、账号、数字资产等实体上，因此我们基于对实体行为的威胁建模，检出威胁事件并联动响应剧本进行应对处置。

9.2.2 能力要求

威胁感知与响应架构需要满足不限于以下几点的能力要求。

1）行为数据采集：能够监控和收集用户以及实体在整个网络中的行为，存储原始数据以及对

---

① Gartner：一家在全球具有强大影响力的 IT 研究及咨询服务公司。
② UBA：User Behavior Analytics，即用户行为分析。

数据进行预处理。

2）异常检测：基于统计分析和时序信息动态刻画用户或实体的行为基线，检测明显偏离正常基准的行为或事件，从而揭示来自内部或外部的安全风险。

3）智能化策略：基于机器学习和高级统计分析，用数学概率模型取代传统非黑即白的规则判断，使得不仅能够检测已知威胁，也能挖掘未知威胁，从而减少漏报率。

4）威胁信息聚合：能够汇聚跨多个用户、实体、IP 地址的安全事件，能够组合来自不同层面、不同系统如杀毒软件、防火墙、DLP[①]和 VPN[②]等的威胁数据。

5）常见威胁场景的自动化：在日常的威胁运营和处置中，经常会遇到一些模式化的攻击场景，如 RCE 攻击扫描、邮件钓鱼等，对此我们可以固化威胁研判逻辑、自动建立事件工单、触发相应的自动化处置剧本，从而降低运营中的人力消耗。

9.2.3 架构和技术

威胁感知与响应架构是一个完整的系统，涉及算法、工程等检测部分，以及用户实体威胁运营、调查研判等交互、反馈流程。如图 9-1 所示，该架构大致包含感知覆盖、威胁识别、威胁运营和响应处置。

感知覆盖即基于统一日志平台实现各类实体行为数据的实时采集能力，并将日志汇聚到一处进行存储和流转。

威胁识别模块则运行在实时流处理、近线增量处理、离线批量处理的大数据计算平台之上。首先，威胁识别模块应基于用户和实体的历史行为及其属性创建行为基线和群组特征，然后根据行为指标利用传统机器学习算法进行异常检测，也可以采用深度学习技术如 RNN[③]、LSTM[④]等进行异常检测。同时，特征检测依然是威胁检测的主要手段，安全工程师基于企业威胁大图的攻防知识库提炼检测特征集，对恶意行为快速识别打标。基于各类实体的范式化、威胁数据标签化进行图数据结构的构建，便于对实体威胁进行评分和对威胁语义进行整合。

威胁运营模块的功能分为针对常见且模式化的攻击事件进行固化达成的自动研判，以及需要安全运营人员介入的调查研判，后者分析事件上下文信息，在过程中明确事件性质和意图，调查和梳理影响面。

响应处置模块针对定性的事件类型和受威胁的实体进行相应的应急响应处置，针对常见且模式化的攻击事件触发自动处置剧本，对于复杂的攻防事件则由安全运营人员介入，根据实际情况采取不同的响应流程。

面向各层面的可持续运行保障和监控，需要建设指标体系来度量各模块的运行状况，例如感知覆盖的数据质量指标、威胁识别的策略有效性、威胁运营的时效指标、响应处置的功能有效性

---

① DLP：Data Loss Prevention，即数据泄露防护。
② VPN：Virtual Private Network，即虚拟专用网络。
③ RNN：Recurrent Neural Networks。
④ LSTM：Long Short-Term Memory。

和时效性,都是度量威胁感知与响应水位的关键指标。

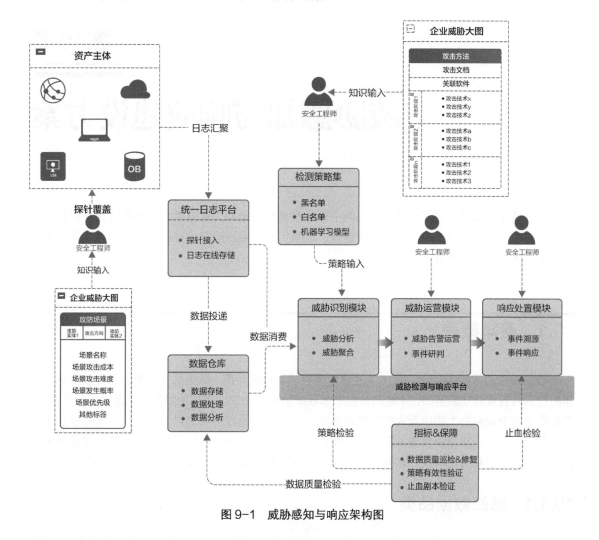

图 9-1 威胁感知与响应架构图

9.3 小结

本章介绍了数字银行在信息安全攻击方面所面临的挑战和我们的解决思路及其架构。做任何事都不是一蹴而就的,威胁感知与响应的体系建设也是如此。这里每一个模块的具体实现所面临的许多挑战和对应的解决思路,将在下一章慢慢道来。

第 10 章

威胁感知与响应建设方案

上一章主要详细介绍了威胁感知与响应的挑战和体系架构，本章重点介绍构建数字银行威胁感知与响应体系的关键步骤，包括感知覆盖、威胁识别、威胁运营、威胁响应等内容，接下来将对每个步骤进行详细说明。

10.1 感知覆盖

数据是威胁感知的眼睛，图 10-1 是感知覆盖的数据流转图，数据层面的覆盖才是使得对应主体的行为具备被感知的基础，才能从数据中萃取威胁以辨别安全事件的发生。在感知覆盖建设中，我们会参考企业威胁大图中录入的攻防实体知识，从数字银行全域视野盘点资产实体并进行采集探针覆盖；通过企业威胁大图发现当前最薄弱的路径或者资产风险点，作为感知覆盖建设优先级的依据，优先在利用成本低、影响面广、会给业务带来直接影响的威胁场景覆盖感知能力。

10.1.1 感知数据品类

威胁感知与响应的基础数据按照数据渠道可划分为域内数据与域外情报，仅靠域内数据只能被动感知和防御，结合外部情报了解攻击者的意图、攻击资源，才能达到知己知彼，百战不殆。

1. 域内数据

域内数据主要分为三类，第一类是资产主体的行为数据，主要依赖面向各资产主体的探针，如具体功能存在差异的主机端探针、网络探针、数据库探针、应用层探针等，以适应不同的采集需求。采集探针覆盖的全面性依托主机镜像、网络基线配置、数据库基线配置等能力机制，但在长期运行过程中有一定的概率出现探针能力失效，这时就需要通过编排调度巡检任务进行周期性巡检与修复。第二类是应用发布的评估数据，感知探针的覆盖缺失时长取决于资产数据的准确性和时效性，如一个域名的创建、一台机器的创建都存在时效性，所以需要与应用发布变更感知机制联动，将应用发布变更感知作为输入，确认新增应用资产的采集探针默认覆盖，对于缺失的资产进行补充覆盖。第三类是纵深防御产品记录的审计数据，域内的各类资产都覆盖了防御类产品，如办公网零信任、RASP 等，一条成功的攻击路径往往需要绕过多层防御能力，而这些产品的审计数据能很好地扩充一次攻击事件的上下文信息。

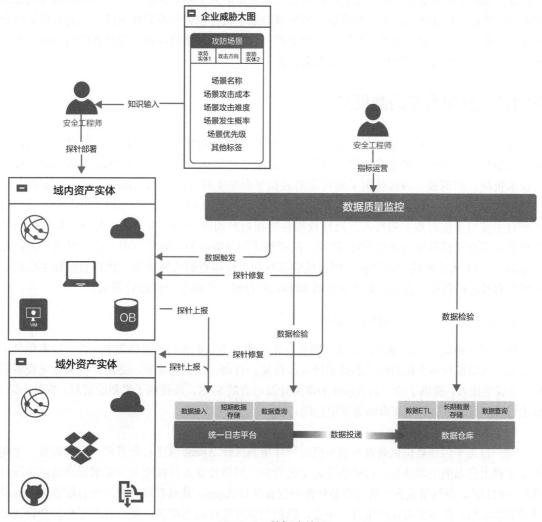

图 10-1　数据流转图

2. 域外情报

基于域内数据只能采取"被动防御"的对抗策略，只有融合域外情报数据才能转变为"积极防御"，从而能够在攻击者触碰到域内资产前做到发现和追溯攻击者的攻击，定位攻击者的身份、意图、历史攻击情况、基础设施情况等关键对抗信息，并采取欺骗、阻断、攻击降级、打击基础资源设施等对抗手段，从源头消除威胁。在缺少域外情报的情况下是无法形成全攻击生命周期的闭环的，如在 ATT&CK 的攻击阶段，攻击设施准备、信息收集、所窃取数据的售卖等行为无法靠域内数据感知覆盖。与此同时，只基于域内数据去铺设感知能力很容易出现"信息茧房"，出现从域内视角看一切正常，但是外部渠道却同步了安全事件的情况，如监管渠道，这对数字银行这种强监管的金融单位来说是不能接受的，这也会让安全团队处于被动位置，所以威胁感知与响应需要系统性地建设情报体系，不仅要覆盖互联网域与数字银行相关的各类威胁情报，而且要关注金融行业攻击态势，防患于未然。如银行业黑灰产、生态公司网络的攻击、银行业应用供应链的攻击等情报，都会间接给威胁感知与响应带来价值。

10.1.2　感知覆盖的数据流

数字银行本身依托大量的在线业务，所以每天用户与应用、应用与应用、应用与中间件、应用与数据库之间都在发生海量的交互访问，而由这些交互产生的行为数据的存储将面临较大的技术挑战。网商银行内部使用了高可用的数据平台来支撑这些行为数据的存储，主要数据平台能力为统一日志平台和数据仓库，用于支撑多源异构数据的接入、存储和分析，其中统一日志平台主要用于实时数据的接入、短期数据存储和短时间跨度的索引查询，数据仓库主要用于数据的长期存储和海量数据的 ETL 开发。在威胁感知与响应的实际使用中，统一日志平台往往只存储 7~30 天不等的日志数据，用于威胁研判和事件排查的快速查询，数据仓库则主要用于分析具有长时间跨度、复杂关联逻辑的数据和长期存储，以满足合规审计需求。

1. 基于统一日志平台的感知数据流

网商银行通过阿里云 SLS 日志服务的私有化部署来高效承载日志数据服务，统一日志平台主要提供了网商银行各个层面的日志数据接入、存储、查询、投递等功能，适配了各类常见设备系统、协议的接入，提供了统一的 Agent 和常用开发语言的 SDK，还提供了机器组管理、探针心跳、日志管理、日志索引、日志查询等常用功能。

（1）探针采集

统一日志平台需要提供兼容各类主机运行环境的探针 Agent 以进行服务器、网络设备、中间件等主机上日志的主动采集，以网络设备主机为例，网络设备本身按照审计需求记录满足字段内容需求的日志，在网络设备主机的预装软件中包含探针 Agent，通过在统一日志平台配置 logstore[①] 对应的机器组，机器组对接应用资产中心，以应用维度进行动态配置。统一日志平台自身设计了探针的心跳机制，可配置心跳丢失的告警通知，除此之外我们基于编排自动化系统实现了探针的周期巡检和部署修复机制来保证日志采集的持续性和可靠性。

---

① logstore：日志服务中日志存储和查询的基本单元，通常用于存储日志数据。

（2）数据投递

探针采集适用于大多数日志采集场景，但在对性能或者效率要求较高的场景，为了避免日志落盘导致的读写消耗，可采用 SDK 在数据产生后直接将其投递到统一日志平台，网商银行的流量接入层就是采用的这种方式。除了性能敏感场景，在域外情报采集场景由于存在 Agent 本身无法回连日志服务接口，或者日志采集能力对接的是消息队列中间件、服务接口等情况，往往需要通过开发脚本来对接日志服务 SDK，并将脚本运行在域内服务器上。另外，还存在域外情报本身存储在公有云的日志服务上的情况，此时我们通过域内的安全计算平台消费这部分数据再投递到域内的日志服务平台。只有具备各种灵活的数据采集能力，才能满足威胁感知与响应对于各类数据的快速接入需求。

（3）数据存储与索引

统一日志平台主要存储 7～30 天不等的日志数据，平台本身支持将结构化的数据格式化成键值对形式进行存储，只有开启了索引才能够进行数据查询，开启索引后数据存储占用大概是原始的两倍左右，平台支持秒级查询十亿到千亿级别的日志，承载日常威胁研判场景进行日志的快速查询和近期安全事件的快速横向排查。开启字段索引后，除了能进行简单的匹配查询，还支持通过一些函数对查询结果进行简单数据分析，这些函数包括聚合函数、数据统计函数、同比环比函数等。

2. 基于数据仓库的感知数据流

对于传统银行的数据量，基于 ELK 搭建的日志服务系统就足以承载，而数字银行是全量业务系统的在线化、数字化，会带来指数级的数据量增长。由于要满足金融行业的合规要求，安全类日志至少需要保存一年时间，所以网商银行安全类日志的存储量很容易就达到了 PB 级别。除了满足合规需求，威胁感知与响应的策略建设和事件溯源也需要涉及长时间跨度数据的计算分析，因此数据仓库采用分布式计算模式提供了足够的资源和性能优化来支撑海量数据的 ETL① 计算。

（1）数据 ETL

接入和存储威胁感知数据后，需要进行一系列的数据预处理和分析。一方面是为了整合各方面策略需求对数据进行统一预处理，以避免数据重复处理造成的资源浪费，方便进行数据维护和管理；另一方面，将溯源场景的复杂关联查询逻辑进行固化，以便在驱动溯源事件时能够更高效地查询已经经过数据派生和数据融合的衍生数据表。这里处理的数据中既有实时的海量数据、离线的历史数据，也有非实时的多源异构威胁情报，我们采用大数据流式计算引擎平台进行实时数据计算处理，基于数据仓库进行离线和非实时数据分析处理。

1）数据结构化。在威胁感知覆盖的数据品类中，有不少场景的数据属于非结构化的，如业务日志、工单系统日志、爬取的情报等，这时需要对数据格式进行枚举，笔者在实践过程中遇到一份数据的结构化逻辑中需要兼容六种不同的数据格式，包括理解每个值的含义后定义出相匹配的 Key 值，挖掘数据中的安全知识价值并能够被输入数据流水线进行消费。作为数据处理的最上游，

---

① ETL：Extract-Transform-Load，用来描述将数据从来源端经过抽取（extract）、转换（transform）、加载（load）至目的端的过程。

当前稳定运行的数据结构化计算任务就多达几百个，这对于安全工程师来说是非常大的人力负担，通过数据地图的方式对数据血缘进行记录和展示，既降低了数据工程师的维护成本，又便于将数据共享给各岗位的安全工程师，供其消费使用。

2）数据标准化。数据标准化是检测策略标准化的前提条件，感知覆盖建设对基于威胁路径图梳理和汇总的威胁主体进行数据采集覆盖，对于相同域的主体行为数据需要进行字段统一，将各类数据中描述相同语义行为的数据字段进行标准化清洗，从而提升下游策略的兼容度。数据字段的变化往往会带来策略集的批量变更适配，在实际建设中需要对各场景的主体和相关行为字段进行提前定义和统一，将数据标准化与策略检出解耦，避免因数据变更和新数据接入造成大量的策略变更。在图数据构建场景，需要对数据进行符合点边逻辑的标准化处理，从上游输入的各类数据中抽取关键知识并融入知识图谱。

3）数据富化。感知覆盖的不止是业务、主机、网络等产生的日志数据，还需纳入安全事前阶段的先验知识，在网商银行的实践中，这些知识包括但不限于 SDL 过程中的应用变更知识和安全评估结果知识、可信纵深防御产品的覆盖情况和实际防御情况等，从而围绕资产实体进行数据关联和信息富化。比如，从应用主体这一维度来看，需要的富化信息包括应用的重保等级评估，应用的业务场景是对公业务、后台系统还是生产内部应用，应用是否能直接影响大批量数据或资金等。与此同时，在主机巡检过程中积累的主机资产知识都可以与已有的基础数据相融合，如常驻进程、软件版本、系统基线等信息，富化资产的信息维度。通过数据关联增强的上下文信息都将为具体检出策略的精细化建设打下良好的基础。

（2）数据存储和查询

数字银行的相关审计数据往往至少需要存储 180 天，并且数据支持各类临时出现的批量查询场景，例如监管侧同步关于某境外 APT 组织的预警通报，在这种情况下往往需要对报告内提供的 IOC 或关键漏洞进行全面的追溯排查，从而面临支持 PB 级海量数据存储以及快速查询的挑战。存储问题本身无法避免，只能通过存储资源的堆砌，在实际建设中应当避免基础数据的重复存储以及下游表的重复清洗，这对于存储资源的治理都是必要的。在快速查询挑战中，由于网商银行的数据仓库采用列式存储设计，查询字段的多少直接影响查询效率，所以关键 IOC 相关字段的提前清洗和定义显得至关重要，当然也离不开数据的索引。

10.1.3　感知数据质量监控

数据的产生、流转、消费是一个持续的过程，在这个持续过程中数据质量的高低直接影响威胁感知能力的上升或下降。在常态化威胁感知与响应的背景下，需要有可靠的机制来检验和监控数据链路的数据质量。我们通过建设观察指标和巡检机制来保障数据链路的数据质量。

1. 数据质量指标

感知数据经历产生、采集、投递、清洗等处理，流经日志系统、数据仓库、计算平台等系统，这个过程中数据是否丢失、是否存在采集任务或数据任务延时情况，这些都会直接影响威胁感知的效果。所以在威胁感知基础数据的建设中，我们建立了数据送达率和数据送达时效两个观察指标，对各层面数据的质量进行衡量和监控，在持续的攻防对抗过程中让安全工程师感知基础数据水位的变化，以避免数据质量成为对抗过程中的短板。数据送达率主要计算检验触发的模拟数据量和实际数据链路中分别在统一日志平台或数据仓库记录的数据量的比值，如模拟触发 100 条行为数据，然后查看统一日志平台或数据仓库实际记录的行为数据条数，将二者进行比对并计算出百分比。数据送达时效主要计算检验触发的模拟数据和实际数据链路中分别在统一日志平台或数据仓库记录的录入数据时间的比值，如模拟触发行为数据时间为 09:15:00，通过查询得知统一日志平台或数据仓库实际记录的行为数据录入时间为 09:15:05，将二者进行比对即可算出数据链路传输过程中的送达时效指标。

2. 数据质量巡检

明确了数据质量监控指标后，我们通过建设一套巡检系统来周期性统计指标情况。巡检系统分为三部分，第一部分是自动化能力的承载，第二部分是模拟数据的产生，第三部分是送达数据的比对。在网商银行，我们依托一套自动化调度编排能力进行机制设计。不同场景的数据需要建设不同的触发模拟数据能力，以服务器为例，需要编排系统对接服务器的主机调度下发能力，周期性下发安全运营人员在平台录入的脚本指令来触发模拟数据，同时编排系统对接统一日志平台服务接口或数据仓库服务接口从数据链路的下游查询送达的模拟数据，通过比对模拟数据的数量和时间差统计出数据送达率和数据送达时效指标。这一套编排流程会以小时为周期触发执行，安全工程师通过观察可视化面板和订阅数据偏差告警通知了解数据质量水位。

3. 数据质量修复

数据质量巡检任务发现某个场景的数据质量下降时，需要通过编排剧本的识别决策来采用相应的修复方案。在我们日常维护中常见的有以下几种修复方案。第一种，部分资产的探针失效导致数据上报失败，这种情况采用探针的重启和日志续传进行数据修复。第二种，从统一日志平台到数据仓库的数据投递任务执行延时或失败导致数据缺失，这种情况往往会先采取任务的自愈机制进行自动修复，如果经过自愈尝试还未解决，则会通知安全工程师对具体问题进行分析。第三种，支撑数据检验的周期性数据查询任务报错导致检验失败，周期性任务本身也支持重启自愈尝试，解决可能出现的底层分布式计算引擎偶发性的可用性问题，如果经过自愈尝试还未解决，则同样会通知安全工程师对具体问题进行分析。

10.2 威胁识别

相较于风险，威胁是指已经发生或者即将发生的安全事件。风险类型可能有很多，但是在实际情况下真正发展演变成威胁态的相对较少，一旦转变成了威胁事件，就有了对手的概念，如黑客、黑灰产、羊毛党、竞对，甚至是国家级别支持的职业攻击队。从对手的攻击意图视角，数字银行面临的威胁类型主要分为三大类：权限、数据和资金，获取权限是技术手段，获取数据和资金是最终目的。针对以上威胁，我们首先会抽象威胁的共性，建设通用型的威胁感知基础手段，然后针对各类威胁的特性，给出独有的安全解决方案及实践，进行精细化的适配和安全运营，不断降低被对手攻击成功的可能性，可参考图 10-2。

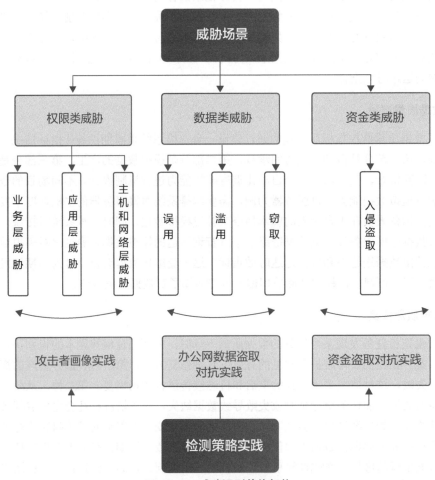

图 10-2　威胁识别整体架构

10.2.1　威胁场景定义

1. 权限类威胁

权限类威胁是指攻击者的目的是获取权限，要达到目的，可以通过很多技术手段，比如利用应用层的命令执行漏洞、网络层的未授权访问漏洞、主机层的主机漏洞。按照从底层到上层的逻辑，可以将权限类威胁分为主机层威胁、网络层威胁、应用层威胁、业务层威胁。

（1）业务层威胁

这里的业务层威胁特指由基础安全引发的业务侧威胁，不包含业务风控。传统安全的本质是漏洞，因此能造成实质威胁的核心原因仍是漏洞，对应到业务威胁层面，能让业务产生损失的漏洞主要以逻辑型漏洞为主。例如，水平越权漏洞和垂直越权漏洞使攻击者可以获取到任意其他人的权限。

（2）应用层威胁

应用层威胁以应用漏洞为主，包括 OWSAP TOP 10 在内的众多漏洞类型。随着传统安全的不断发展，应用漏洞的生存空间不断被压缩，在银行业、互联网企业中，SQL 注入漏洞已经越来越少出现。但永恒不变的定律是此消彼长，安全的属性贯穿物质的生存和死亡，网络安全也不例外，只要存在程序就会有漏洞。SQL 注入漏洞落下帷幕，反序列化漏洞像一颗新星，冉冉升起。例如 2021 年暴露的 Log4j 反序列化漏洞、2022 年曝光的 Spring 远程命令执行漏洞，借助这些应用层漏洞，攻击者可以直接获取机器的系统权限，从而达到控制的目的。

（3）主机和网络层威胁

主机和网络层威胁是基础安全不可避免要面临的威胁，也是攻击者的攻击链路中的关键一环。通常，攻击者首先利用各种类型漏洞获取主机权限，然后通过持久化后门达到维持权限的目的。例如现阶段常见的内存马技术，是无文件攻击的一种常用手段，随着攻防演练热度越来越高，在攻防双方的博弈中，流量分析、EDR 等专业安全设备被防守方广泛使用，传统的文件上传 Webshell 或以文件形式驻留的后门越来越容易被检测到。目前来看，主机和网络层威胁以主机漏洞、后门进程行为和网络行为为主。

2. 数据类威胁

数据类威胁主要由外部的攻击行为或组织内部人员误用、滥用、窃取数据引起。下面按照攻防对抗强度从低到高的顺序介绍各种数据类威胁。第一种是内部员工误用数据，无意识触发了威胁。第二种是内部员工滥用数据，比如通过自动化爬虫程序爬取内部敏感数据接口的数据，产生这类威胁的原因是员工安全意识不足，可能不熟悉公司的数据安全规章制度，解决方式以加强安全意识培训和教育为主。第三种是内部员工窃取数据，即公司出现内鬼，这类威胁比较隐蔽，难以检测。第四种是外部攻击者滥用和窃取数据，这类威胁对抗强度最高，这是因为攻击者具备强攻防对抗知识，相较于内部员工直接滥用接口来窃取敏感数据，外部攻击者可能通过分布式网络代理等技术手段降低因聚集性访问而被发现的可能性，而且此类外部攻击者还可以借助权限类威胁中的漏洞，直接获取到系统权限，从而实现系统数据窃取。

3. 资金类威胁

资金类威胁是三大类威胁中最关键的威胁，原因在于这会同时产生经济类和法律类等企业难以承受的威胁。例如 2016 年的孟加拉银行遭黑客入侵，导致孟加拉银行开设在纽约联邦储备银行的账户中近10亿美元的资金被盗,这类威胁属于黑客入侵类资金威胁。另外还有黑灰产类资金威胁和洗钱类资金威胁,例如2019年杭州市公安局西湖分局侦破一个利用跑分平台为黑灰产提供资金支付渠道和结算服务的犯罪团伙。资金类威胁是传统银行和数字银行面临的核心威胁,一旦处置不当,将直接面临监管机构的问责。

10.2.2 威胁检测策略

为了高效应对不同类型的威胁,我们要在整体上制定权限类、数据类和资金类威胁场景的检测策略,做到已知攻击手法全覆盖、有能力检测未知攻击手法。为了达到这个目标,除了基于传统安全产品的检测威胁外,还可以利用攻击者的数字画像对攻击者攻击的资产进行监控,高效检出以获取权限为目的的已知和未知攻击行为;采用可信纵深检测技术检出预期外的敏感数据访问行为,覆盖已知和未知攻击手法的检测;通过安全基础建设,提取资金调用链路,检出上游异常入口应用,从而检测资金类威胁。

1. 权限类:互联网侧攻击者画像

攻击发起的本体是人,为了应对敌手的威胁,要对攻击者进行全方位的数字画像,回溯攻击源头的威胁。攻击者画像,具体来讲,是以攻击者的真实身份为核心维度,对攻击者的周边维度如攻击主体、攻击资产、攻击工具、利用漏洞、攻击模式进行识别,从而形成一套以人为主的数字画像系统,用于支持安全运营人员对威胁进行深层次、全方位的分析和决策。

(1)攻击者知识图谱

攻击者知识图谱包括10多个实体和30多个关系,实体主要包括攻击者身份、攻击源、攻击工具、攻击模式、攻击指示、漏洞、账号、设备、网络环境等。攻击者知识图谱的主要功能有4点。

1)提供多维度画像数据:汇集网商域去标识化数据,从中提炼特有的身份账号体系、黑客、用户等核心实体。

2)可视化关联分析:基于图计算、知识图谱和可视化技术构建复杂关系网络,从而为使用者提供一种由单点到全局的高级能力。

3)威胁情报库:基于多维度、覆盖金融行业的攻击数据收集,利用大数据技术自动化处理,配合安全团队的运营分析,生成各种用途的威胁情报。

4)安全事件智能分析:业务机器攻击检测、失陷外连检测、APT组织检测、越权排查、半自动化攻击者溯源排查等。

(2)攻击者知识图谱应用场景

在威胁检测、告警研判、快速溯源排查方面,攻击者知识图谱都能发挥重要作用。在威胁检测方面,通过用户实体数据相互转换,可以快速监控攻击者的所有数字化资产,实现攻击者上线即被检测;也支持通过识别攻击者攻击工具、攻击资产、利用漏洞等攻击维度数字化信息,判断攻击者的能力,指导采用不同应对措施。在告警研判方面,通过攻击者知识图谱的关系网络研判业务接口是否存在越权。在快速溯源排查方面，通过 IP 地址、攻击指纹定位攻击者真实身份，并通过自动化分析推理能力，推理出攻击者间的关联关系，以此圈定攻击团伙。

1）通过攻击资产 IP，定位攻击者真实身份，如图 10-3 所示。

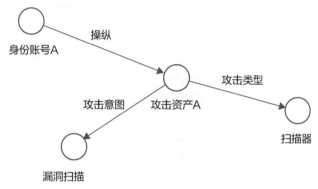

图 10-3　攻击者身份定位

2）推理攻击者间的关联关系，如图 10-4 所示。

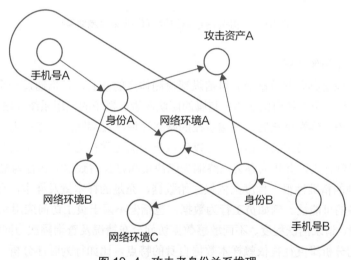

图 10-4　攻击者身份关系推理

2. 数据类：办公网数据威胁对抗

相较于生产网，办公网数据被盗发生的概率更大，一方面是因为大多数员工均有办公网的权限，而只有少数具有运维研发职能的员工才具备生产网权限，因此办公网员工出现内鬼或被攻击者低成本攻破的风险较大。另一方面，生产网承载着组织对外部用户提供服务的职能，一般会受到更多的关注，而办公网承载着组织员工办公的职能，服务的内部用户相对较少，受到的关注和投入的成本也因此较少。

为了收敛办公网数据被盗风险，要建设办公网数据盗取可信纵深检测体系，可参考图 10-5。

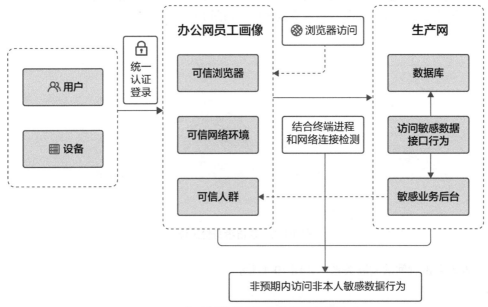

图 10-5　办公网数据盗取可信纵深检测体系

（1）办公网员工画像分析

办公网员工画像是办公网数据泄露可信纵深检测体系的基石，是指通过一系列维度全方位刻画员工特点，维度包括员工的岗位名称、归属的团队职责、授予的应用系统权限、终端设备列表、终端设备的常用进程、终端浏览器、终端所在的网络环境、终端网络外连行为、访问过的应用系统和接口等。基于办公网员工画像信息，可以生成员工的正常行为基线，偏离基线超过一定阈值的行为则被视为异常行为，并作为办公网终端失陷决策和办公网数据泄露行为检测的信息输入。

员工画像刻画的精准性很大程度上依赖原始数据，充足的样本量及样本信息维度为后续的模型分析提供了更多的可能性。例如员工行为数据，包括但不限于员工访问应用系统 A 的日均在线时长、访问时间段、请求活跃程度、不同敏感数据访问分布情况及查询频次与同组员工的对比等。同时，画像算法的分析维度往往依赖样本数据自身的特点，比如行为时序分析、频率分析、业务特性聚类分析等。根据样本数据所属场景的复杂程度，可以构建多个模型来训练适配，如离职人员违规批量下载外发文件的场景和无意识查询用户信息的场景的差别较大，用相同模型进行评估会影响精准度。再如，相比其他部门员工，信贷相关员工访问用户征信数据的频率明显更高，用同样的模型去训练不同部门员工的行为画像，也有可能影响精准度，应适当结合业务特性对样本数据进行聚合分类。

（2）办公网终端失陷决策

攻击者要达到从办公网盗取敏感数据的目的，首先需要获取至少一个网络跳板权限作为攻击起点，为了应对办公网权限类威胁，可以终端为核心，结合一系列横向和纵向行为，综合判定办公网终端是否已经失陷。具体来说，如果攻击者通过钓鱼等手段在员工终端上植入后门，那么后门进程会有反连攻击者控制服务器的网络行为、对批量办公网应用系统发起探测等横向行为，以及对目标应用系统的纵向渗透测试行为。因此，我们应该以终端为主体，结合办公网员工画像，检测后门进程、后门网络连接和从终端发起的访问办公网应用的流量。

（3）办公网应用数据滥用与盗取

攻击者要达到最终盗取数据的目标，至少需要请求一次敏感数据，因此可以从直接盗取数据行为的角度做更进一步、更直接的对抗。对抗思路分为四个阶段：敏感数据接口识别、保护、检测、响应。首先需要从办公网流量中准确识别出存储敏感数据的应用系统和接口，对非预期透出的敏感信息做最大程度的脱敏保护，对于预期内透出的敏感信息做检测，基于办公网员工画像构建访问敏感数据接口的可信人员基线，基于偏离行为和办公网终端失陷决策结果做异常检测。在响应阶段，为了最大化地提高处置的效率，可以将员工访问敏感接口的行为触达到员工，由员工自身确认异常行为是否为本人发起。

办公网应用数据滥用与盗取的检测策略的制定，应综合考虑办公应用的业务属性与用户行为特征。这里我们列举一些常见类型的检测策略。

- 根据数据所属业务的特性制定异常检测标准。比如，客服人员查询工作职责需求之外的用户征信信息、员工查询了大量的贷款催收信息却并未发生任何催收操作，此类行为偏离了业务的数据访问行为基线，触发异常检测策略。
- 根据数据查询频率制定异常检测标准。比如，员工敏感信息的批量查询、数据库接口访问频率超过了阈值或日常平均值。
- 高敏感信息的局部、公开访问与下载。比如，云账号密钥明文被记录到了组织内部公开平台，企业组织架构信息被公开暴露到了外网。
- 对风险资产或账号的特定监控。比如，待离职人员的高频数据导出、已离职人员账号依旧活跃、高敏数据查询系统缺少日志审计与管控策略等。

（4）终端数据外发

终端数据外发是办公网应用数据泄露的主要途径之一，这里我们浅谈如何制定终端数据外发感知策略，包括终端文件识别与分级分类、数据泄露渠道管控、数据防泄露风险的日常运营。

终端文件自动全量识别和分级分类标注是终端数据防泄露的基础。通过周期性全量、增量文件扫描，准确识别不同类别、等级的敏感数据，并对文件级别进行标签化，从而明确终端设备包含哪些需要防泄露保护的数据资产对象。自动化识别依赖算法的精准度（如图片 OCR 提取、内容上下文语义分析）和统一的分类分级规范。接下来需要梳理终端设备所有可能的数据外泄渠道，包括但不限于 Web 浏览器、邮件、IM 软件、硬件或无线外接设备、云同步工具与协议等。每种渠道需要选择有针对性的技术进行自动检索，并根据第一步的文件或敏感内容标识，通过对比分析及具体策略开发，对触发策略的事件激活预先设定的自动处置，或进一步确认分析。最后，数据防泄露的日常运营包括异常行为的分析处理、违规事件的溯源调查举证、安全事件的处置定级。

3. 资金类：资金盗取对抗

资金安全是商业银行的生命线之一，因此，我们从事前、事中、事后和实战检验四个维度分别建设安全策略以对抗资金盗取风险。在事前阶段，梳理加固建设情况和风险状况，基于研发框架日志、数据库日志、接口调用日志和消息队列日志，清洗出资金链路资产数据。同时为了有效地防御风险，在资金链路部署安全可信产品，推动其覆盖率不断提升，做到对资金风险的默认防护。

在事中感知阶段，为公网、办公网、生产网分别建设资金盗取威胁感知策略。其中在公网方面，首先基于资金链路资产数据，对公网资金接口打标，针对资金类接口，建立行为动线，以检测水平越权漏洞和业务逻辑漏洞导致的资金安全问题。在办公网方面，基于资产数据对办公后台资金应用和接口进行打标，同时基于办公网流量数据筛选出运营人员。从业务行为看，筛选出的运营人员相较于每个业务后台是相对固定的，因此可以建设非运营人员操作资金后台感知策略，一旦发现非预期人员访问后台，安全工程师即介入排查。除了非预期运营人员访问办公后台，预期内运营人员的身份也会被冒用，这类风险多出现在运营人员 cookie 或 session 被盗用场合。针对这种运营人员身份冒用问题，需要综合网络侧数据和终端侧数据，交叉比对不同阶段采集到的运营人员的身份数据，如果有不一致的情况，员工身份极有可能是被攻击者冒用，安全工程师需要重点关注。通过以上两种方式可解决办公后台非法操作资金。在生产网方面，主要通过主机运行的命令行为日志和网络日志，建设主机恶意命令和脚本执行检测策略，从而能够检测非预期地访问资金消息队列、资金接口和数据库的行为，防范非法获取接口中透出的资金敏感信息和篡改数据库资金数据的风险。

10.2.3 策略有效性检验

1. 检验原因

对安全策略进行有效性检验，主要出于两个原因：一是安全能力失效可能会导致安全风险。例如安全核心检测模块未升级到最新版本，导致 Web 应用防火墙、零信任能力失效，致使对各类漏洞的防护失效。二是安全产品和能力数量已较多但无有效性检验。安全产品包括终端安全检测系统、身份认证与权限平台、密码产品、密钥管理平台、堡垒机、应用可信产品等，能力包括扫描探测、入侵检测、数据盗取、资金盗取等。由于安全能力的有效性直接关系到最终的安全防护水位，所以迫切需要建立对安全能力的有效性检验。

2. 检验方式

对策略进行有效性检验的方式是通过自动化在 PC 终端上（Windows、macOS）模拟对网页、客户端软件进行各类操作（数据外发、下载、查询等）或直接执行命令，在服务器上执行命令发起网络请求、操作文件、命令执行操作，根据告警信息来验证感知与防护策略的有效性和时效性。

3. 技术方案

（1）检验脚本配置

成功进行策略有效性检验的关键在于检验脚本的配置，检验脚本的存储模型是一个 DAG（有向无环图），具体的配置方式会根据 PC 端和服务器端而有所不同。例如，PC 端脚本分为 RPA（机器人流程自动化）脚本和命令执行型脚本两种。RPA 脚本需要事先编写/录制。执行时，"RPA 执行"原子能力实际上是把执行指令发到一个消息队列里，由安装了 RPA Agent 的测试机消费消息队列、异步执行并回传到 DAG 执行引擎。RPA 脚本内部应该自行判断检验动作的即时效果，并输出返回值。

（2）检测策略有效性计算

一项检测策略下的每个检验脚本可以具有告警时效性（动作的延迟效果）、能力覆盖率两项输出值中的 1～2 项。这些输出值展示了这项检测能力在某个场景的有效性。

同时，可以配置这些输出值的判断条件。满足条件时该脚本被判断为有效。所有脚本被判断为有效时，整个安全策略能力被判断为有效。

10.3 威胁运营

在不同的威胁路径及威胁切面下，各类检测策略将产生海量的安全告警。如何让安全运营人员高效准确地对真实威胁做出研判和归因，是当下安全运营面临的最大挑战。攻击者实施攻击时，在经过的威胁路径上可能触发安全告警，但这些有效告警被淹没在大量的无效告警当中。安全运营人员需要在研判误报告警上花费大量时间，长期如此将不断加剧运营疲劳，导致错判、漏判等无效运营。而人力资源的低质量转化，使得投入产出比降低。基于以上的问题和挑战，需要从安全运营机制与自动化能力建设上入手，解决海量告警与有限运营资源之间的根本矛盾。

为了对威胁态势形成准确的研判，需要建立有效的告警和运营机制，可参考图10-6。该机制需要具备几个关键能力，首先将上下文研判数据自动关联告警，实现告警信息富化。再对告警进行梯度划分，形成威胁梯度模型。同时从实体维度对多维告警实现聚合归一化，建立告警成熟度纠偏机制，保证告警成熟度的稳定。最后通过多实体、多维度的风险行为时序关联刻画，建立实体威胁图谱，提供更高级的威胁态势研判能力。接下来详细介绍每一个关键能力。

1. 告警信息富化

告警信息富化是威胁研判提效的重要手段。进行威胁研判时，告警所涵盖的信息其实是有限的，需要通过告警透出的信息做进一步的关联数据查询与分析。各类告警的排查过程在经过一段时间运营后，会沉淀和固化出固定模板流程。排查过程中需要人工查询的上下文研判数据可在生成告警时自动关联，作为告警富化信息同时提供给运营人员。上下文研判数据应该包括数字资产画像、威胁情报、实体风险画像等。数字资产画像作为基础研判数据，方便运营人员快速了解告警相关资产的基础信息和历史画像。告警关联实体可直接匹配威胁情报数据，将命中情报标签作为富化信息融入告警，辅助运营人员研判威胁。围绕实体刻画的风险画像能够快速呈现告警实体在历史与当前的风险状态，帮助运营人员迅速评估影响和风险等级。

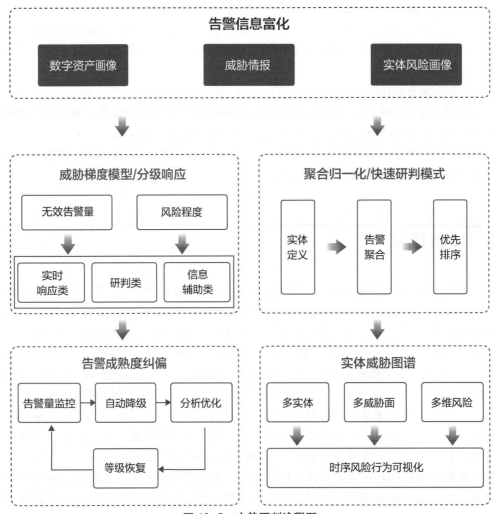

图 10-6　态势研判流程图

2. 威胁梯度模型

针对海量告警，需要依据威胁程度和准确率来划分梯度等级，运营优先级将匹配威胁梯度等级。根据告警威胁梯度等级，告警可分为三个等级，包括实时响应类告警、研判类告警和信息辅助类告警，划分的标准为每日的无效告警量级和告警指示的风险程度，无效告警量级越小且风险程度越高的告警的成熟度越高,运营响应等级也就越高。

1)实时响应类告警为成熟度最高的告警,一旦产生告警必须全天候实时通知预警并做出响应。

2)研判类告警的成熟度较高,可依据工作时间段和非工作时间段对响应时效设定不同的要求,建立超时通知机制,保证在要求时限内响应研判。

3)信息辅助类告警属于成熟度不够高的告警,通常产生的告警量级比较大,运营优先级不高,对响应时效要求宽松,此类告警一般可作为辅助研判的异常信息。

3. 聚合归一化

除了针对单一告警进行成熟度划分的运营模式,还需要一种快速研判模式,从实体维度对多维告警进行聚合归一化。首先需要定义各个威胁面中的实体,默认定义好部分实体属性字段,后续根据运营需求再灵活扩展实体属性,如来源实体、目标实体、受害者工号、受害者 IP、受害者账号、受害者主机、受害者应用、攻击者域名、攻击者工号、攻击者 IP、攻击者账号等。在各类告警信息中,统一标准化实体属性字段,在选定时间轴内将同一实体的告警聚合归一。根据实体聚合的告警数量和告警威胁等级进行排序,优先运营高风险实体。

4. 告警成熟度纠偏

虽然已对正式运营的告警成熟度做了威胁梯度划分,但是业务是动态变化的,变更无时无刻不在发生,任何变更都有可能影响检测策略,尤其是基线类策略,导致无效告警量级骤增。当业务变更导致无效告警量级骤增时,原本的告警成熟度就产生了偏离。此时需要及时调整告警威胁梯度,实现告警自动化降噪,保证高优先级告警的有效运营。因此,监控各类告警量级的实时统计数据,一旦它超出成熟度标准阈值,自动降级告警威胁梯度等级,同时通知策略安全工程师对降级告警策略进行分析和优化。当告警量级优化回归至原有标准阈值后,再回调告警威胁梯度等级。通过这一套闭环流程实现告警成熟度纠偏,实现运营负荷的动态平衡。

5. 实体威胁图谱

前面我们提到,针对单一实体的告警聚合归一化是一种简单直接的关联方式,用于判断响应优先级。在威胁运营过程中我们还希望能够通过实体威胁图谱掌握一段时间内多实体告警之间的关联性。实体威胁图谱从来源实体和目标实体两个维度,基于图计算、图存储、图检索能力,针对告警实体实现多实体、多维度的风险行为时序关联刻画。多实体、多维度风险行为时序可视化能够横跨不同的入侵威胁面,观测到多个关联实体之间在一段时间内的完整行为序列。实体威胁图谱是威胁运营的高级形态,也是未来发展智能威胁运营的基础。

10.4 威胁响应

在威胁被感知识别并定性为威胁事件之后,需要进行快速处置。事件响应离不开自动化能力的建设,数字银行的威胁响应平台需要解决传统银行中各个产品设备孤立且技术整合度低的问题,保证水位一致。威胁响应平台集成事前建设的可信防御产品能力和基础设施设备管控能力,基于威胁路径大图定义整个攻击生命周期中的各个攻击场景,定义攻击场景对应的响应处置,协调联动不同的产品设备进行最佳处置。整体的事件响应调度通过 SOAR[①]实现,编排各类响应剧本,在多点进行自动化处置。响应能力的精细化、有效性关键在于剧本的积累量和响应设备的适配度。响应剧本的沉淀可有效解决专家经验的碎片化,使响应处置固化为标准的业务流程,而构建中心化的统一指挥调度中枢降低了威胁感知与响应人员的使用门槛。

10.4.1 威胁事件响应步骤

告警在经过威胁研判定性为安全事件后,即开启了安全响应流程,对威胁进行归因,具体流程可参考图 10-7。安全响应的关键步骤包括取证调查、止血、溯源、定损修复和复盘。针对不同的安全事件类型,需要制定不同的应急响应模板。安全事件类型可划分为钓鱼邮件、终端入侵、病毒攻击、办公网漏洞、账号盗用、违规事件、勒索攻击、扫描攻击、非法入网、数据泄露、应用漏洞、主机入侵、主机挖矿、供应链攻击、情报事件、PUA 软件等。接下来详细介绍安全响应中的每一个关键步骤。

1. 取证调查

取证调查作为安全响应的第一步,需要根据不同安全事件类型来确定受影响实体,保持实体状态不变,执行备份提取操作。例如,钓鱼邮件事件需要保存 eml 文件原文,终端入侵和主机入侵事件需要对系统及文件进行备份,病毒攻击事件需要提取病毒文件等。在完成取证操作后,需要对提取的攻击实体执行调查分析,从中获取 IOC。通过 IOC 做进一步的横向排查,同时对 IOC 进行跟踪监控,确认存量和增量的影响面。

2. 止血

取证调查完成后,下一步需要执行止血操作,以抑制风险。根据不同环境,止血能力可划分为办公网止血能力、生产网止血能力和测试网止血能力。办公网需要具备的止血手段包括终端入网封禁、终端外连封禁、终端可执行文件隔离、域账号权限冻结、办公应用权限冻结、办公网络流量拦截、邮件撤回与阻断等。生产网需要具备的止血手段包括进程击杀、端口封禁、外连封禁、容器替换、主机账户冻结、堡垒机账户冻结、网络流量拦截、运维管控 AK(Access Key)封禁等。测试网需要具备的止血手段应尽量与生产网保持一致。每一种止血手段由不同的安全产品或安全能力来实现,对外开放 API 接口调用方式。借由这些止血 API 能够构建一个插件化可扩展的 SOAR 平台,形成统一的止血武器库入口,同时可将止血 API 作为安全编排的节点,融入安全响应剧本中,实现自动化响应。在止血动作完成后,需要对效果进行确认,以保证结果符合预期。

---

① SOAR:Security Orchestration, Automation and Response,安全编排和自动化响应。

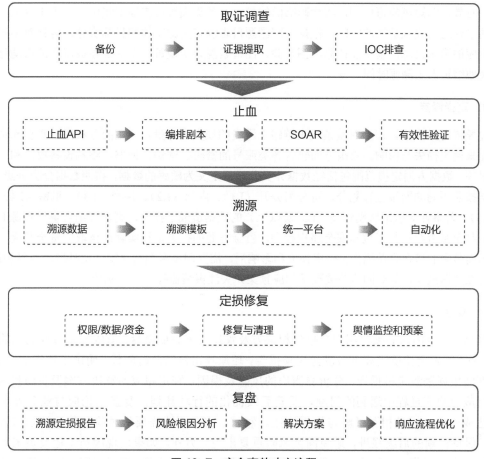

图 10-7 安全事件响应流程

3. 溯源

止血成功后,只是暂时抑制了风险。需要从发现的起始风险点位开始进行整条攻击链路的溯源排查,才能彻底根除威胁。能否溯源成功依赖两个关键点,一个是溯源数据的完整性和准确性,另一个是安全人员的经验。溯源数据需要覆盖到主机层、网络层、应用层的每一个威胁面,包括 EDR 日志、杀软日志、DLP 日志、邮箱日志、HIDS 日志、NAT 日志、DNS 日志、Syslog 日志、跳板机日志、防火墙日志、流量日志、入网日志、账号认证日志、应用审计日志、数据库审计日志等,同时还需要资产数据、漏洞数据、员工数据、各类告警数据等作为基础数据辅助溯源。安全人员根据历史经验,针对不同安全事件沉淀对应的溯源响应模板,其中包含需要排查的不同种类的数据。根据起始风险点确定初始溯源响应模板,对需要排查的数据进行初次筛选,伴随溯源排查的跟进,不断迭代更新排查模板中的排查数据项,直至溯源排查全部完成。

整个溯源流程需要往自动化方向发展,不断提升 MTTR(Mean Time to Response,平均响应时间）时效，缩短风险窗口期，防止影响面的扩大。各类溯源日志需要集中到一个平台上，减少在不同平台之间登录切换的时间。根据不同溯源日志源定义源实体和目标实体，再针对不同溯源模板对应的溯源日志，基于图计算、图存储、图检索能力实现每一个溯源模板流程的自动化，从而极大地缩短人工溯源时间。

4. 定损修复

完整溯源结束后，需要对整条攻击链路上遭受的损失进行盘点，主要分权限、数据和资金三个方面来确定损失与影响。权限方面包含各类账号的密码、密钥、证书、终端设备权限和主机容器权限等。数据方面定损范围包括经数据分类分级后定义为敏感的数据，按照数据分类分级规范，将数据按照不同的密级进行划分，可分为公开（L1）、内部（L2）、保密（L3）、机密（L4）和绝密（L5），若事件对敏感级别较高（L3 及以上）的数据造成了损失，则需要结合事件溯源的结果进一步判定是否存在员工数据安全违规行为。资金方面的损失是指实际被盗取的资金和因为业务受影响而带来的潜在收益损失。确定损失和影响后，需要同步漏洞与风险，及时推动修复和清理。如有潜在舆情风险，需要同步公关准备相应预案，关注舆情监控，及时响应。

5. 复盘

最后，安全团队必须组织安全事件相关方及管理层来完成复盘，形成安全事件响应的完整闭环。首先，安全团队需要准备溯源定损报告，还原攻击链路及时间线，明确事件造成的影响。复盘期间根据溯源定损报告，分析暴露出的风险及根因，制定相应的解决方案及资源投入。同时分析应急响应过程中遇到的问题，明确后续优化的行动计划。复盘结论应与业务方充分沟通并达成一致，提升相互了解与加强信任。然后，安全团队需要将风险和整改计划与管理层同步，保持计划的后续跟进，避免同类风险重复出现。另外，如果出现因员工违反员工手册要求或数据安全规范而导致安全事件，需要按照违规流程进行处置，根据不同的违规级别给出相应的处分。

10.4.2 威胁响应能力组成

在能力建设阶段，威胁响应的安全工程师需要关注常见或者模式化事件类型的定义，与这些事件类型相对应的剧本流程也需要在前期进行定义和映射。对实现这些剧本流程所需要的组成节点进行能力录入和配置，这些能力往往依赖其他系统的接口能力支持，如各类权限系统、防御产品、通知系统等。在网商银行的安全编排系统中（见图 10-8），主要采用 DAG[①]拖拽的方式进行剧本的构建，响应剧本需要与威胁事件类型相对应，通过定义不同的威胁事件类型区分需要执行的响应剧本，如钓鱼邮件、办公终端失陷、密钥失窃等事件类型。不同威胁事件需要选定映射的字段信息，这样对应剧本可准确获取事件中的变量作为输入，如主机的 IP 信息、员工的工号等。剧

---

① DAG：Directed Acyclic Graph，有向无环图。

本的具体能力存在误伤风险，为避免影响正常业务和正常办公，剧本上线须经过评审、灰度发布、正式上线三个阶段。

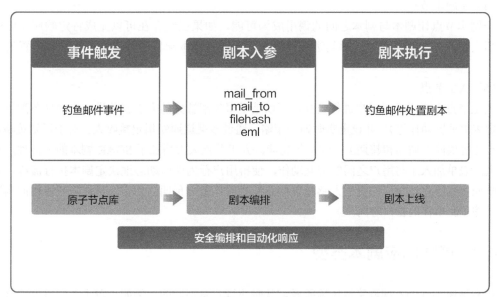

图 10-8　响应能力组成

节点作为剧本的组成单元，主要实现数据处理、服务调用、子剧本调用等，根据功能进行区分和定义配置。节点的类型如下。

（1）开始和结束节点

开始和结束节点是在剧本创建时默认存在的节点，主要在开始节点开放用作用户自定义变量配置的功能。除了变量配置，开始节点也需要配置剧本的驱动类型：事件驱动、手工驱动和接口驱动。开始节点承载了剧本基础属性配置的功能，对剧本的执行范围、执行时间、执行并发进行约束。结束节点标志着一个编排任务逻辑运行的结束点，可以配置任务结束的通知方式。

（2）服务节点

服务节点通过支持各类服务接口的接入配置，如 HTTP、HTTPS、RESTful、RPC 等，兼容与众多安全产品设备之间的联动，实现响应能力的扩展。在数据服务方面，统一日志平台与数据仓库都提供了接口服务，用于数据的即席查询，支持响应时的威胁事件上下文溯源。在处置服务方面，事前建设的各类可信防御设备提供了精细化的策略配置接口能力，在止血或防御联动场景提供核心能力。服务节点支持异步请求，后续节点不强依赖于此节点的响应结果，可以在依赖的节点前插入异步等待节点来获取异步请求的结果变量。

（3）脚本节点

脚本节点支持编写 Python 或 Java 代码，相对于接口组件提供了自定义的组件扩展性，可以通过引入 SDK 的方式兼容各类服务和产品，如 Kafka、OSS、Syslog 等，也可以对组件输入进行复杂的逻辑处理。该节点支持脚本的调试，通过调试日志的打印来定位报错。脚本节点是对服务节点的一种补充，通过脚本的编写实现复杂接口逻辑的请求包构建。

（4）子剧本节点

子剧本节点让剧本与剧本之间的调用成为可能，如果已经存在可以完成特定响应功能的剧本，那么在另一个剧本中可以对其进行调用，从而提高剧本配置的效率，避免剧本配置的重复劳动。

（5）人工节点

人工节点主要用于跟用户进行交互，可以基于事先配置好的人工表单进一步做任务配置（比如指定表单处置动作等），并设定实时通知策略，通过多渠道通知指定接收人。对于通知策略，人工节点还提供催办通知和超期上升通知等功能。人工节点大大增加了 SOAR 剧本的灵活性，并且通过人工表单加入了与用户之间的交互动作，使得用户行为能够动态地决定剧本执行流程，并能作为响应协作流程让对应的责任人感知事件并针对事件做出预期的动作，从而降低协作的沟通成本、压缩威胁事件的窗口时间。

10.4.3　威胁响应剧本类型

针对威胁事件的不同程度或风险阶段，其响应剧本是不同的。例如，对于入侵事件前置阶段的信息收集、漏洞尝试，可采用阻断、封堵等预防对抗型剧本。对于事件上下文信息不足而无法研判的，可采用上下文数据关联查询的调查取证型剧本。常用的威胁响应剧本可分为如下几类：调查取证型剧本，如上下文关联溯源；预警型剧本，如即时通知；预防对抗型剧本，如攻击源压制；缓解型剧本，如失陷终端网络隔离；恢复型剧本，如失陷资产止血策略还原。

1. 调查取证型剧本

在日常运营中会遇到由于告警透出的信息不足而导致无法判断异常是否为真实威胁事件的情况，此时需要对相关威胁信息的上下文进行关联溯源。除了通过数据关联来富化事件信息，还可通过取证手段对威胁主体的当前状态进行即时取证。以服务器主机为例，通过异常进程告警可进行进程链信息关联，进一步通过网络行为、文件读写行为进行关联，还可以通过主机取证能力实施可执行文件、内存导出等取证手段。在一些需要立即止血的场景，也可以通过调查取证剧本进行证据固定，以用于事后的影响面分析。这种类型的剧本可配置事件自动触发，也可以手工输入触发，须根据日常运营的场景来使用。

2. 预防对抗型剧本

预防对抗型剧本主要运用于边界上的攻防对抗，应对攻击者的扫描、渗透测试、高并发等异常行为，以预防边界被有效漏洞利用突破或直接利用边界系统漏洞获取数据和资金。

（1）攻击源压制

作为一家互联网银行，需要在公网边界开放大量的业务系统，因而每天都会遭受数以千计的

Web攻击。这些攻击主要可以分为以下几类。
- 针对全网的工具批量扫描。
- 针对某个用户的工具定向扫描。
- 黑客手动发起的定向渗透攻击。

我们在边界层层布防多种自研安全产品，例如用于对抗机器攻击的人机识别系统、用于拦截漏洞利用的Web应用防火墙和用于感知攻击的Web攻击检测系统。这几套安全系统都属于被动防御，传统的Web应用防火墙产品基本上都是针对IP-URL维度的单次拦截，当判定一个请求是攻击行为后，仅仅把这个请求进行单次阻断。而实际上，恶意攻击者们日复一日地对你的网站进行扫描、攻击，黑客可能一个通宵都在挖掘网站的漏洞、研究防护策略并尝试绕过。

我们针对这种情况实践了攻击源压制剧本，通过关联边界各类安全设备和攻击者画像的行为要素分析，依据行为六要素可以分设场景如扫描器、爬虫、漏扫；实体可以分为IP+UA、sslhashid、网商银行账号/支付宝账号；受体可以分为接口、域名、服务器；时间分为攻击时刻、持续时长；攻击动作可以分为资产探测、横向扫描、Web攻击；影响可以分为信息泄露、漏洞攻击等，如图10-9所示。

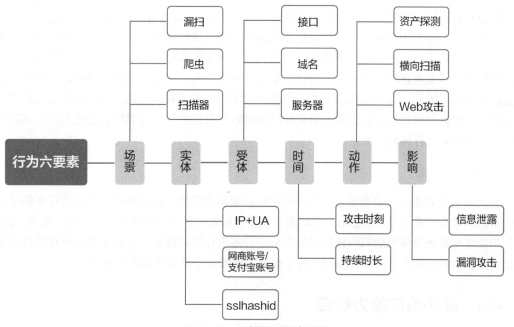

图10-9　压制评判维度举例

攻击源压制剧本根据行为六要素描述每次攻击者的行为，细化过程并通知安全运营人员，例如：一次攻击的场景是在持续扫描，涉及了登录态，可以知道对应的IP、UA、登录的账号，对xxx.mybank.cn域名进行扫描长达10min，动作表现为资产探测，影响面为对网商银行资产造成泄露。

(2) 流量牵引

除了攻击源压制预防对抗手段，我们还实践了针对 0Day 漏洞防护的流量牵引剧本。在现阶段的 0Day 漏洞利用过程中，攻击者很少直接使用漏洞攻击载荷进行利用尝试，而是先探测漏洞系统或中间件的标识。我们联动边界流量网关，对常见的各类系统或中间件的标识探测进行特征建模，对于命中的访问来源流量进行精细化牵引，尝试捕获相关漏洞利用攻击载荷，也可以将尝试进行渗透测试的攻击者流量牵引至特定环境中，以进行行为监控和分析。

3. 预警型剧本

我们会接入各类置信度较高的威胁情报，其中涉及各类 IOC，这些失陷指标与内部各层面的数据进行碰撞关联，一旦有命中的情况说明域内大概率存在失陷的主体，需要安全工程师立刻关注。预警型剧本可对符合要求的事件进行即时触达并引入安全工程师进行辅助响应，解决安全工程师需要时刻盯屏的问题。

4. 缓解型剧本

缓解型剧本主要应对边界已经被突破并导致内部资产失陷被控的情况，可进行快速地止血处置从而阻止威胁进一步失控。我们基于威胁路径大图中对内部攻击路径上的权限点进行梳理，以剧本能力输出了针对各个权限点的止血能力武器库，每一项能力的设计都是为了有效应对威胁主体的失陷。如员工终端失陷时，可通过对应的一系列终端网络隔离剧本、员工权限禁用剧本、安全通知剧本、终端取证固定剧本来应对这类事件的发生。由于一次成功的入侵必然会绕过一层或多层防御能力，因此，除了这些常见的止血缓解措施，在缓解方面我们还会联动可信防御设备的服务接口，对入侵过程进行快速调查追溯和防御策略短板分析，通过编排调度能力对攻陷路径上的可信防御设备进行策略热更新。

5. 恢复型剧本

预防对抗型剧本和缓解型剧本中都涉及了防护策略的变更，而策略的判定可能存在偏差，导致剧本的动作给正常业务带来影响，此时需要恢复型脚本对已下发的策略进行回滚和恢复。另外，恢复型剧本可以在事件完成响应评估后对止血的设备进行网络恢复、对相关凭证进行轮转重置、通知负责安全意识的人员对事件过程进行了解，为后续安全意识培训准备素材。

10.4.4 威胁响应能力验证

响应能力落成以后，调查取证型剧本和预防对抗型剧本在日常对抗过程中触发比较频繁，一旦剧本失效就可以发现问题。但是其他类型剧本日常几乎没有触发执行，那么为了保证能力持续的有效性，以及在关键时刻稳定生效，就要依赖针对响应能力的有效性检验机制了。我们主要基于两方面的工作，一方面，面向各响应能力创建靶机资源，通过靶机资源的剧本执行响应来验证剧本的可用性，这项自动化工作的实现还可以对剧本的效果进行量化，如时效性、可靠性等；另一方面，通过实战检验团队的红蓝演练过程，对相关实战场景进行响应能力检验，确保响应效果符合预期。

10.5 小结

从感知覆盖到威胁识别再到威胁研判，就像一层层滤纸从最原始的数据中过滤出威胁事件，每一层滤纸都需要设计得刚刚好，过于稀疏会导致最后产出的是误报的威胁事件，过于细密会导致威胁信息在过滤过程中丢失，只有结合基础设施、应用系统、人员情况等多方面信息的精细化策略才能兼顾高检出和低误报。每一类威胁事件按照响应流程井然有序地执行应对才算是完整的事件闭环，这离不开高效的跨部门协同、自动化的系统调用动作和不断的演练打磨。

第 11 章

威胁感知与响应应用实践

第 10 章主要是从架构视角介绍了威胁感知与响应体系建设,下面将从实战的角度进行探讨,介绍网商银行在一些重点威胁场景上的建设实践。这里我们选取了流量攻防、终端失陷和数据盗取三个场景的实践案例。

11.1 流量攻防

企业业务对外提供的服务暴露在公网边界上,任何人都可以通过互联网与其进行交互,交互的重要媒介便是流量数据,但是其中有好人也有坏人,对应地便产生了纯净正常流量和恶意流量。恶意流量包括 CC 攻击、Web 攻击、垃圾注册、信息爬取、机器流量、秒杀/刷量活动促销作弊流量等。企业为了保障业务系统和用户个人信息的安全,需要在流量边界层构筑攻防对抗能力,识别恶意流量并拦截阻断,从而保障业务系统的稳定性和消费者权益。

11.1.1 解决方案

在流量攻防的实践过程中,我们构建了包含终端、网关、云端的多层防御与感知体系,可参考图 11-1。终端层涵盖浏览器、App、小程序等客户端,负责终端设备、行为、系统、软件的异常识别与上报。网关层统一串行接入所有流量,基于流量特征、行为特征、终端特征等运行防护策略,在网关层实现恶意流量的实时拦截阻断,同时镜像流量数据同步接入云端分析。云端层构建旁路分析引擎,基于网关层拦截过滤后的镜像流量感知和识别遗漏的恶意流量,反哺网关层进行止血操作。

终端层:基于安全 SDK 和 JS 生成设备指纹,用于唯一标识一台终端设备,同时检测系统运行环境,识别恶意设备环境特征,如系统 root/越狱、hook 行为、debug 行为、模拟器、虚拟容器、重打包、代理等;除了设备异常检测,还对端上异常行为进行检测,如模拟点击、模拟滑动等;实时上报设备指纹与异常识别结果。

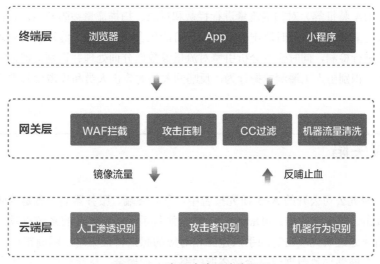

图 11-1 流量攻防系统流程图

网关层：终端所有流量串行接入网关层，在网关层部署和执行安全防护策略，实现恶意流量的过滤清洗。在网关层可以实时对流量进行特征提取和处理，实现特征匹配、名单匹配、统计指标比较等拦截策略。例如，对单条流量数据进行 Web 攻击特征匹配来实现 WAF 拦截能力、匹配扫描器特征对扫描器流量进行拦截、统计不同维度的频率指标对 CC 攻击流量进行过滤、匹配端上异常识别结果进行拦截和触发挑战策略、对攻击设备或 IP 通过黑名单匹配进行压制、为云端分析结果提供动态名单止血能力。网关层对恶意流量进行清洗后，将采集剩余流量镜像作为云端层的输入数据。

云端层：在云端层构建不同的分析引擎和任务，基于拦截过滤后的镜像流量，可以在更大时间跨度范围内对恶意流量进行识别，同时根据不同的风险识别需求不断横向扩展。在 Web 攻击场景下，网关层已经拦截和过滤了大部分的扫描器流量，云端分析引擎可以专注于人工渗透测试的感知，识别攻击者身份、意图与手法，精准运营更高风险的人工渗透行为。在机器流量识别场景下，云端分析引擎可以在更大的时间跨度范围内分析行为异常、统计分布异常，结合端上异常识别结果和机器学习算法，综合研判隐蔽的机器行为，反哺网关层以执行止血操作。

11.1.2 效果

通过终端、网关、云端的多层流量攻防体系，可实现对绝大部分恶意流量的常态化拦截，同时对隐蔽性强的恶意流量也能够有效识别与响应，最终使流量触达业务系统时能保持极高的纯净度，在公网边界实现对安全风险的有效控制。接下来以外部攻击人员进行漏洞挖掘攻击为例，介绍流量攻防体系的防控流程。

首先外部攻击人员利用漏洞扫描器对企业互联网开放系统进行大范围无差别的扫描，用以快速发现常规漏洞，此时终端层可识别出常用漏洞扫描器并上报网关层，同时网关层结合请求频率及扫描流量特征（如 UA 特征等）对扫描流量进行拦截和过滤。扫描流量被阻断后，攻击人员会尝试对业务系统进行人工漏洞挖掘，此时攻击流量较少且可能包含绕过手法，终端层将对攻击人员使用的设备和代理工具进行检测，同时云端分析引擎对流量参数做分词处理并识别关键词特征，结合历史攻击人员情报库，识别出人工漏洞挖掘行为，反哺网关层对攻击人员和攻击设备进行拦截压制。

11.2 终端失陷

在各大安全研究公司公开的 APT 研究报告中，办公终端、服务器端一直是攻防必争之地，攻击者通过钓鱼攻击、供应链攻击、0Day 的 RCE 漏洞等手法获取终端的系统权限，同时威胁感知与响应团队不断地通过研究攻击者的手法建立相对应的感知特征策略。网商银行在对威胁路径图的梳理中，对所有能够导致数据或资金被盗取的路径进行聚合、排序分析，发现聚合重叠度较高的节点多数是办公终端节点或服务器终端节点，从威胁路径的各阶段来看，终端系统权限往往是突破企业边界后获取的初始权限，在边界试探或突破的初始阶段有效感知和快速响应能够使损失最小化，从而带来最大业务价值。

11.2.1 解决方案

在针对终端失陷的威胁感知与响应建设实践过程中（见图 11-2），首先是终端的感知覆盖建设，包括终端进程信息、终端网络信息、人员操作信息等基础数据，从这些围绕终端的信息数据中提取不同维度的行为情况，以图结构构建终端的行为序列图。采用可信的思路对终端的历史行为序列进行建模，通过围绕终端展开的知识图谱决策终端是否失陷。对于行为序列偏离可信行为序列较多或命中黑名单规则的终端采取调用自动化终端失陷响应剧本的方式进行处置。下面针对方案中的知识图谱构建、终端失陷决策和终端失陷响应处置，以办公网终端为具体业务场景进行介绍。

1. 办公终端失陷知识图谱

在办公终端失陷问题中，我们通过知识图谱构建以办公终端为本体进行模型设计。第一个阶段是基础数据梳理，需要对办公终端上下游的基础数据进行系统性梳理。逻辑上我们分为办公终端的入向数据、办公终端的端上数据、办公终端的出向数据。办公终端的入向数据大致包括以办公终端设备为对象的网络请求、办公终端从外部主动获取的文件、办公终端对应员工的邮箱收信等；办公终端的端上数据大致为办公终端设备的进程日志数据、办公终端设备的文件读写日志数据、办公终端设备的软件安装数据等；办公终端的出向数据大致为由办公终端发起请求的各类协议网络日志数据。除了上下游数据的梳理，还需要梳理终端所属员工维度的基础信息。第二个阶段是知识图谱范式设计，基于办公终端失陷这个业务场景的专家理解，定义办公终端知识图谱中的实体和关系，在此之上我们设计办公终端知识图谱点、边的构成和业务含义。第三个阶段是图谱数据处理，对接入的基础数据按照范式设计清洗到实体维表和关系维表中，在这个阶段还需要纳入实体和关系的安全知识，比如实体的属性中还需要提取语义化行为标签，这依赖第 13 章介绍的威胁路径图作为知识输入，帮助我们理解这个场景下的攻防知识，更全面地建立行为维度语义标签。第四个阶段是知识图谱构建，基于知识图谱平台完成维表数据接入、图谱点边的关系映射，进而实现数据的导入和知识加工。经过以上四个阶段，实现了办公终端知识图谱的构建过程，知识图谱可以应用在安全事件溯源查询场景，也可以应用在基于图谱的威胁检测场景，还可以作为子图与其他知识图谱关联。

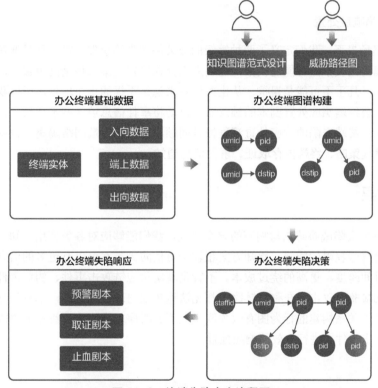

图 11-2　终端失陷方案流程图

2. 终端失陷决策

在构建了办公终端知识图谱以后，我们需要将图谱应用于办公终端失陷的威胁检测中，检测模块由图计算平台支撑，决策逻辑的实现由可信行为收敛、行为偏离分值、自适应威胁阈值三个部分组成。

可信行为收敛：基于可信的思路对存量办公终端上游、端上、下游行为进行白名单收敛。比如域名请求解析，办公终端唯一标识、域名请求解析、域名是构成图谱的一个三元组单元，对历史域名请求解析进行白名单收敛就构成了每个办公网终端的可信域名请求解析行为。

行为偏离分值：基于时序标签将知识图谱中增量的行为与知识图谱中存量的行为进行非白名

单行为的检出，针对不同的行为维度出现行为偏离对应不同的威胁分值。基于图数据结构，明确以办公终端为本体构建非可信行为序列组成的图谱，汇聚统一办公终端主体的威胁分值，输出终端失陷的威胁打分。

自适应威胁阈值：不同办公终端对应不同画像的员工，以职责为例，有运营岗的、研发岗的、数据开发岗的、网络安全岗的，不同员工的威胁容忍度也是不同的。我们员工实体的各种属性标签变化自适应生成此刻这位员工的办公终端设备的威胁红线阈值，以此来决策这台办公终端是否已经失陷，以及是否需要人工介入研判。

3. 终端失陷响应处置

在终端失陷场景下，我们定义了两种等级的办公终端失陷事件。第一种是低等级的，从决策角度来说行为偏离比较小，可能是误报，需要人工介入研判。第二种是高等级的，从决策角度来说行为偏离很大，几乎不可能是误报，从止血场景来说是无损的止血场景，所以我们需要将这种事件类型作为办公终端响应处置剧本的触发器，自动将事件信息填入剧本参数，进而对失陷的办公终端进行响应。终端失陷的响应处置流程按时间顺序大致为终端网络隔离、设备员工相关账号使用二次安全挑战策略、终端内存取证、事件信息通知。

11.2.2 效果

通过办公终端失陷威胁感知与响应的方案建设，我们能够应对各类使用已知或未知攻击手法来获取员工办公终端权限的威胁，感知方案相较于可信防御方案可以有更多的信息源输入、更宽裕的威胁分析时间跨度、更高的绕过成本。不管是真实供应链攻击事件、钓鱼事件还是内部安全人员模拟的实战检验，攻击者在整个链路上都无法避免地出现行为偏离，单点的行为偏离容易产生大量误报，基于关系构建的行为图有效关联了上下文时序行为，能在终端被攻击者获取权限的近实时窗口内检出事件并进行有效的响应处置。

11.3 数据盗取

2021年8月20日，《中华人民共和国个人信息保护法》（以下简称《个人信息保护法》）正式通过，并于2021年11月1日正式施行。《个人信息保护法》的诞生标志着我国网络数据法律体系中继《网络安全法》《数据安全法》之后，具有重要意义的一块拼图终于落定。《个人信息保护法》规定自然人的个人信息受法律保护，任何组织、个人不得侵害自然人的个人信息权益。

个人信息处理者应加强自身对于个人信息安全的保护能力，防止出现外部攻击者非法盗取业务数据或内部员工未按规定留存查询授权材料、未经消费者同意私自查询、虚构理由和业务背景查询信息等问题，从而杜绝银行数据泄露。

11.3.1 解决方案

数据防盗系统是网商银行自建的数据查询异常检测服务,基于对业务系统的理解,从流量侧的多维度,如常用网络环境、设备、浏览器、业务系统和接口,剖析每个用户对数据资源的访问行为,预期从中挖掘出攻击者的攻击行为和内部员工的内鬼行为,并进行威胁响应和处置,可参考图 11-3。数据防盗系统使得在所有应用系统渠道访问个人信息都可以实现有效的异常检测,降低外部攻击者和未经客户授权的内部员工非预期查询风险以及客户数据泄露风险,规范了银行账户信息查询业务操作。

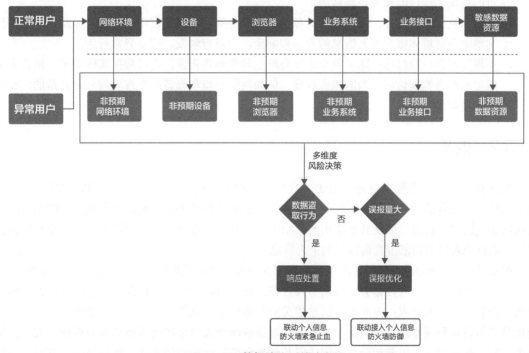

图 11-3 数据防盗系统流程图

数据防盗系统和个人信息防火墙的协同关系是互为纵深、相互依赖。首先所有返回个人敏感信息的接口原则上都要接入个人信息防火墙,数据防盗系统会根据系统是否接入个人信息防火墙来调整检测策略的权重,对未接入或绕过个人信息防火墙的行为做异常检测,对于未接入个人信息防火墙的误报较多的系统接口,会输入给个人信息防火墙作为高优覆盖接入防御能力的依据,以减少数据防盗系统的检测和响应压力。

回到数据防盗系统本身,异常检测策略具体包括以下几个维度。

- 网络环境维度:预期内绝大多数访问办公网业务系统的行为是从办公网发起的,少有从测试网或生产网发起的访问行为,按照相同用户登录态归并历史和当前访问行为,可以判断同一用户登录态的网络环境是否发生偏移。

- 设备维度：预期内同一用户的设备是相对固定的，如果有新设备发起访问敏感业务数据，一种情况是由员工正常领用新设备造成，此类特殊情况可以通过关联 IT 部门数据来解决误报问题；另一种情况可能是攻击者拿到用户账密凭据，在攻击者设备上冒用正常员工身份。
- 浏览器维度：预期内同一用户的浏览器类型是相对固定的，且在正常情况下浏览器不断更新，因此浏览器的版本号是越来越高的，如果有浏览器版本号降级的，甚至是该浏览器类型从未出现过，则此时的访问行为是可疑的。
- 业务系统和接口维度：预期内不同业务系统的用户群体是相对固定的，每个用户能访问或常访问的、可以返回敏感业务数据的业务系统和接口也是相对固定的，因此访问从未访问过的系统和接口的行为是异常的。
- 查询和响应数据维度：预期内查询和响应的业务数据归属正常用户列表，因此可以监控黑名单中高危群体账户个人信息的查询和响应，一旦有触发，即是异常行为。
- 多维度综合风险打标：除了单个维度会产生异常检测告警，也可根据实际情况，结合多个维度来综合判断访问行为的威胁程度，例如网络环境和设备两个维度同时是异常的，或所有维度都是异常的。

11.3.2 效果

数据防盗系统可阻断来自外部攻击者身份冒用和内部员工内鬼行为导致的客户信息泄露风险。当外部攻击者成功窃取数字银行员工的访问登录账号和密码时，他就同时获得了该账号下所有应用系统的访问权限，以及其他应用的权限申请路径。内部员工可以利用自身账号和功能访问权限，根据个人目的超范围查询客户的个人信息。

外部攻击者获取内部身份后，产生的异常操作习惯可以被数据防盗系统的行为分析策略录入，异常行为访问的人员行为数据会被自动写入告警运营平台，一旦后续在业务系统触发数据查询就能进行有效的感知和响应；内部人员通过相关业务系统恶意查询个人信息时，数据防盗系统会校验该员工的设备和浏览器等行为发起端资源，以及联动个人信息防火墙确认是否有相关服务的预期内访问。若内部员工想要超服务范围访问其他平台或其他客户的数据，就会因为没有服务关联关系而被检测和响应。

11.4 小结

在威胁感知与响应建设的过程中，需要阶段性地盘点当前数字银行面临的威胁态势，罗列当前面临的头部威胁事件来指引日常工作的优先级。攻防对抗不断升级，行业安全态势瞬息万变，面对不同的攻击目的、攻击实现路径，威胁感知与响应需要剖析攻击者的意图、拆解攻击过程中的行为，知己知彼才能百战不殆。

第五部分

实战检验

真实的黑客攻击可以最直接、有效地检验企业的安全防御能力建设情况，然而真实的黑客攻击发生的频率很低，并且极可能伴随着企业无法承受的损失。为了最大限度接近真实黑客攻击的检验效果，网络安全从业人员借鉴了军事领域的军事演习形式，将自身作为攻击方来模拟真实的黑客攻击以进行实战攻防演练，通过这种模拟攻击形式可以大大降低企业面临真实黑客攻击时遭受的损失，同时提升检验效果。

本部分内容主要介绍网商银行在实战检验方面的最佳实践，第 12 章介绍了业内实战攻防演练的做法、优势和遇到的问题，以及网商银行提出的实战检验体系是如何解决这些问题的。第 13 章会介绍网商银行提出的安全水位评估框架的理论基础和基于此框架如何进行安全水位评估工作。第 14 章会详细介绍网商银行实战检验体系的落地，并会以一个虚拟企业为例完整地描述一次演练是如何进行的。

第 12 章

实战检验基础

本章将介绍业内实战攻防演练和有效性检验的做法、优势及遇到的问题。针对这些问题，网商银行通过不断探索和实践沉淀出了一套实战检验体系。依据本章提到的方法论，通过不断的实战攻防演练发现未知风险，以及通过自动化有效性检验验证企业安全能力的有效性，可以全面、高效、有序地产出防御、感知等的量化指标，从而得到企业安全水位。

12.1 实战攻防演练

12.1.1 实战攻防演练概念

网络安全领域的实战攻防演练又称红蓝演练，即安全从业人员通过模拟黑客攻击的形式对企业网络进行攻击。演练中作为攻击方的称为蓝军团队，主要负责模拟各种各样的真实黑客攻击行为，以对企业网络进行攻击，日常主要进行先进攻击技术和 APT 攻击案例研究，蓝军团队掌握了最先进的攻击技术。演练中负责防守的称为红军团队，在演练中针对蓝军攻击行为进行感知、溯源、拦截、止血等工作，日常主要进行企业安全的防御、感知、溯源等网络安全防御体系建设。

12.1.2 实战攻防演练流程

实战攻防演练一般分为三个阶段，包括准备阶段、实施阶段和复盘阶段，通常由企业内部蓝军在红军不知情的情况下发起攻击，以检验红军在日常情况下应对真实攻击的安全能力。

在准备阶段，蓝军团队会完成演练目标的确定、演练内容的准备、演练的报备等工作。目标设定可以是窃取资金、盗取核心数据、获取重要系统管理权限、验证某种新的攻击方式等。演练准备的内容包括攻击服务器、域名、漏洞、漏洞利用工具等。当确定完目标并完成相关准备工作后，蓝军会向管理层报备演练信息，通常情况下这些信息不对红军展示，用以检查红军在面对突发的网络攻击事件时的真实应对能力。

在实施阶段，蓝军团队利用各种攻击方法对企业发起攻击，在攻击过程中蓝军会遵守一些事先约定好的规范，以确保演练过程中不会造成服务宕机、数据泄露等影响。红军团队则在攻击过程中进行日常的安全防御工作，对攻击行为进行感知、溯源、拦截、止血等工作。蓝军团队在达到攻击目的或者到达指定攻击时间等事前设定好的演练停止条件后停止攻击，攻击阶段工作结束。

除了自建企业蓝军团队外，企业还可以通过采购第三方安全公司的 APT 演练服务、通过 SRC 鼓励白帽子发现企业漏洞等形式发现企业潜在的未知风险，这些都是对企业蓝军团队的一个很好的补充。

攻击结束后红蓝双方进行复盘，复盘过程中蓝军为红军讲解整个攻击流程及暴露的风险，然后进行防御工作复盘。红军团队认真审视演练中暴露出来的问题，制定整改计划，完善防御体系。

12.1.3　实战攻防演练遇到的问题

通过不断的实战攻防演练可以持续暴露企业存在的安全问题，促进完善企业防御体系。然而，单纯的实战攻防演练在实施过程中会暴露许多问题。例如，随着演练次数的增加，常常会重复已经演练过的攻击路径、攻击方法，应该如何确保实战演练的高效？真实黑客的攻击路径有很多种，如何确保实战攻防演练能有效、全面地覆盖这些攻击路径？实战攻防演练产生了很多攻击、防御、感知数据，如何对数据进行有效的利用以体现公司的信息安全水位？如何制定规范确保实战攻防演练不会对业务、系统造成影响？

12.2　有效性检验

12.2.1　有效性检验概念

网络安全领域的有效性检验，是一种通过自动化或人工手段来验证企业为应对已知风险制定的安全能力的有效性。这个概念与 2017 年 Gartner 在《面向威胁技术的成熟度曲线》报告中首次提出的 BAS[①]相似，2021 年 Gartner 对 BAS 技术的评级为"高"，《2022 中国安全成熟度曲线》报

---

① BAS：Breach and Attack Simulation，即入侵和攻击模拟，BAS 通过自动化模拟外部和内部攻击场景，使企业可更好地了解自身安全薄弱点，为企业建立并持续优化安全运营能力提供支撑。

告中将其定为有潜力的高价值技术。BAS 技术通过自动化模拟来自外部和内部的攻击,使企业更好地了解自身安全薄弱点,对实战攻防演练是一个很好的补充。

12.2.2　有效性检验流程

有效性检验流程一般可以分为三个阶段,包括能力建设阶段、有效性检验阶段和复盘阶段。通常企业红军可以针对安全建设情况建立巡检能力来确保安全能力的有效性,也可由企业蓝军发起,以攻击者视角结合企业红军的安全建设情况来建立有效性检验机制。

在能力建设阶段,首先需要红蓝双方确定进行有效性检验的范围,有效性检验是对已建成能力应对已知风险能力的验证。其次蓝军要梳理针对这些已知风险的各类攻击方法、工具和黑客行为习惯等。然后将这些攻击方法、工具和黑客行为习惯转换成可自动化运行的剧本,剧本依靠已建成的平台能力下发到终端或各安全产品上。最后所有剧本的执行结果都应该有对应的安全能力反馈,并自动化地判断已建成能力的有效性。在剧本编写和平台能力建设过程中需要注意不能对业务连续性产生影响。

有效性检验阶段是一个周期性、持续性、全面覆盖的过程。通过已建成的系统平台下发剧本来持续不断地验证安全能力的有效性,并周期性地得到检验结果。同时也并不是所有的已知风险都能进行自动化检验,也需要人工检验进行补充,以保证覆盖的全面性。但是未来的趋势仍然是全面地实现自动化。

在复盘阶段,有效性检验的频度很高,且发现不符合预期的情况也较多,这与实战攻防演练复盘不同,当有效性检验结果不符合预期时可随时进行复盘以排查根因。

12.2.3　有效性检验遇到的问题

网络安全的有效性检验是一个较新的技术,各家的定义也均有一些出入,很多商业公司和甲方企业都在完善和探索中。当然,在这个过程中我们也会遇到一系列问题:有效性检验与实战攻防演练如何共同搭配以高效提升企业安全水位?有效性检验机制是如何在覆盖度和有效性间进行权衡的?有效性检验机制如何保证不对真实业务产生影响?

让我们带着这些问题来看看网商银行安全团队实战检验体系是怎样落地的,在之后的章节里会详细介绍网商银行的实战检验体系、水位评估框架、体系落地和最佳实践。

12.3　实战检验建设思路

为了科学衡量网商银行的安全水位,网商银行成立了一支实战检验团队,致力于通过实战攻防演练和自动化有效性检验评估网商银行的安全水位,并通过不断的探索和实践沉淀出一套实战检验体系。企业红蓝方将在高频度的对抗和合作中共同进步，全面提升企业安全水位。本节会从整体上介绍网商银行实战检验体系及体系内的相关概念。

12.3.1 设计思路

如图 12-1 所示，实战检验体系以威胁路径图为理论依据，企业红军基于威胁路径图理论对防御能力进行标识并获得推演的安全能力建设指标，企业蓝军基于威胁路径图理论通过实战攻防演练的形式覆盖全部攻击路径以发现未知风险，通过自动化有效性检验来验证已建成安全能力的有效性，整个过程使用实战检验管理系统进行管理，配合实战检验管理制度和规范等形成完整的实战检验体系。通过企业蓝军、企业红军、外部攻击者（外采演练、SRC 众测等）等多方数据的校正计算，最终得到一个时间段内企业真实的安全水位指标数据。

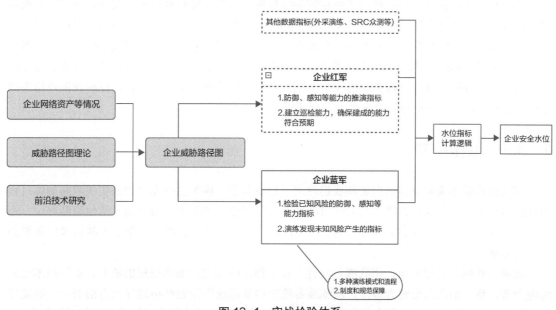

图 12-1 实战检验体系

实战检验体系共分为三个部分，第一部分是企业红蓝军依据企业当前的网络架构情况和企业资产信息抽象出企业的威胁路径图，并以共建的威胁路径图作为整个红蓝演练的指导依据。威胁路径图中包含了攻击者所有可能的攻击路径，基于这些路径红军会进行一个初步的打标，标注出安全建设的情况，蓝军会基于历史真实攻击案例、利用成本以及是否有防御能力等多个维度去判断每条路径的优先级，蓝军可以根据优先级对较为紧急的路径优先进行检验，使未来的红蓝演练工作有序进行。

实战检验体系的第二部分主要是蓝军检验企业应对已知风险的安全能力有效性和发现未知风险，这部分由蓝军的能力建设、制度规范建设、红蓝演练的模式和流程等几个模块支持。蓝军的能力建设包含了技术研究和储备、工具工程化的能力和团队协作能力；配套管理机制包含了《红蓝演练报备机制》《蓝军操作规范/红线》《数据迭代保鲜机制》等，这些机制可以使演练安全平稳地进行；为了使实战攻防演练更为高效，蓝军可以根据具体攻击路径的难度等因素判断选择何种演练模式，全链路演练需要从互联网发起攻击，难度最大，预设场景演练可以预设已经获取了办公网权限、测试网权限等为起点发起攻击。同样为了使得实战攻防演练能发现的未知风险更多，红军防御的模式也分为两种：演练模式和观察者模式，演练模式下红军全程正常地对攻击行为进行感知和拦截，观察者模式下红军对蓝军的攻击行为仅进行感知而不进行拦截，可以让蓝军检验一条威胁路径下所有的感知能力是否有效。当然实战攻防演练前期需要进行大量的准备工作，人力和时间成本巨大，所以面对已知风险会采用自动化有效性检验的方式进行，该方式的优势是可以快速覆盖大量资产，对于新出现的攻击方法变体也可以快速地在原有自动化能力上进行升级。

实战检验体系的第三部分是对实战攻防演练数据、自动化检验数据进行沉淀，并与红军推演和巡检数据以及外部产生的攻防数据（外采演练、SRC 众测等）交叉验证，对关键指标进行计算和演练复盘。一次实战攻防演练可能发现新的攻击路径或攻击方法，一次有效性检验有可能得到攻击路径上真实的防御情况并计算得到感知率、拦截率等关键指标，可以得到攻击方法的覆盖情况，根据这些数据计算并获得企业的安全水位。基于这些关键结果进行复盘，挖掘预期外结果的根因，这些可以有效地指导红军未来的安全建设工作。

12.3.2 运作机制

在实战检验体系建立前的探索期我们遇到了很多问题，例如没有充分评估实战攻防演练过程中可能对真实业务造成的影响、大量时间消耗在互联网边界突破上从而忽略了其他隐蔽路径、不能反映企业安全建设的真实情况等。基于以上问题，后续章节会详细介绍配合实战检验所需要的一整套完整机制。

在能力和机制建设方面，团队成员要有工具工程化的能力、漏洞挖掘的能力、前沿技术追踪的能力等，整个团队需要通力协作。演练准备阶段和演练过程需要严格遵守已有的规范、制度以及红线，按照演练流程进行演练；正式的实战攻防演练需要依托威胁路径图来判断演练的优先级，根据演练目标选择适用的演练模式，使演练有序、全面、高效地进行；在复盘时以实战检验管理系统沉淀的攻防数据为依据计算各类安全指标，通过对指标的横向对比，可以看到红军在威胁路径图中各个路径的薄弱点。通过对指标的纵向对比，可以看到蓝军在演练过程中攻击技术的覆盖度、红军在所有威胁路径中感知率和防御成功率的情况。同样，随着时间的变化，这些指标的变化情况也是很有价值的，蓝军的目标就是能覆盖威胁路径图中的所有路径，尝试所有可能的攻击方法。红军的目标就是使得防御和感知建设能够覆盖威胁路径图中的所有路径，并且保证已建设的能力是有效的。

按照实战检验的运作机制开展工作，可以确保实战检验过程规范、规避风险事故发生，确保实战检验安全、可控地实施。

12.4 小结

本章介绍了业内实战攻防演练的常规流程和网商银行实战检验体系,威胁路径图理论、实战攻防演练、自动化有效性检验、规范制度与系统支撑等共同组成了网商银行的实战检验体系。第 13 章会具体介绍网商银行实战检验体系依据的方法论,第 14 章会详细介绍实战检验体系落地过程当中各类演练形式的具体流程和规范制度。

第 13 章
安全水位评估框架

本章从图 13-1 所示的 3 个部分来介绍安全水位评估框架。这 3 个部分即安全水位定义、威胁路径图模型、安全水位指标。安全水位定义部分基于我们对安全水位的理解定义了我们评估的对象。

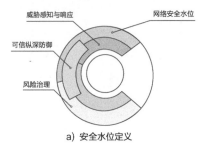

a) 安全水位定义

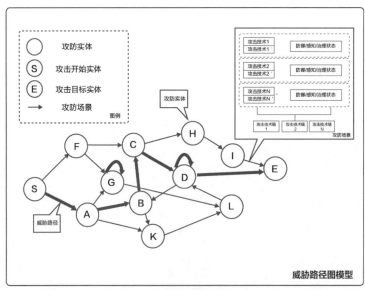

b) 威胁路径图模型

图 13-1 安全水位评估框架

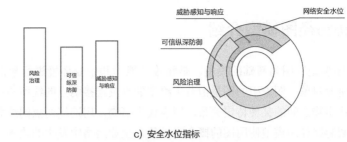

c）安全水位指标

图 13-1　安全水位评估框架（续）

威胁路径图是一个对攻击进行数字化描述的模型，通过数字化语言描述所有可能的攻击路径、攻击技术等。安全水位指标讲解了如何基于威胁路径图进行安全水位的检验并根据检验结果形成量化指标，周期性展示安全水位指标及其变化趋势。

13.1　安全水位定义

安全水位是对企业应对攻击的能力进行衡量的指标，基于对安全的理解，此处将安全水位定义为由事前安全建设、事中动态防御、事后威胁感知与响应三部分能力组成，覆盖了攻击事件发生的全生命周期，三部分能力的综合表现体现了企业应对攻击的能力。

事前的安全建设在最大程度上减少了攻击者的攻击面，提供了企业最基本的安全防护能力，网商银行的事前安全能力主要由默认安全提供。

事中的动态防御提供了在攻击发生过程中对攻击的实时拦截能力，事中的拦截能力可以有效弥补事前遗漏的攻击面，如各种 0Day 漏洞的攻击等，网商银行的事中拦截能力由可信纵深防御提供。

事后的威胁感知与响应提供了对各种攻击的感知与响应能力，在众多安全能力失效后提供最后的安全保障。

通过事前、事中、事后的多种安全能力的交叉覆盖，可以防御的最大攻击面代表了企业的安全水位。

13.2　威胁路径图模型

威胁路径图是安全水位评估框架的基础，威胁路径图是一个将攻防能力和企业环境相结合并进行数字化描述的数据模型。基于威胁路径图模型建设的数据集包含了所有可能的黑客攻击路径及相关攻击能力，是对企业进行安全水位评估的基础攻击数据，为安全水位评估提供了基础数据支撑。

13.2.1　威胁路径图模型介绍

威胁路径图模型是以图为基础的模型,是将攻防能力和企业环境进行紧密结合的攻击描述模型。图论以图为研究对象,图论中的图是由若干给定的点及连接两点的线所构成的图形。这种图形通常用来描述某些事物之间的某种特定关系,用点代表事物,用连接两点的线表示相应两个事物间具有某种关系。威胁路径图模型使用图的概念来抽象在企业网络中发生的攻击行为,用图中的点表示企业中的 IT 资产,用图中的线表示攻击关系,用图中的路径表示完整的黑客攻击路径。威胁路径图模型在图的基础上对点和线的属性进行扩充,形成了可以描述完整攻击过程的数字化模型。

按照威胁路径图模型建设的描述攻击行为的数据集称为威胁路径图,安全人员可以根据威胁路径图对攻击行为的描述进行检验,检验的结果数据通过不同方式的计算可以作为量化指标来衡量企业的安全建设情况。攻击方可以根据威胁路径图内的数据进行高效、有序、全面的检验工作,防守方可以根据威胁路径图数据检验结果调整安全建设方向和重点工作内容,依托威胁路径图,攻防双方将共同协作以提升企业安全水位。

13.2.2　威胁路径图模型的数据结构

威胁路径图模型的基础结构是图,各个数据结构及数据之间通过图进行关联。图 13-2 从全局视角展示了威胁路径图模型的数据结构,图中圆圈代表攻防实体,表示企业的 IT 资产。圆圈之间的连线代表攻防场景,用于表示攻击发生的位置。连线之上关联了所有可能的攻击技术链。图 13-2 中加粗部分代表了一条完整的攻击路径,包含黑客从攻击起始实体到攻击目标实体经过的路径及使用的攻击技术链。

为了更好地介绍威胁路径图模型的概念,本小节会详细介绍威胁路径图模型所涉及的各种名词的含义及数据结构。

1. 攻防实体

攻防实体代表了威胁路径图模型中的点,是对企业内 IT 资产的抽象化描述,是构成攻防场景的基本单元。

为了更好地抽象 IT 资产,模型中将具有相同特性的实体进行了聚类(归一化),以减少相同属性的攻防实体的数量。如将相同环境应用的多个用于负载的机器抽象成一个攻防实体,办公网络中相同类型的终端设备抽象为一个攻防实体。归一化使得对 IT 资产的描述更加清晰,同时又减少了攻防实体数量,可以提升展示效果并降低威胁路径的计算量。

模型中为攻防实体增加了多个描述性标签,如图 13-3 所示,包括网络属性、业务属性、关联资产、标签、漏洞免疫能力、防御能力覆盖、感知能力覆盖等。其中漏洞免疫能力表示该实体一定不会存在某种类型的漏洞,漏洞免疫能力数据构成了最基础的安全水位,具体情况会在安全水位指标一节中说明。攻防实体丰富的属性标签让攻防双方更好地了解企业资产的情况。

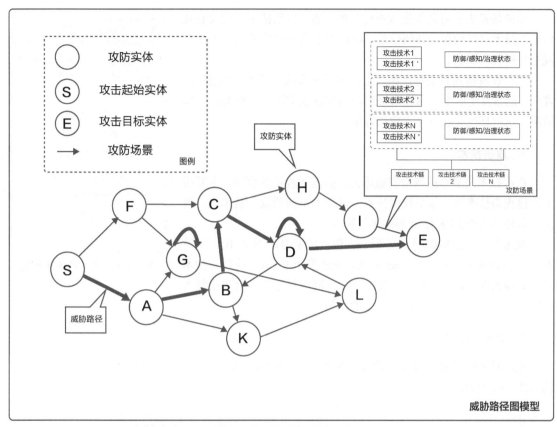

图 13-2　威胁路径图模型

2. 攻防场景

威胁路径图模型中的线表示攻防场景，数据结构如图 13-4 所示，主要由两个攻防实体和一个场景类型组成，两个攻防实体可以相同，攻防场景用于表示攻击发生的抽象网络位置信息，是具体攻击行为发生的载体。

场景类型分为端上攻防场景和跨实体攻防场景，端上攻防场景代表攻击者在某一个攻防实体内实施攻击行为，如 Windows 终端实体端上的攻防场景、MAC 终端实体端上的攻防场景。在端上攻防场景中可以发生 Windows 权限提升、权限持久化、凭据信息收集等攻击行为。

跨实体攻防场景用于描述攻击者从一个实体向另一个实体发起攻击。如外部黑客对办公网络中的 Windows 终端实体进行攻击、外部黑客对互联网应用实体进行攻击等。在跨实体攻防场景中可能发生 Web 漏洞远程代码执行、远程命令注入、远程溢出等攻击行为。

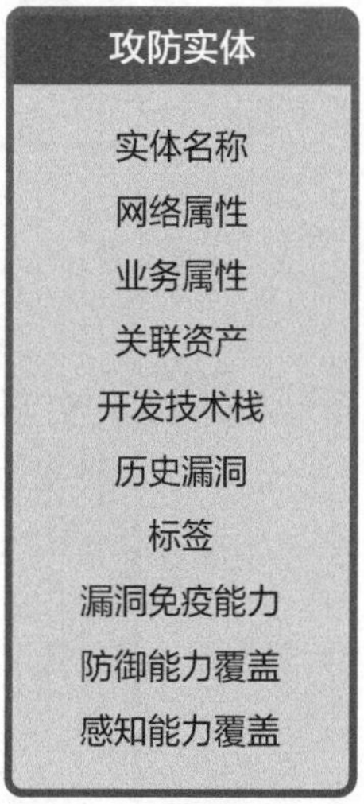

图 13-3　攻防实体属性图

攻防场景表示可能发生攻击行为的位置，也包括了当前没有任何攻击技术可以使用的网络位置，可以用于引导攻防双方对未知领域展开研究和探索。

我们在攻防场景基础结构之上扩展了场景攻击成本、场景攻击难度、场景发生概率等属性来描述在当前位置实施攻击行为的具体情况，这些属性会在安全水位指标中使用。

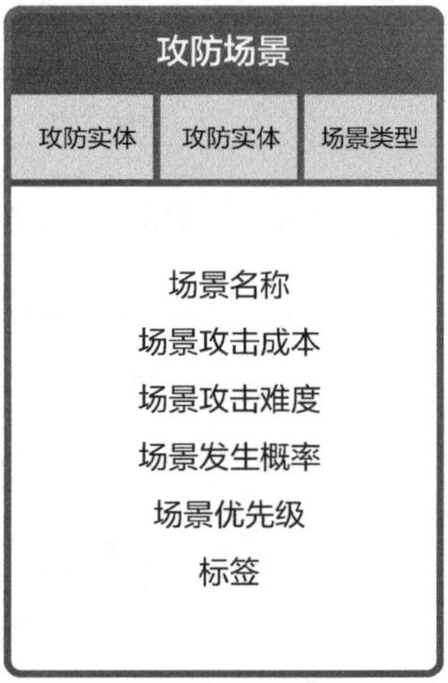

3. 攻击技术

攻击技术是最小的攻击实施单元，描述了攻击的原理，主要用于构建攻击技术链，每个攻击技术可以用于不同的攻击技术链。攻击技术使用 ATT&CK 矩阵形式进行管理。

攻击技术的结构如图 13-5 所示，包含战术 ID、技术 ID、父技术 ID、攻击技术原理、Payload 列表。通过多个 ID 可以将攻击技术进行矩阵式管理，以便查找。攻击技术文档内描述了当前攻击技术的原理和如何降低演练过程中攻击的实施门槛。

图 13-4　攻防场景属性图

4. 攻击技术链

攻击技术链是对从攻防开始实体到攻防目标实体达成攻击目的的过程描述，攻击技术链的结构如图 13-6 所示。

图 13-5　攻击技术属性图

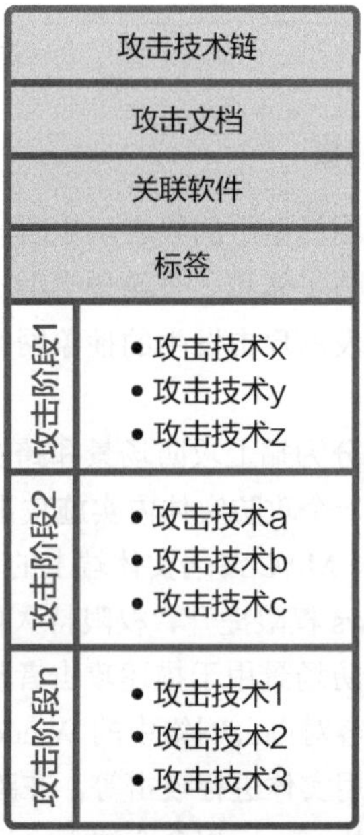

图 13-6　攻击技术链属性图

每个攻击技术链包含攻击文档、关联软件、若干攻击阶段。其中攻击文档记录了攻击实施的完整过程，描述了每个攻击技术在当前攻击技术链内的使用过程、关联的攻击软件的使用，确保其他使用者都能通过对攻击技术链内的攻击技术进行自由组合，形成多种多样的攻击技术链来完成攻击。

攻击技术链内包含多个攻击阶段，每个阶段包含多个攻击技术。同一攻击阶段内攻击技术可以相互替换，且这些攻击技术可以达到相同的阶段效果。将攻击技术链按攻击阶段划分的方式大大提高了攻击技术链的灵活性，攻击者可以自由组合攻击技术以产生多种攻击行为。

5. 攻防关联

攻防关联实体代表了攻击能力和预期内企业防御能力的对应关系，是预期内企业安全水位的体现。通过对攻防关联实体数据进行计算可以得出预期内企业的防御能力针对攻击技术的覆盖率、针对攻防场景的覆盖率等指标数据，防守方可以根据覆盖情况进行有针对性的建设。

攻防关联实体数据结构如图 13-7 所示，用于将攻防场景和攻击技术链进行关联，并在数据结构中标记特定场景下企业针对特定攻击技术链的治理、防御、感知能力。通过攻防关联实体将攻防场景内可能的攻击技术链进行关联，防守方团队针对特定场景下的攻击技术链和根据企业的实际情况进行防御能力标记，形成威胁路径图核心基础数据。

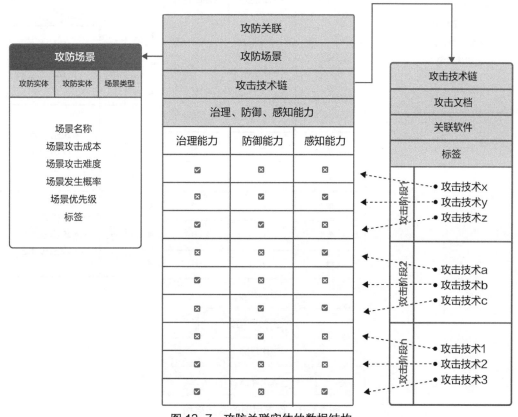

图 13-7　攻防关联实体的数据结构

6. 攻击用例

攻击用例代表真实攻击过程中的攻击和防御状态，每个攻击用例都代表一个真实的攻击过程和对应的防御能力状态。攻击用例用于记录演练的攻击过程。

攻击用例的数据结构如图 13-8 所示，攻击用例的数据结构和攻防关联实体的数据结构相似，差异在于在用例的数据结构中增加了实际攻击过程中的攻击时间、攻击发起位置、攻击目标、攻击详情。每次实战演练攻击方都会把攻击相关的操作整理成攻击用例数据，防守方则根据实际防御情况进行标记。

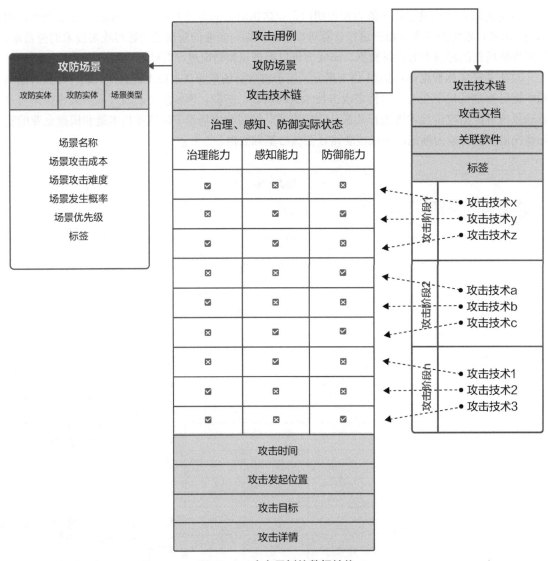

图 13-8　攻击用例的数据结构

13.2.3 威胁路径图能力介绍

1. 攻防能力沉淀

威胁路径图沉淀了企业内可以使用的所有攻击技术链、攻击技术，新员工和防守方可以从中了解攻击方的能力，更有针对性地建设防御规则。威胁路径图中的攻防实体可以让攻防双方更好地了解企业的网络架构和资产、业务信息。威胁路径图中的防御能力标记可以让攻击方更了解公司防御能力，后续进行更有针对性的演练以发现新的风险。

2. 计算攻击路径

威胁路径图中包含了企业内所有的攻防场景和攻防场景内可能的攻击技术链，在数学意义上，我们有了点和线之后可以通过遍历搜索来计算出任意两点之间所有可能的路径，在威胁路径图中可以进行相同的操作来计算任意两个攻防实体之间的攻击路径。我们设定攻击起点为外部黑客实体，攻击终点为企业重点保护的资产，通过计算我们就可以得到黑客对企业重点保护资产的所有可能的攻击路径。如图 13-2 中加粗突出部分为例，S 为攻击起点，E 为重点保护资产，S→A→B→C→D→E 为一条可能的攻击路径，根据威胁路径图的数据可以计算出所有从 S 到 E 的攻击路径。

3. 指导演练

威胁路径图的攻防场景、攻击技术链都有优先级标记，攻击方可以根据优先级有序、全面地进行演练，全面覆盖攻防场景，从而间接覆盖所有攻击路径。

在演练过程中，我们可以在任意位置通过威胁路径图找到对应的攻防实体，然后根据攻防实体关联的攻防场景信息获取下一步可以攻击的攻防实体及其相关属性，根据攻防场景获取关联的攻击技术链，根据威胁路径图的指导高效地完成演练工作。

13.3 安全水位指标

13.3.1 如何评估企业安全水位

威胁路径图模型通过数字化语言对攻击进行了描述，企业可以通过对威胁路径图模型进行实例化形成企业自己的威胁路径图，然后根据威胁路径图的数据进行有序、全面的检验。

1. 威胁路径图建设

威胁路径图模型内存在多个数据结构,根据这些数据结构可以构建企业自己的威胁路径图,构建过程如图 13-9 所示。

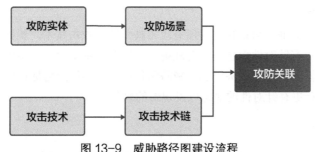

图 13-9 威胁路径图建设流程

威胁路径图的构建过程从攻防实体开始,攻防实体由 IT 资产抽象而来,在构建过程中可以把网络属性、业务属性相同的资产进行聚类,原则是聚类完后不影响对整体 IT 资产的描述。

攻防场景的构建可以与攻防实体同步进行,攻防场景主要是把攻防实体连接起来,连接的基本原则是行为交互性,有交互就有漏洞,交互方式不限于网络直接连接、通过邮件进行连接、通过蓝牙进行连接等方式。

攻击技术的构建可以独立于上述实体进行,主要是对 ATT&CK 攻击技术的筛选和扩充,企业需要根据自身情况剔除 ATT&CK 中不适用的技术,同时补充企业特有环境下产生的攻击技术。

攻击技术链的建设是在构建完攻防场景之后进行的,通过对攻击技术的串联来描述真实的攻击过程。如外部黑客作为一个攻防实体,办公网络 Windows 终端作为一个攻防实体,外部黑客攻击办公网络 Windows 终端形成一个跨实体的攻防场景。在这个场景中攻击技术链可以通过发送携带附件的邮件进行钓鱼攻击来获取权限。整个邮件钓鱼过程会分为多个攻击阶段,如附件构造可以作为一个阶段,多种不同的附件构造方式可以放入此阶段中;木马执行方式可以作为另一个阶段,所有钓鱼攻击中使用的木马执行技术可以放入该阶段中。各个阶段的攻击技术可以相互替换,在真实演练中可以根据具体情况选择各个阶段的具体技术,在攻击技术链中具体描述了如何使用各个阶段的攻击技术来完成一个完整的攻击过程。相同的攻击技术链可以放入不同的攻防场景中以形成数据的复用。

通过上述流程的建设我们就得到了贴合企业现状的威胁路径图数据。

2. 安全水位评估

在完成威胁路径图数据建设之后,我们就可以基于威胁路径图进行安全水位的评估工作。评估安全水位需要对所有可能的黑客攻击路径进行演练或者模拟攻击以检验企业的所有安全能力,此时我们可以使用威胁路径图来获取这部分数据。

通过威胁路径图计算路径所得到的攻击路径的数量很大,想要全面检验需要耗费大量的人力资源，攻击路径本身是由攻防场景首尾相连形成的，此时我们可以将攻击路径的检验转化成攻防场景的检验，这样我们就可以通过对攻防场景检验结果进行组合获得攻击路径的检验结果，达到对攻击路径进行全量检验的效果。

然而，人工进行一次覆盖完整威胁路径图攻防场景和攻击技术链的演练需要大量的时间，同时也不能保证安全水位的时效性，未来的趋势是采用自动化的手段周期性地评估安全水位。

13.3.2 安全水位量化关键指标

通过威胁路径图中的基础安全攻防数据，可以得到很多指标数据以表示企业的安全水位。这里通过三维指标数据即安全能力、风险域、风险等级来体现企业安全水位指标。其中安全能力包括风险治理能力、威胁感知与响应能力、可信纵深防御能力；风险域包括网络入侵风险、数据失窃风险、业务安全风险；风险等级包括脚本小子攻击、黑灰产团队攻击、国际APT团伙攻击、国家级APT团队攻击，通过三维指标数据计算企业在某个安全能力上应对安全风险的能力。在实际使用中，企业可以根据需要建设符合自身需求的指标数据。

指标类型分为推演指标、检验指标和演练指标。推演指标基于红蓝双方根据现有防御能力填入到系统的数据进行计算，代表的是预期内防御能力的情况。检验指标基于自动化检验得到的攻防数据进行计算，可以全面检验防御水位指标。演练指标是通过以红蓝演练的形式产生的数据进行计算的，可以对特定路径进行定向检验。

下面列举了几个指标的计算逻辑。

1. 威胁路径纵深防御突破率（推演指标、检验指标）

该指标体现了在纵深防御背景下黑客突破所有防御能力以攻击核心靶标的概率，我们可以设置不同的攻击起始实体和攻击目标实体来计算企业在这两个实体之间构建的纵深防御能力的防御效果。

$$纵深防御突破率 = \frac{\sum_{i=0}^{n} \prod_{j=0}^{P(i)} F(j)}{攻击路径数量n}$$

其中，$P(i)$为第i条攻击路径的攻防场景数量。

$F(j)$为第i条攻击路径中第j个攻防场景的突破率，即第j个攻防场景未覆盖防御能力的攻击技术之和/第j个攻防场景内所有攻击技术总量。

2. 攻击技术防御、感知的覆盖率（推演指标）

覆盖率指标体现了防御能力、感知能力在威胁路径图中的覆盖情况，通过标签筛选外部黑客突破网络边界的所有攻击技术，可以计算出外部黑客突破边界时使用攻击技术的覆盖情况。

指标计算逻辑：

威胁路径图攻击技术防御覆盖率=威胁路径图内所有攻防场景下所有可以防御的攻击技术数量/所有攻防场景下所有的攻击技术数量

威胁路径图攻击技术感知覆盖率=威胁路径图内所有攻防场景下所有可以感知的攻击技术数量/所有攻防场景下所有的攻击技术数量

3. 攻击技术防御率、感知率（检验指标、演练指标）

攻击技术防御率、感知率体现了在真实的攻击下企业对攻击技术的防御能力、感知能力。

指标计算逻辑：

攻击技术防御率=自动化检验中具备防御能力的攻击技术数量/自动化检验中所有使用的攻击技术数量

攻击技术感知率=自动化检验中具备感知能力的攻击技术数量/自动化检验中所有使用的攻击技术数量

4. 攻击技术溯源率（演练指标）

攻击技术溯源率体现了在真实攻击下企业对攻击的溯源能力。

指标计算逻辑：

攻击技术溯源率=演练中红军可以根据数据溯源到的攻击技术数量/演练中使用的所有攻击技术数量

13.3.3 当前安全水位可抵御的威胁等级

除了上述指标之外，网商银行还探索了通过运用实战检验获得的数据计算得到企业当前可以抵御什么等级的威胁。以黑客通过数据库窃取数据为例，通过威胁路径图可以计算出外部黑客攻击核心数据库并窃取数据的所有攻击路径。安全防御存在木桶效应，所有攻击路径中防御能力最低的路径代表了整体的安全水位等级。单条路径的防御等级计算逻辑如下。

图 13-10 所示的一条示例攻击路径中有 5 个攻防实体和 4 个攻防场景，每个攻防场景中存在 3 个攻击技术链，每个攻击技术链都有对应的威胁等级（威胁等级代表该能力的攻击者可以使用该攻击技术链进行攻击），威胁等级分为 A（国家级 APT 组织）、B（普通 APT 组织）、C（专业黑灰产团队）、D（脚本小子）四个等级，其中 A＞B＞C＞D。在一条攻击路径中，若攻击者想完成完整的攻击路径，他就需要绕过各个场景的防御能力，只要在该路径上有任何一个攻防场景无法突破防御，他就不能达成最终窃取数据的攻击目的，所以我们取各个攻防场景防御等级的最大值作为攻击路径的防御等级。

攻防场景的防御等级根据攻防场景内可用的攻击技术链的防御能力覆盖情况判断，以图 13-10 中外部黑客攻击办公网络终端为例，这个攻防场景中有 3 个攻击技术链，其中威胁等级分别是 B、C、D，其中 B 等级的攻击技术链 AA3 未覆盖防御能力，其他攻击技术链均有防御能力覆盖，因此这个攻防场景中企业可以防御 C 等级的攻击，不能防御 B 等级及以上的攻击。

根据上述判断逻辑，图 13-10 所示的 4 个攻防场景的防御等级分别是 C、C、D、C，攻击路径防御等级取最大值为 C，因此该条攻击路径可以防御 C 等级的攻击。以此类推，我们可以计算出所有路径的防御等级，然后根据木桶效应取防御等级最低值即为企业的整体防御等级。

13.3 安全水位指标　　213

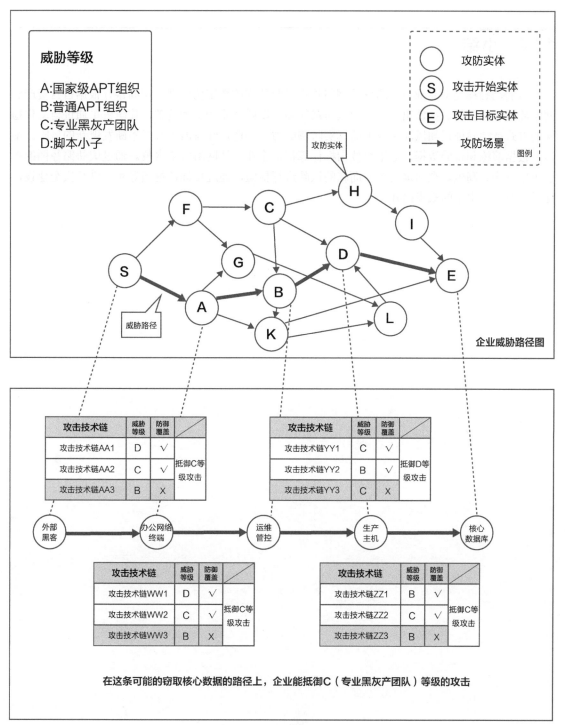

图 13-10　威胁等级计算

13.4 小结

威胁路径图是对企业可能遭受的网络攻击风险建立的数字化模型，网商银行根据自身资产和网络环境等关键信息抽象出了自己的威胁路径图。以威胁路径图为基础，攻防蓝军通过自动化检验的方式持续验证已知风险场景下的真实防御能力，再通过红蓝演练方式不断发现新的风险。最后，根据演练和检验数据，运用水位指标计算得出企业整体网络安全水位。通过威胁路径图的指引可以有序、高效、全面地对企业面临的风险进行检验，通过指标数据指导企业进行安全建设，促进企业安全水位的稳步提升。

第 14 章

实战检验应用实践

本章主要根据笔者的经验讲述在企业中如何落地实战检验体系,其中包括实战攻防演练规范的制定、依托方法论进行实战攻防演练、自动化有效性检验以及演练后的复盘。最后会以一个虚拟数字银行为例,对我们提出的实战检验体系进行一次攻防演练。

14.1 能力、制度和演练流程建设

14.1.1 能力建设

在正式演练前企业蓝军要做大量的准备工作,其中包括武器库的建设和蓝军工作台的建设。武器库的建设可以保证企业蓝军在信息收集、边界突破、横向移动、主机提权、权限维持等过程中都有成熟的工具和漏洞支撑。蓝军工作台做了特殊的配置,不仅可以提升蓝军工作效率,还可以避免蓝军使用个人主机引入不必要的风险。

一个专业的企业蓝军要有自己的武器库,其武器库主要是漏洞储备和攻击工具。在漏洞储备方面,需要根据企业的技术栈储备一些 1Day 漏洞;有技术能力的可以尝试挖掘储备 0Day 漏洞,从时间成本方面考虑可以重点关注挖掘采购的第三方系统的 0Day 漏洞,漏洞挖掘是团队能力梯度建设的重要一环。在攻击工具方面,需要有可用的远控木马,这里的选择较多,可以考虑商业木马和开源木马,除此之外还要考虑是否支持跨平台,以及在各个杀毒软件或 EDR 下的免杀方案;需要有漏洞挖掘工具,这里要考虑基于源码的自动化漏洞挖掘工具和二进制的自动化漏洞挖掘工具,以提升漏洞挖掘效率;还需要有基础的安全工具,包含流量代理、流量分析重放、逆向分析、资产发现和漏洞扫描等工具,这类工具同样有很多开源和商业的解决方案可以使用。

为了规范演练,诞生了蓝军工作台,蓝军工作台为安全部门统一管控的主机,且符合企业统一安全基线要求。该主机是与企业生产网、测试网、办公网完全隔离的云上环境;蓝军通过自建 VPN 接入蓝军工作台进行红蓝演练中的攻击工作;蓝军工作台配有录屏功能,保证攻击过程可审计追溯;蓝

军工作台配有其他渗透辅助工具，如自研木马、流量分析工具、逆向分析工具等。

14.1.2 制度建设

在正式演练前制定规范、设定协作机制等尤为重要，它可以有效地约束蓝队人员，确保实战攻防演练过程规范，规避各类风险事故的发生。

在实战检验体系落地过程中，我们制定了两个规范，重点如下。

- 红蓝演练报备机制

1）红蓝演练前充分评估演练可能产生的影响，做好演练过程中产生不符合预期情况的应对方案。

2）红蓝演练前报备企业信息安全主管领导、科技主管领导，以及可能涉及的合规、内控等部门。

3）红蓝演练前在规定时间内报备企业相关的国家或地方主管部门。

4）红蓝演练后在规定时间内将演练报告提交至企业相关的国家或地方主管部门。

- 蓝军操作红线

1）红蓝演练过程必须遵守国家相关政策和法规。

2）红蓝演练期间使用的工具必须经过严格的审计，避免引入存在缺陷或者存在后门的工具。

3）红蓝演练过程要做到攻击过程可审计、可追溯，关键操作要保留审计（录屏）内容30天以上。蓝队成员有责任确保红蓝演练过程中自己的录屏功能已经开启。

4）红蓝演练过程中使用网络代理（穿透）技术，需要确保网络代理端口访问采用白名单或者密码认证。

5）红蓝演练期间涉及对生产主机、数据库等高敏资产进行操作时必须两人同时在场，一人操作一人确认，避免发生重大生产事故。

在实战检验体系落地过程中，我们探索了两套机制以配合红蓝双方进行演练和数据沉淀,重点如下。

（1）红蓝双方协作机制

红蓝双方协作机制主要解决演练结束后防御率和感知率计算不准确的问题。大多数的红蓝演练会经过大量失败的尝试后才会挖到可用的漏洞，但是失败的攻击方法并没有有效地记录下来，导致红军计算出的防御率和感知率不准确，以下协作方式可以真正地反映当前安全现状。

1）日常渗透测试工作：蓝军日常渗透测试的数据会"T+1"同步录入实战检验管理系统中，日常渗透的测试数据包含成功的攻击行为和失败的攻击行为，成功的攻击方法未来会用作预设场景演练或全链路演练；红军约定每周对系统中的攻击行为进行打标（是否防御、是否感知）。

2）预设场景演练（预设场景为假设蓝军已经拥有某一网络区域权限、账号权限、代码权限等）：在演练模式下，蓝军以特定权限在某一网络区域发起攻击，红军对攻击行为做拦截止血操作和溯源操作。演练数据"T+1"录入实战检验管理系统，演练结束后系统同步红军防御和感知情况，并计算得到关键指标；在观察者模式下，蓝军以特定权限在某一网络区域发起攻击，红军启用观察者模式对攻击只感知不做拦截操作，蓝军可以在红蓝演练过程中检验某个威胁路径下所有防御手段的有效性，避免因某一层的防御拦截而无法验证后续的防御机制。演练数据"T+1"录入实战检验管理系统,演练结束后系统同步红军防御和感知情况,并计算得到关键指标。

3)全链路演练:在演练模式下,蓝军以真实黑客视角从互联网发起攻击,红军对攻击行为做拦截止血操作和溯源操作。其他协作与预设场景演练相同。在观察者模式下的具体操作也类似。

(2)数据迭代保鲜机制

数据迭代保鲜机制主要解决传统的红蓝演练数据无法沉淀并发挥价值的难题。

1)与企业资产系统关联,保证实战检验管理系统中攻防实体数据及时准确。

2)根据企业网络架构,每半年开展一次红蓝威胁路径大图共建活动,重新划分威胁路径的优先级。

3)各类攻击数据"T+1"录入,保证攻击数据的时效性。

4)防御数据定期同步,动态计算得到企业当前阶段最重要的安全问题、攻击感知率、攻击拦截率等。

14.1.3 演练流程建设

有了完备的能力储备和制度规范,接下来安全攻防演练就可以按照图14-1进行了。其中要重点关注的是演练的风险评估过程,要确保演练中蓝军不会引入新的安全风险、演练不会影响正常的业务运行,这就需要蓝军事前与业务方进行充分的沟通。日常的渗透测试(安全产品评估和规则有效性测试等)、安全有效性检验进行得更为频繁,在整个过程需要与红军保持密切沟通,而且流程更为简约,可参考如下形式:确定目标→渗透/自动化测试→指标产出→加固整改→存档。

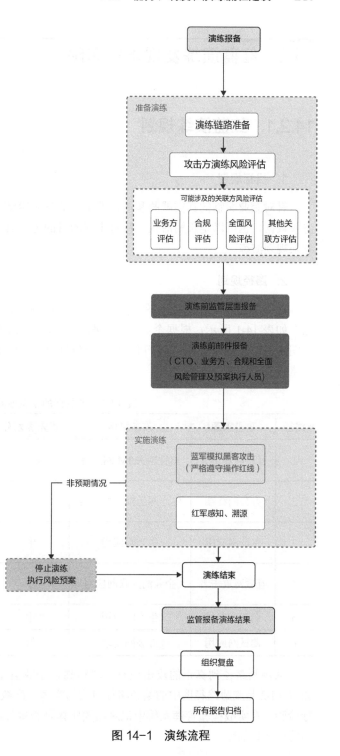

图14-1 演练流程

14.2 红蓝演练发现未知风险

14.2.1 红蓝演练规划

1. 目标规划

针对企业面临的真实威胁和涉及的重点业务确定演练的目标，目标可以是盗取资金，可以是盗取数据，也可以是长期潜伏。针对不同的目的考虑真实黑客可能使用的攻击手段，并以此为参考来规划演练。

2. 路径规划

在前文提到，威胁路径图是对攻击路径的一种抽象。那么如何将威胁路径图在企业中落地呢？如表 14-1 所示，根据企业资产情况抽象出企业的威胁路径图，并根据专家经验判断威胁路径图中各路径的优先级。我们会根据各路径的优先级进行演练路径的规划，优先覆盖紧急和高危路径。

表 14-1 抽象出的某企业威胁路径图

路径	攻击来源	攻击目标	优先级划分	专家判断依据
1	互联网攻击者	邮件网关/IM 网关等	紧急	市面存在真实案例、利用成本低、无防御/感知能力、危害大
2	办公网终端	生产网运维管控平台	高	红蓝演练关键路径、利用成本高、有防御但是感知能力有限、危害大
3	生产网应用	生产网应用	中	黑客横向常用手法、利用成本高、部分关键点存在防御/感知能力、危害可控
4	互联网攻击者	企业的互联网应用	中	攻击利用成本高、防御/感知能力完善、一旦成功危害较大
5	第三方专线	生产网应用	中	利用成本高、有防御/感知能力、危害大
6	测试网应用	办公网终端	低	有防御/感知能力、危害较小

从规划路径到真正的攻击还有一段距离，企业蓝军需要知道每条路径涉及的资产是什么。如表 14-2 是威胁路径图中的某条路径对应的实体资产数据，企业蓝军根据标注的实体资产数据进行检验，在实战检验管理系统中记录相关实体是否曾经经过检验，并针对紧急路径适当提升实战演练中实体的覆盖率。

表 14-2　某企业威胁路径大图中某条路径对应的实体演练覆盖率

路径	攻击来源实体	攻击目标实体（根据企业资产同步）	是否覆盖	覆盖率
4	互联网攻击者	小程序个人端	是	已经覆盖的数量/（攻击来源实体数量×攻击目标实体数量）=覆盖率
		小程序商户端	否	
		移动端 App	是	
		互联网暴露的 Web 服务 1	是	
		互联网暴露的 Web 服务 2	否	
		互联网暴露的 Web 服务 3	是	
		其他服务端口（IP：端口）	是	

根据以上数据可以规划出一次演练中所要检验的具体攻击路径。需要注意的是，以上数据应该是动态的，系统中的资产和红军团队在攻击场景内的打标数据只代表现阶段预期内的状态。蓝军团队也会定期跟进分析 APT 攻击报告、研究前沿的安全攻防技术，同时结合威胁情报和数字银行实际情况不断丰富威胁路径图内的攻击数据，确保演练的红蓝方在对抗中成长。

14.2.2　红蓝演练类型

大部分企业蓝军与红军是相对独立的，蓝军对红军保密各类先进的攻防技术，红军对蓝军保密各类安全机制，二者看起来更像是零和博弈。网商银行基于实际效果和效率的考虑，重新定义企业"蓝军"，使用多种演练方式检验企业安全水位。完全以黑客视角进行全链路演练时，他们的角色更像是外部的真实黑客；利用先验知识和已有的员工或网络权限进行预设场景演练时，他们和红军互动频繁，他们的角色介于企业蓝军和红军之间；根据先验知识对企业的系统进行漏洞挖掘，对安全规则和安全产品进行绕过或有效性测试时，为了提升发现问题的效率，某些系统、规则和产品对他们是透明的，这些日常渗透测试行为与企业红军无异。企业蓝军为了提升效率采用了多种演练方式，但是摆在我们面前最大的问题依然是人工成本问题，这个时候就要考虑如何提升自动化能力了，在实战演练落地的前期，可以考虑针对几个利用过程简单、黑客常用、对生产环境影响面较小的场景进行尝试。

1. 全链路演练

全链路演练对蓝军的技术要求极高，因为是以外部黑客视角发起攻击，不允许蓝军使用任何先验知识进行辅助，从踩点到真正的攻击阶段往往需要漫长的准备时间。优先确定演练目标，例如以盗取资金或数据为目的，或以长期潜伏控制主机并获取机密信息为目的。同时，演练前要依据企业威胁路径图的优先级判断演练要覆盖的风险路径，对覆盖多少系统中已沉淀的攻击方法、覆盖多少国际 APT（高级持续威胁）使用的前沿攻击方法、覆盖多少某个威胁路径中的实体数量都要有预期。演练前要让整体演练的目的更为明确，同时增强整个演练的影响力，以攻促防全面提升企业安全水位。以下虚构了一个全链路演练案例（见图 14-2）。

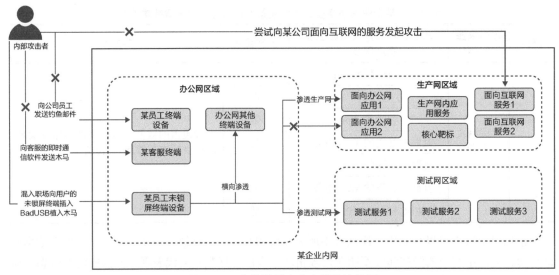

图 14-2　虚构的某企业全链路演练图

案例：攻击者尾随员工混入某公司职场，利用提前准备好的 BadUSB 插入未锁屏员工电脑，该员工电脑被成功植入木马，攻击者获得该公司办公网权限；攻击者在该终端上收集到了该用户的账号、密码等信息，利用该信息登录到企业内部 Wiki 来收集运维平台信息、系统发布平台信息和代码管理平台信息等；尝试挖掘关键系统漏洞，从办公网渗透到生产网，直至核心靶标。

以上案例中，企业蓝军与企业红军是双盲[①]的，企业蓝军实际上进行了很多失败的尝试，例如边界突破，攻击者事前可能尝试了邮件钓鱼、客服 IM 钓鱼、公司互联网站点渗透等，最终发现该公司安保比较薄弱，得以成功进入办公网。当然，真实攻防场景更为复杂，要考虑的因素也更多。

2. 预设场景演练

全链路演练可以全方位地暴露企业可能存在的安全问题，但是弊端也很明显——需要长期的技术积累和大量的人力投入来攻破某个点，如果这个点无法突破就很难发现以这个点为入口的纵深防御上的薄弱点。这时候可以引入预设场景演练。演练过程中预设企业蓝军拥有某些账号权限、某些网络权限，甚至代码权限，以此为突破口进行后渗透，打破因为某个点难于被突破导致演练无法进行的僵局。以图 14-3 为例，假设攻击者已经成功在某公司员工终端植入木马，并且获得其账号权限，尝试进行后渗透工作。

3. 日常渗透测试

在全链路演练和预设场景演练过程运行一段时间后，我们发现计算得到的感知率等指标其实

---

① 双盲：这里指企业红军和企业蓝军在演练期间相互保密，信息不互通，演练结束后揭开双盲状态。

是不准确的，核心原因在于无论是做企业内部的蓝军也好红军也罢，在这类演练正式开始之前的准备阶段企业内部"攻击者"都会去尝试挖掘各类漏洞，而这类日常的渗透行为实际没有算到最终演练攻击行为的分母中，这就导致得到的指标是不准确的。

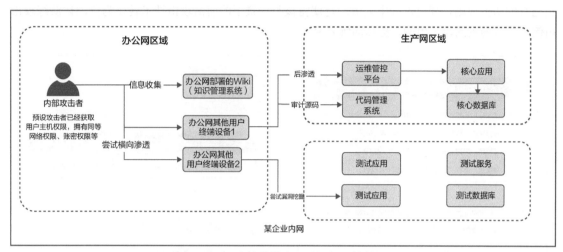

图 14-3　虚构的某企业预设场景演练图

基于上述可能存在的问题，结合 14.1.2 节中描述的协作机制，日常渗透测试所包含的非演练场景下的漏洞挖掘行为、安全产品的漏洞挖掘或绕过测试、安全规则的有效性测试等，都会及时录入实战检验管理系统中，红军会快速对日常渗透测试行为进行打标和修复。日常的渗透测试也会明确哪些场景下哪类安全测试是可以使用先验知识的。以上方法规避了最终演练复盘时各类指标不够准确的问题。

14.3　检验安全能力有效性

虽然基于威胁路径图理论可以让实战攻防演练更高效、全面、有序地进行，但是想要在短时间内使用所有可能的攻击方法和覆盖所有攻击路径是不可能的，我们当然优先想到的解决方案是演练自动化。通过自动化方式来衡量公司安全水位是未来的一个趋势，但我们也面临艰巨的问题，即如何实现复杂场景攻击的自动化、如何防止自动化演练失控造成生产事故。这时候就需要引入自动化安全能力有效性检验了，通过单点的验证组合来实现演练的自动化，最终达到的目的是一样的。另外，安全能力有效性检验和红蓝演练的定位也是存在差异的，红蓝演练需要投入很多人力、凭借专家经验精心准备，目标是发现未知风险，而安全能力有效性检验的目标是检验安全建设方为应对已知风险建设的安全能力是否有效。

1. 从演练自动化到安全能力有效性检验自动化的演变

如图 14-4 所示，如果要在像员工终端主机中马这种高危高频的场景中实现自动化演练，红军需要对非预期内的行为进行告警并人工处理跟进。蓝军定期在这几个场景下进行自动化演练，防止已有的防护规则在变更过程中失效。定期将该类场景下的前沿攻击技术转化为自动化演练攻击用例，丰富场景的攻击用例，提高演练效率。

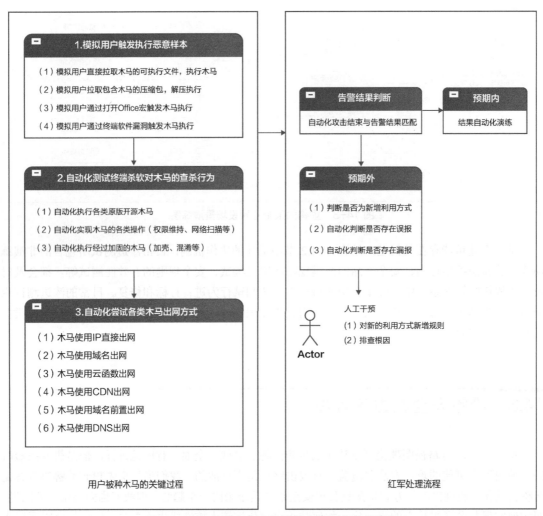

图 14-4 在终端主机中马场景中实现自动化演练

我们可以看到整个演练流程包含若干步骤，每个步骤又有多种变体，每次进行自动化演练都需要从第 1 步"模拟用户触发执行恶意样本"开始，几个步骤排列组合后自动化演练会产生大量重复的数据且严重影响运行效率。基于此问题，我们放弃了原有思路。对于威胁路径图上已建成安全能力的攻击方法，企业蓝军建立模拟该攻击方法的剧本进行单点验证，侧面验证演练中一个攻击链路上各个攻击方法安全能力的有效性。

2. 基础能力建设

针对自动化有效性检验的实际需求，我们开发了自动化检验管理系统。管理系统使用安全编排技术，将已知风险与相应的检验逻辑以编排剧本的形式进行灵活的组合，实现高时效的周期化检验。同时，我们结合了测试靶机与运维通道两种剧本执行模式，实现了对企业资产的全面覆盖；对于办公系统攻击场景，我们采用 RPA 技术自动化模拟企业员工遭攻击后的操作，大大提升了检验效率，降低了人力成本。

3. 有效性检验方案

在检验过程中剧本可能会对业务造成影响，这个时候就要考虑如何根据危害性选择需要检验的资产范围。

（1）情况一：全部资产都可检验

Payload 无害，应用对稳定性要求低，则选择容器维度，直接对应用的所有容器进行检验。

（2）情况二：根据应用划分，可检验归属应用的部分资产

Payload 初步判断无害，但存在不确定性，而且此类应用对稳定性要求低，重要程度低，则选择应用维度，从中抽取应用的部分资产来做检验。

（3）情况三：只能检验靶场、单一资产或仿真环境

Payload 可能存在影响业务的情况，而且攻击技术比较特殊，如反序列化漏洞需要存在相应漏洞才能获取具体的防御/感知情况。

情况一和二可认为实际检验的资产数量是可靠的，情况三的资产选择是不可靠的，需要通过其他方式来辅助推算，得出可靠的结论。例如，检验靶机的 WAF 可以拦截反序列化漏洞，靶机上的 WAF 引擎版本和规则为最新版本，那么接下来只需验证所有 WAF 是否为最新的引擎和规则即可，以侧面验证企业所有资产上的 WAF 都可以防御反序列化漏洞。

未来自动化演练较为理想的方式是建立一套全仿真环境，其中的业务场景需要足够丰富，防御和感知能力要与生产环境相同，以此进行更高强度、更危险渗透攻击行为的自动化，从而在不引发生产事故的前提下，发现以往发现不了的安全问题。除此之外，针对安全产品或安全规则的有效性测试也可以通过自动化进行模糊测试，不仅解放了人力成本，也可以发现大量人工无法发现的问题。

14.4 演练复盘

14.4.1 复盘：丰富基础数据

在实战攻防演练和自动化有效性检验过程中，蓝军团队将实际演练的攻击技术记录到系统中，

形成真实攻击数据的沉淀。演练或检验结束后红军团队根据实际情况在系统中对蓝军记录的攻击技术再次打标，确定实际的攻击结果是否符合预期。完成以上操作后，系统会自动计算企业蓝军相关的攻击方法覆盖率和企业红军相关的感知建设覆盖率、感知成功率等安全防御指标。同时，系统会根据所有历史演练的数据计算整体安全防御指标。如表 14-3 所示，根据企业实际情况针对攻击路径 1 拆分出两种攻击方法：方法 1 的攻击者通过互联网向企业员工发送带有木马附件的钓鱼邮件，员工打开附件会触发木马执行；方法 2 的攻击者通过互联网向企业员工 IM 发送带有木马的链接，员工打开链接下载木马并触发木马执行。针对攻击方法 1 可以拆分出多个攻击技术，红军团队针对具体的攻击技术进行打标，以此计算感知率、拦截率等值。

表 14-3 某企业一次实战演练过程的打标数据

路径	攻击方法	攻击技术	防御建设	感知建设	是否防御	是否感知	溯源情况	风险等级	数据来源	是否成功
1	攻击方法 1：攻击者通过互联网向企业发送带有木马附件的钓鱼邮件，攻击者打开附件会触发木马执行，员工即可上线	使用 XX 技术绕过邮件 SPF 规则限制，绕过手法（1）	是	是	是	是	成功溯源	7 分	全链路演练	否
		使用 XX 技术绕过邮件 SPF 规则限制，绕过手法（2）	是	是	是	否	成功溯源	7 分	全链路演练	否
		使用 XX 技术绕过邮件沙箱恶意样本检测	是	是	是	否	成功溯源	8 分	日常测试	是
		使用 XX 文案绕过恶意文案检测	否	是	否	是	成功溯源	5 分	全链路演练	否
		使用 XX 漏洞在员工终端触发木马启动	是	否	是	否	成功溯源	9 分	预设场景演练	是
		使用 XX 技术达到终端木马落地执行免杀	是	是	是	是	不涉及	6 分	全链路演练	是
		使用 XX 技术进行木马外连绕过流量监测	是	是	是	是	不涉及	9 分	全链路演练	否
2	某次演练使用的攻击方法	某个攻击方法拆分的具体的攻击技术								
...	...	...	...	...	...	...	...			
指标计算		攻击技术覆盖率	防御建设覆盖率	感知建设覆盖率	防御成功率	感知成功率	溯源成功率			

表 14-3 中有几个数据字段看起来相似度较高，例如防御和感知的区别：防御关注的是安全产品实时拦截能力，感知一般是通过离线日志感知威胁行为进行告警，红军根据告警进行事后处置，接下来我们对表 14-3 的数据进行详细解读。

14.4.2 复盘：横向指标对比

风险等级：风险等级是安全专家根据对技术难度、路径阶段、真实危害等因素的判断给出的评分，存在一定的主观因素。

"防御建设"为是，"是否防御"为否：防御建设主要描述的是针对特定场景下的攻击技术是否建立了防御能力，而已经建立了防御能力的场景在真正实战过程中也有可能没有起作用，主要原因可能是防御能力覆盖不全、防御规则失效，需要重点关注，通过复盘找到根因。

"防御建设"为否，"是否防御"为否：红军团队需要重点关注，加强某个场景下防御能力的建设。

"防御建设"为是，"是否防御"为是：基本符合红军团队的预期。

"感知建设"为是，"是否感知"为否：感知能力建设主要描述的是红军团队通过规则在各类日志中发现威胁行为，而已经建立了感知能力的场景在真正实战过程中有可能未产生有效告警，主要原因可能是识别威胁行为的规则不全、蓝军绕过已有检测规则、红军日志源不全等，需要重点关注，红蓝双方通过复盘找到根因。

"感知建设"为否，"是否感知"为否：红军团队需要重点关注，加强某个场景下感知能力的建设。

"感知建设"为是，"是否感知"为是：基本符合红军团队的预期。

"防御建设"为否，"感知建设"为否：需要重点关注，保证防御能力或感知能力至少有一项可以兜底。

14.4.3　复盘：纵向指标对比

攻击技术覆盖率：针对攻击技术"使用 XX 技术绕过邮件 SPF 规则限制"列举了两种绕过方式，绕过技术有很多种，蓝军团队需要枚举和演练所有可能的技术，红军针对具体攻击技术的防御和感知等情况也有可能不同，红军团队需要针对特定技术防御和感知情况进行打标。

防御建设覆盖率和防御成功率：综合来看，两个指标反映当前企业对真实攻击的防御能力建设情况，演练次数越多该指标越接近企业真实情况，红军需要全面提升该指标，当前需要优先覆盖高风险场景下的防御建设能力。

感知建设覆盖率和感知成功率：综合来看，两个指标反映当前企业对真实攻击的感知能力建设情况，演练次数越多该指标越接近企业真实情况，感知能力与防御能力不同，感知能力建设对真实业务的干预很小，红军的长期目标就是让攻击的感知覆盖率和成功率无限趋近于 100%。

14.4.4　复盘：关注指标的持续变化

当前 TOP 问题：依据当前攻防过程沉淀下来的数据，从一个点推演到企业的整个威胁大图中来看高风险、未覆盖感知和防御的路径，为红军未来安全建设提供输入。

指标变化情况：当红蓝演练逐步常态化，蓝军需要不断提升演练中威胁路径的覆盖率、路径中威胁实体的覆盖率、攻击技术的覆盖率等。红军需要提升防御建设覆盖率和成功率、感知建设覆盖率和成功率。

在演练结束后红蓝双方依据各类指标进行复盘，红军团队根据演练暴露的风险进行安全建设，建设完成后会在系统中对威胁路径图中对应的攻击方法进行防御、对感知能力标签进行更新。通过不断的演练,促进红军对攻击场景防御能力的稳步提升。

14.5　最佳实践

本节将以一个虚拟数字银行为例,依据前面章节介绍的实战检验体系,针对该虚拟数字银行的特点制定目标、选定攻击路径等,完整地描述一次演练是如何进行的。

1)目标制定:这里目标制定分为三个步骤,第一步需要根据企业的特点确定演练中蓝军最终要获取的目标,依据企业业务特点,可以以盗取资金为目的、以盗取数据为目的或以获取核心系统权限为目的。本次实践以获取特定系统 root 权限为目的。第二步以威胁路径图为依据,根据优先级和目标确定本次演练需要覆盖的攻击路径和需要尝试使用的攻击技术(见表 14-4)。本次实践主要覆盖 3 条紧急路径、2 条高危路径、2 条中危路径,尝试 60% 的已经沉淀的攻击技术。第三步确定演练形式和红军防御形式,本次实践中蓝军会发起全链路演练,红军采取演练模式进行防御,即发现攻击后会进行拦截、止血操作。

表 14-4　某次演练需要覆盖的威胁路径

路径	攻击源	攻击目标	覆盖的攻击方法	覆盖的攻击技术
1	互联网	企业互联网应用	漏洞利用、供应链攻击等	CVE-XXX、NPM 投毒……
2	互联网	办公网终端	钓鱼攻击等	Office 宏攻击、XXE 攻击、XX 木马免杀方式、木马 XX 持久化方式……
3	办公终端	运维管控平台	漏洞利用、凭据利用等	……
4	办公终端	办公网应用	信息收集等	……
5	办公终端	测试网应用	……	……
6	生产网应用	……	……	……

2)演练准备阶段:基于制定好的目标进行全链路演练的分工,团队人员对目标进行拆解。在演练前的很长一段时间团队人员可以进行一些与正式演练非强相关的工作,例如可以挖掘一些通用系统的 0Day 漏洞、木马免杀和新技术的研究等。在演练前一个月左右,团队可以进行一些渗透测试活动来探测红军规则、挖掘系统漏洞,为正式演练做准备;演练准备阶段也要做好风险评估的工作,要保证演练是在符合国家法律法规这个大前提下进行的。全链路演练中会对一些线上系统发起渗透测试,演练的总负责人需要充分评估演练对线上业务的影响,并有详细的应急预案;在有了充足技术储备和风险评估后,需要参考前文介绍的《红蓝演练报备机制》来对演练进行报备,根据企业性质考虑将内部攻防演练事宜上报至企业相关的主管部门备案,同时将演练事宜向企业 CTO、CISO 及关联方进行报备。

3)演练过程:参考上述《蓝军操作红线》演练中使用的木马、工具、系统等,做好充分的审计工作,避免引入新的风险。在演练过程中,蓝军操作全程在蓝军工作台进行,所有操作均需要有录屏为证;演练的具体分工参考准备阶段的分工,例如本次演练实践,如图 14-5 所示,团队人员 A 负责互联网业务的风险挖掘，尝试从互联网突破到生产网或者测试网。团队人员 B 负责木马制作、木马免杀、邮件或者 IM（即时通信）钓鱼文案，尝试从互联网突破到企业办公网区域。团队人员 C、D 负责从办公网收集敏感信息，尝试从办公网突破到生产网区域，重点关注内部 Wiki、运维管控平台、产品发布系统等，不断向目标系统渗透。人员 E 负责整个演练的协调工作，包括蓝军内部的沟通协调、与红军团队的沟通协调和与公司管理层宣讲报备等。

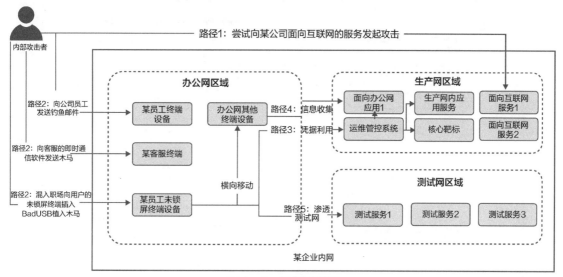

图 14-5　演练路径图

4）数据沉淀：首先是蓝军在演练前和演练中的数据沉淀，参考上文介绍到的协作机制和数据迭代保鲜机制进行，其中蓝军在准备阶段的渗透测试数据也需要"T+1"录入实战检验管理系统中，这是为了保证用于计算指标的数据足够全面；然后是演练完成后红军防御情况的数据沉淀，红军登录实战检验管理系统对蓝军实战过程录入的每一条攻击方法进行打标，如图 14-6 所示；最后系统根据已录入的数据对相关的指标进行计算。

5）演练复盘：本次演练蓝军获取了核心目标主机权限，但是主机权限仅维持了 30 分钟，红军对攻击进行了拦截，对已经失陷的主机进行了断网，对攻击者进行了溯源。根据第 13 章介绍的安全水位评估框架的理论基础，计算得到这次演练路径所涉及的攻击技术的防御建设覆盖率为 45%、感知建设覆盖率为 60%、防御成功率为 80%、感知成功率为 90%。企业当前可抵御 B（普通 APT 组织）等级的威胁，整体的建设率较低，未来需要持续投入人力进行安全建设。其中对于攻击路径 1 的 NPM 投毒攻击手法，感知能力建设和防御能力建设均未有效覆盖，需要重点关注。对于路径 3 的凭据利用攻击手法，感知建设显示已覆盖，但是在实际攻防检验过程中红军未有效感知，需要排查根因，并举一反三、全局排查此类风险。

6）未来安全建设：依据演练复盘结论和威胁路径图中各条路径的优先级，调整接下来企业安全建设的重点。同时根据企业近期架构或网络的变更，红蓝双方共同完成企业威胁路径图的更新工作。

图 14-6　红军对蓝军的攻击技术进行打标

14.6　小结

本章介绍了实战攻防演练和自动化有效性检验前的能力、制度和流程建设，以及如何根据威胁路径图规划实战攻防演练等，列举了网商银行落地实践的实战攻防演练方式和自动化有效性检验方式。本章还介绍了如何通过沉淀下来的攻防数据计算各类指标，以及如何在复盘过程中看待这些指标。本章最后以一个虚拟数字银行为例，依据我们提出的实战检验体系进行了一次攻防演练实践。本章介绍的方法论不完全依赖上述章节介绍的系统，读者可以根据自身企业情况以表格的形式抽象出威胁路径图，落地初期也可以以表格的形式计算各类演练指标，经过多次实战攻防演练或有效性检验来观察是否可以评估企业当前安全水位，企业再根据实际效果判断未来在实战检验方面投入的成本。

第六部分

数字化与智能化

随着数字经济的发展,金融企业面临许多新的安全挑战,这对安全建设提出了更高的要求。攻击面的扩大使得很难说清企业当前安全能力的覆盖率和有效性,安全工作量的剧增又让安全工程师身心俱疲。所以,我们应有效提升安全建设水平,使得整体安全动态可控,一方面可通过数字化进行实体建模与指标衡量,另一方面可借助自动化与智能化提高安全运营的效率与效果。

本部分主要介绍如何通过数字化和智能化方面的安全建设来提高安全业务的效率与效果。我们首先对数智化的概念进行解释,其次描述相关的建设思路,接着介绍安全运营中心,并按照数字化、自动化和智能化的顺序讲解安全大数据平台、安全自动化平台和安全智能平台,最后介绍底层依赖的技术底座,即安全管控平台。

第 15 章

安全数智化概念及建设思路

在整个安全体系内,安全数智化首先承担了降本增效的目标,比如安全评估决策工作的自动化;其次承担了建设安全能力以提升安全效果的任务,比如在线接口的细粒度访问控制权限实时验证能力;再次,随着数字银行业务与技术架构的复杂度越来越高、安全威胁日益增加,在复杂场景中及时发现风险、快速确保安全也需要依靠体系化的安全数智化建模与产品矩阵支撑。通过各类数智化技术、平台来建立通用安全底座,将所有安全目标实体转换为数字模型、打通安全管控通道、形成安全决策核心"大脑",则是问题的解法。本章首先阐述安全数字化与智能化的核心要义,然后介绍数字银行安全数智技术产品的建设思路。

15.1 什么是数智化

数智化,顾名思义即数字化与智能化。提到"数字化",很容易联想到一个相近的概念——"信息化",而"智能化"这个概念跟"自动化"一词也有着千丝万缕的联系,下面我们深入探讨一下这些概念以及安全数智化的含义。

"信息化"的百度百科释义为:"信息化是以现代通信、网络、数据库技术为基础,通过将所研究对象各要素汇总至数据库,供特定人群生活、工作、学习、辅助决策等,与人类息息相关的各种行为相结合的一种技术,使用该技术后,可以极大地提高各种行为的效率,为推动人类社会进步提供极大的技术支持。"通过信息化中的信息和数据的共享,可以实现高效协同,进而提高工作效率、优化资源配置、支撑高效分析决策,提升企业竞争力和经济效益。信息化的概念起源于 20 世纪 60 年代的日本[①],70 年代传播到西方社会后开始普遍使用"信息社会"和"信息化"的概念,90 年代我国在首届信息化工作会议中也给出了基于智能化工具作为新生产力的

---

① 1963 年,日本学者 Tadao Umesao 在题为《论信息产业》的文章中,提出"信息化是指通信现代化、计算机化和行为合理化的总称"。其中行为合理化的标准是遵循人类公认的合理准则与规范;通信现代化是指社会活动基于现代通信技术进行信息交流;计算机化是社会组织和组织间信息的产生、存储、处理(或控制)、传递等广泛采用先进计算机技术和设备管理的过程,而现代通信技术是在计算机控制与管理下实现的。因此,社会计算机化的程度是衡量社会是否进入信息化的一个重要标志。

信息化概念[1]。由于"信息化"概念提出得较早,所以概念上倾向于指代将传统的业务模式从现实世界单纯映射到数字世界中的过程,在实现这类信息化目标的过程中,现实世界的业务流程是核心,而软件与系统是工具,数据是业务在线处理的副产品,而不是核心资产。

"数字化"的百度百科释义是"将许多复杂多变的信息转变为可以度量的数字、数据,引入到计算机内部进行统一的处理",我们称之为"狭义数字化"。相对地,"广义数字化"的概念是伴随着"数字化转型"概念而来的,"数字化转型"最早在2012年由IBM公司提出,并且写入我国"十四五"规划纲要中,"广义数字化"表示利用云计算、大数据、物联网、人工智能等新一代数字技术来构建一个全感知、全联接、全场景、全智能的数字世界,如图15-1所示。实现的数字世界优化再造了物理世界的业务,相当于对传统模式的创新和重塑,从而从数字化的角度驱动业务成功。本章的"数字化"一般指的是"狭义数字化"。

数字化:用数字替换物理世界

图 15-1 广义数字化

可以看出,"信息化"与"数字化"概念的本质区别是融入数字世界程度的深浅,"信息化"到"狭义数字化"再到"广义数字化"也是不断从量变到数智化质变的过程。例如将店铺记账信息从纸质账本引入计算机,将线下实体会员卡信息、纸质订单记录引入计算机内部等,但实际业务还是以纸质账本、线下实体会员卡、纸质订单记录为核心来运作,引入计算机的部分只是做一些辅助分析类工作,像这种将物理世界单纯映射到数字世界的过程可以看作上文说的"信息化";而后随着引入业务模型范围的增加、核心业务行为模式发生根本性的改变,最终从物理世界迁移到计算机中,比如,整个商家账务系统运转在计算机上,这时可以看作达到了上文说的"狭义数字化"状态;而更进一步,通过各类数字技术,重塑再造了原有物理世界的业务,比如电子商务重塑了线下实体店铺的商品销售业务,那么就实现了"广义数字化"。

对于数字银行信贷核心业务而言,数字银行数字化程度较高,所以可以将其看作已经超越了"信息化"的阶段,但对数字银行安全保障业务而言,数字化程度反而并不高。举个例子,作为很多企业的核心安全业务流程,安全风险的识别与消除更多还是依靠安全专家的经验判断,而判断依据则是从各类流程中手工收集而来的分析数据,这甚至比不上前文中把店铺记账信息从纸质账本引入计算机的数字化程度,因为店铺财务记账很容易落地标准化的记账模型,而很多银行企业的安全风险识别与消除体系并没有落地标准化的数字模型。

---

[1] 1997年召开的首届全国信息化工作会议将信息化定义为:"信息化是指培育、发展以智能化工具为代表的新的生产力并使之造福于社会的历史过程。"

自动化和智能化是与数字化相关的两个概念。自动化是相对于人工或手工的概念，指不需要人工干预的情况下，机器或装置按规定的程序或指令自动进行操作或运行。自动化是数字化落地后的一个天然的应用场景，在数字化的基础上，自动化变得更加容易实现。狭义的自动化指利用简单规则实现的自动运行，比如在安全场景中，每天定期执行一段安全状态检查命令；而广义的自动化则包含了利用智能化手段实现高度自动化运行，比如自动化地综合多类信息以进行复杂的安全风险分析决策，也可以简称为自动化风险决策，但这里的自动化属于广义的自动化，有时也被称为"超自动化"。在本书专门讲述"自动化"的章节里，一般指的是"狭义的自动化"。

智能化是数字化、自动化的高级阶段，也是数字化、自动化发展到一定阶段的自然延伸。智能化的本质是让机器代替人做决策。智能化面临的核心问题是处理人类智能与机器智能的关系，未来安全决策也会越来越多地依赖机器智能，机器智能在很多商业决策上将扮演越来越重要的角色。通过提高决策效率和准确性或辅助降低人工决策难度，机器决策的效果正逐步在更多领域内超过人工决策。智能化阶段中的一个典型应用是"超自动化"，超自动化融合了机器人流程自动化（RPA）、机器学习（ML）和人工智能（AI）等技术，基于复杂的数据集做出超越人工的快速决策，并尽可能地将业务和技术流程自动化，甚至动态发现业务流程，并创建机器人来实现自动化，即超自动化可实现几乎所有重复性任务的自动化。数字化与智能化的关系如图 15-2 所示。

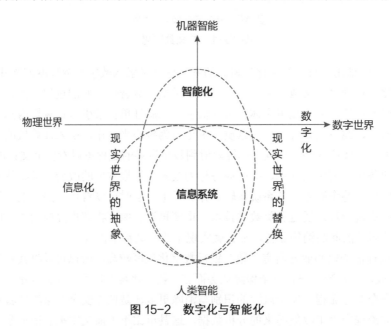

图 15-2　数字化与智能化

由信息化到数字化，再到自动化、智能化，它们之间均不是简单的替代关系，而是继承发展的关系，如图 15-3 所示。后一阶段充分继承前一阶段的成果，并在此基础上引入新技术、新理念，解决前一阶段的问题或瓶颈，实现新的业务价值。一方面技术进步是核心驱动力，另一方面业务驱动和时机选择也是关键。

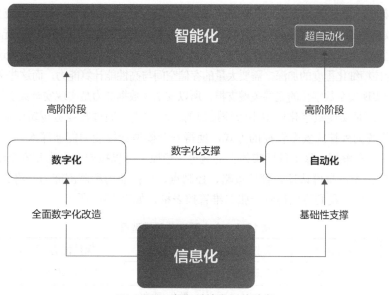

图 15-3 安全科技发展的阶段

15.2 安全数智化建设思路

在默认安全机制中，需要持续对所有实体的变更进行安全评估；在可信纵深防御中，需要定义各层防御节点上可信的预期行为模式；在持续的威胁感知与响应中，一方面需要获取大量的安全情报并萃取提炼，另一方面还需要快速地感知、分析并处置入侵事件；在实战攻防检验中，需要基于所有攻防路径进行实战检验和安全水位衡量。如上所述，想要全面而持续地达成上述安全目标，工作量必然很大，仅靠人工处理无法完成，同时有些任务人工处理成本相对较高、耗时相对较长，效率容易触达瓶颈，影响数字银行的整体安全效果。

基于数字银行的数字化架构思路，首先需要实现所有安全目标实体的数字化，以进一步支撑安全评估、分析、决策等流程的自动化和智能化。要实现安全目标实体的数字化，需要将所有类别的安全目标实体分别建模为统一的可交互数字模型，数字模型不只是目标实体当前状态信息的提供者，也是改变目标实体状态的入手点，即数字模型也需要同时具备管控下发的接口能力，这一层可交互的安全目标实体数字模型称为"数字化底座"。基于此"数字化底座"提供的自动化感知和自动化控制底层能力，可通过安全编排将各类安全产品能力进行积木式组装，实现各类安全自动化流程，从而为安全目标实体提供安全服务保障。同时，在安全编排的实现过程中，各类安全产品能力以组件化的形式不断沉淀下来，在后续得以复用到更多安全自动化流程里。沉淀下来的安全自动化流程与安全产品能力，可以通过基于数字银行自身视角的运营中心，进行统一的可视化查看和交互式操作。随着安全流程自动化程度的不断发展，又会逐步朝着智能化的方向进化，随着自动化与智能化程度的提高，期待有一天，安全应急处置人员依靠数字化和智能化体系，能够喝着咖啡就完成应急任务。

安全目标实体包括服务器主机、网络设备、服务器与客户端应用程序、数据信息、元数据血缘关系、安全实体的变化与变更、网络流量、公司员工、权限、办公终端、用户设备等，随着对这些实体的数字化模型感知与管控精细化程度的加深，需要大量的存储空间与高性能计算能力，而这些基础的大数据存储与计算能力是实现安全数字化的底层关键支撑，所以安全大数据能力是实现安全数字化的关键点。

安全平行切面是实现数字化模型中管控接口的一种方式，通过在业务逻辑中嵌入安全切面控制点，扩展了传统的外挂式安全管控的方式，使得安全模型管控能力能够深入到各个业务逻辑中而又同时保持独立和解耦。除了目标实体上的区分，管控还可以按安全要素和安全动态过程划分。安全要素主要有 5 个：身份认证、管控策略、控制点、保护能力和监测能力。将这五个要素和分层的数字模型结合后，我们可以得到一张二维管控表格，如表 15-1 所示。

表 15-1 安全要素分层模型表

模型/要素	身份认证	管控策略	控制点	保护能力	监测能力
业务模型	实体身份	基于异常检测	应用内	黑灰产防护	行为画像
数据模型	DB 账密	基于用户授权	数据网关 应用内	越权防护	越权监测
应用模型	SSO	基于用户授权	应用网关 应用内	越权防护 WAF/CC 防护	越权监测
主机模型	SSH Key	基于操作者身份	运维通道	HIPS	HIDS
网络模型	网络接入认证	IP 名单	防火墙/网关	DDoS 防护	流量记录
物理模型	门卡与人脸	人员名单	门禁	监控摄像头	监控摄像头

安全动态过程是从时间维度对安全进行建模，以安全事件发生的时间为参照物，分为事前、事中和事后三大方面，典型场景如事前防范、事中防御或管控阻断、事后溯源或审计。在事前阶段，具体分产品或系统上线前、上线后运行中和下线三个阶段；在事中阶段，具体分为识别、保护、检测和响应；在事后阶段，具体分为止血、恢复、反制、溯源和审计。

在安全自动化方面，基于编排与调度的底层能力，将在线与离线逻辑通过流批一体的形式有机结合，形成多点协同的效果。同时，通过组件化的打通衔接，将各个中台型的安全产品有机融合到全链路的安全自动化流程中，并从数字银行自身的视角提供统一化的运营中心，从而形成浑然一体的数字银行安全自动化体系。

随着安全自动化的演进，会逐渐加入可配置的规则来实现自动化策略与流程的解耦，并且还会从基础安全数字化模型中产生抽象程度更高的数字模型，比如安全领域的知识图谱、应用、链路画像等，同时基于这些更高抽象的知识，结合深度机器学习模型，构造出自动化程度更高的智能安全流程，甚至在人脸识别等特定安全能力上超过人类智能。

随着数据安全、隐私保护等多方面要求的提高，部分安全可信能力，如 TEE 可信执行环境、区块链、安全多方计算、同态加密等，在数字银行安全体系的建设过程中起到核心的支撑作用。如果缺失部分关键能力,则既有的业务流程在安全合规评估上会面临失效的风险,而不符合要求的业务会对数字银行自身的持续经营造成巨大的风险。同时,安全可信技术也是可信纵深防御体系持续建设升级的基础。

为保证数智化建设效果,在安全产品架构上,也需要一整套数智化配套平台,如图15-4所示,包括安全运营中心、安全大数据平台、安全自动化平台、安全智能平台和安全管控平台。安全运营中心是基于其他数智平台构建的一站式全局安全运营中心;安全管控平台是这些平台的底层支撑,既提供数据的采集,又支持策略的下发;在安全大数据平台中,既包括统一的安全资产模型(安全要素/层次化的安全保护目标/时间维度进行的粗粒度安全建模),又包括大数据的底层技术能力支撑(流批与湖仓一体/多模引擎);安全自动化平台则是安全自动化流程的核心平台,基于SOAR理念,高效支撑了多样化的安全自动化场景;安全智能平台则是智能技术能力的核心提供方,为安全运营和自动化流程提供智能分析和决策能力支撑。整体上来说,安全运营中心和安全大数据平台支撑安全数字化目标,安全自动化平台和安全管控平台主要支撑安全自动化目标,而安全智能平台则支撑安全智能化目标。

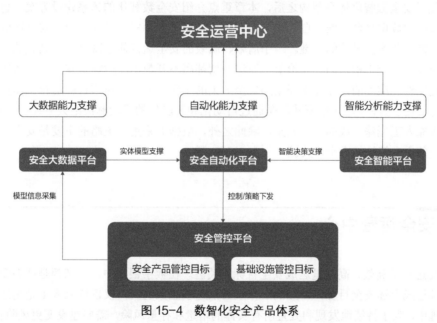

图 15-4 数智化安全产品体系

15.3 小结

本章首先对数字化、自动化与智能化的概念进行了解释,接着对数智化体系建设思路展开介绍。体系化地进行安全数智化建设是成本最低、整体效果最好的方式。体系化体现在数智化能力分层上,自顶而下是安全运营中心层、数智化平台层、管控平台层,下一章将对安全数智化体系建设方案进行介绍。

第 16 章

安全数智化建设与应用实践

在介绍了安全数智化体系架构之后,本章重点介绍安全数智化的体系建设方案,包括安全运营中心、安全大数据平台、安全自动化平台、安全智能平台和安全管控平台。安全运营是达成安全目标、降低企业安全风险的关键。一个清晰、高效的安全运营体系既可以提高企业安全水平,又可以充分发挥安全工程师的专业价值,而这一切都离不开数据。数据是安全运营的底层依赖,只有数据是完整和准确的,才能保证全局安全效果的实现。但是快速增长的运营工作量使得安全工程师们每天疲于奔命,唯一的解法就是通过自动化和智能化的手段解决绝大多数的重复性工作,甚至实现仅靠人工无法达成的安全效果。除此之外,数据的采集与策略的下发是安全工作的底层依赖,统一的安全管控能力十分关键。

16.1 安全运营中心

数智化运营是高效、高质量达成安全目标的关键。在数字银行中,一切都是动态变化的,若想高质量地达成上述安全目标,对应的工作量必然超乎想象的大,仅仅依靠人工是无法完成的。在风险治理中,为了持续地发现和处置所有实体的增量和存量风险,需要建设变更风险管控能力、存量风险治理跟踪能力,并沉淀风险自动化发现与评估通用能力;在可信免疫中,为持续计算和更新各层防御节点的预期行为模式并下发可信防护策略,需要建设可信策略生成能力、全局策略联动管控能力;在威胁感知与响应中,为淬炼海量安全情报并及时研判威胁入侵事件,需要建设基于行为大数据异常分析的入侵检测能力、事件研判溯源能力;在安全体系有效性与水位检验中,为对所有攻防路径与关键防守点进行持续充分的检验,需要建设模拟真实威胁的检验编排剧本能力、可视化检验效果运营能力。总的来看,数智化建设主要思路如下,首先在高耗时、耗力环节通过自动化提升效率,其次在无法人工实现的进阶防护效果上建设数智化产品以实现关键防护能力的突破,最后通过"数据驱动运营"转型解决仅靠人工无法全面持续地确保安全效果达成的问题,而本节就是对"数据驱动运营"的安全运营中心的阐述。

16.1.1 什么是安全运营中心

安全运营中心的侧重点并不在于安全运营中某项具体的功能和要达成的安全效果，而是从更上一层角度，致力于对安全运营最终目标的达成，即提升安全有效性。通过对安全资产的收集和运营过程的建模可以梳理运营动作并提高数字化水平，通过对关键的安全指标进行定义可以对运营过程与运营结果进行衡量。这样，数据可以作为安全运营工作的牵引，实现安全有效性的提升。

很常见的情况是，企业已经投入了许多资源以加强安全方面的防御，但是在各种众测活动或内部攻防演练中，安全问题还是层出不穷，似乎安全工程师做了许多没有意义的工作。这里的关键就在于，安全效果无法全面持续达成。在对某种风险进行治理或安全加固时，往往覆盖的是存量资产，而忽略了增量资产，这就会导致风险遗漏，既存在永远无法完全防护的部分，又存在风险被利用的窗口期。除了资产的覆盖率，还需要关注防御的有效性。当存在某种安全能力或安全机制后，还需要保证它们自身的有效性，比如自身对某种风险防御的缺失、防护策略是否存在绕过的情况。所以，只有对安全效果进行全面持续达成，面对真实安全威胁时才能做到胸有成竹。

安全运营中心的理念是通过数据驱动运营来解决上述问题。在对运营过程建模并产出安全指标定义后，就相当于具有了全局安全视角，可以发现企业内部的脆弱面，比如哪些中间件的版本较低、哪些端口和系统非预期地暴露在公网上，也可以发现安全能力的局限性，比如覆盖率较低、防护策略有效性不足、未能覆盖增量资产。在对当前的攻击面与攻击面的防护对抗能力进行盘点后，就可以有针对性地进行加固。而加固过程一方面依赖安全工程师的专家经验，另一方面依赖平台与安全能力，安全运营中心在其中可以起到提高效率与效果的作用，从而实现安全效果的全面持续达成。

安全运营中心的核心是数据集成与功能集成，通过指标数据牵引安全运营功能，实现安全效果的有效达成。数据集成从数字化角度出发，对安全运营过程进行梳理与建模，对数据资产进行收集与管理，并定义关键安全指标，这样可以发现当前存在哪些安全运营场景，这些场景是否已经在线化、平台化，存在哪些安全有效性衡量指标及如何提升。功能集成从自动化、智能化角度出发，对平台与安全能力进行集成，方便日常的运营操作，这样可以发现当前依赖哪些运营功能，以及如何提高运营效率与效果，最终借助功能实现安全有效性的提升。

16.1.2 一站式安全运营

在介绍完安全运营中心的概念和思路后，本小节将介绍具体的平台实践，即一站式安全运营，通过在一个平台中支持多种运营场景，节省了时间并提高了效率。一站式安全运营架构如图 16-1 所示，安全态势从全局的视角出发对当前的安全状况进行展示，运营场景分为风险治理、风险防护、威胁感知与响应、效果检验，而安全模型贯穿运营过程的始终。

一站式运营

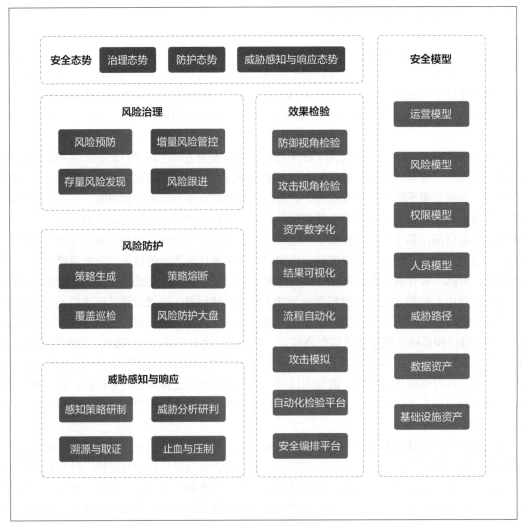

图 16-1　一站式运营架构

1. 全局安全态势总览

全局安全态势总览是对安全数据指标的全面展示，要求指标是完整的，既要包含安全产品与能力，如 HIDS、WAF，又要包含数据资产，如应用、域名、IP 等。同时，指标又涉及多种视角，不同视角下关注的指标是不相同的。比如从防御外部攻击的视角，更倾向于关注边界的暴露与防御情况；从安全治理视角，更关注数据分级分类与权限管理。除了这些视角下的指标，还有作为一线安全工程师更为关注的指标，比如待安全评估的工单数量、告警响应时长、存在低版本软件的设备数量等。在对指标进行全面的梳理后，可能因为数据的缺失导致指标无法计算，这时需要建设相应数据源。

对指标和数据源进行全面的梳理后,需要对数据进行加工计算。在计算中,不可避免地会接触到实际的数据资产信息、安全能力对资产的覆盖情况、安全工单的响应数据等,这些数据不但是全局安全态势总览中指标数值计算的基础,更是不可缺少的指标详情,即指标结果是怎么产生的。比如当观察到安全能力覆盖率不足时,自然而然想要了解未覆盖的原因,所以详细的数据是必不可少的。详细的数据可以提高全局安全态势总览的运营效果,让安全工程师知其然且知其所以然。

在全局安全态势总览中展示数据时,为了能够直观地看到指标结果,一方面可以通过场景的切换,展示不同维度的指标,另一方面可以通过特定的颜色展示是否存在问题,比如绿色表示安全,而红色表示存在需要建设和提高的地方。同时,需要对历史指标进行记录,用来绘出指标趋势折线图。当安全指标趋势上升时,可能是持续安全运营的结果;而当指标趋势下降时,至于是哪些原因导致的,需要安全工程师保持关注。

全局安全态势总览的受众并不是领导,而是广大的安全工程师。通过手工的方式计算安全指标可能难以对当前安全结果进行衡量,而借助全局安全态势总览,安全工程师可以更好地看到当前的安全情况,并朝着清晰的安全目标前进,从而提升安全有效性。

2. 数据驱动风险治理

风险治理中的风险特指网络空间安全方面的问题,比如安全漏洞,可能会给公司带来无法挽回的影响和损失。风险的概念很大,按照是否已经存在,可以分为增量风险和存量风险;按照漏洞类型,可以分为应用安全、网络安全、数据安全等。实际上,风险治理不只是某个风险被修复的过程,也包括在风险发生之前,从源头避免风险的发生。例如,可以通过安全意识的宣导和安全知识的培训,从人的角度减少风险的发生。在发生线上变更前,安全部门可以介入,通过安全评估和管控手段拦截不符合安全要求的变更。在存在风险后,可以通过扫描和巡检有效发现风险。在发现风险时,需要有完善的工单流程平台来满足不同风险场景的不同处理流程,并需要具备催办、接口回调、工单流程推进等功能来自动处理工单。本小节将介绍在增量风险管控和存量风险治理两个典型场景中如何通过数据驱动运营。

(1)增量风险管控

在增量风险管控场景下,需要能够感知增量的变更,并具备卡点能力,从而实现对增量风险的管控。一方面,需要对企业内部现有的变更场景进行梳理,减少管控覆盖的遗漏。另一方面,增量风险管控中发现风险和处置风险会占用大量人力,需要提高风险评估效率,甚至解决仅靠人工无法解决的问题。首先,为了减轻人工安全评估的人力消耗,需要利用一系列安全扫描工具与规则来实现风险发现。接着,通过预定义好的策略实现自动化决策,如本次变更是否通过、是否需要生成漏洞工单。在部分场景和工单中安全工程师需要介入,评估变更是否有风险。最后,变更管控工单完结,在上线前就避免了风险的发生。一方面,完善的扫描工具可以提供更多的数据维度,经过人工优化的决策策略可以自动处理大部分的管控工单;另一方面,在历次变更中,可以统计出自动决策率、千次变更漏洞引入率等,从而驱动风险治理工作的进行。

(2)存量风险治理

在存量风险治理场景下,首先需要发现风险,然后对风险进行跟进与治理。落实到运营过程中,简单来说就是从发现安全风险、提交漏洞工单、跟进问题并解决到关闭工单的过程。在安全态势总览中,可以发现多种安全风险,如许多暴露到公网中的域名最近半年没有流量、多个办公终端未安装安全软件,传统的人工跟进方式存在效率低的问题,且随着风险数量的增加,人力的投入也会随之增加。通过对相关数据整合,如公网的应用流量信息、办公终端的软件列表信息等的集成,可以创建巡检策略并自动提交漏洞工单,既减少了人力投入,又保证了风险的治理质量。其中,巡检策略的实现并不需要复杂的平台支持,通过安全编排平台将数据查询语句与提交工单的动作结合起来,就可以快速地实现相应的功能。

3. 数据驱动风险防护

在风险防护工作中,需要建设相应的安全防御能力,比如 HIDS、WAF,同时也需要有相应的安全策略,比如哪些网络请求是合法的、哪些系统命令是安全的。运营目标概括为提高安全能力的覆盖率和安全策略的有效性,主要运营工作可以拆分为通过风险防护大盘了解当前安全状况,通过定期巡检提高覆盖率,通过策略生成提高有效性。同时,为了避免安全策略拦截正常行为而导致业务受到影响,还需要监控拦截情况,及时采取熔断措施。

在一站式安全运营中,需要对数据进行集成,形成风险防护大盘。在大盘中,可以看到当前覆盖率及变化趋势,也可以看到安全策略的数量及告警数量变化趋势。除了指标外,也可以查看安全能力覆盖范围、最近上线的策略、策略拦截记录,还可以对策略上线等功能进行集成,满足一站式运营的需求。高效的运营系统可以有效提高企业的安全水位。

安全能力覆盖率的提高可以通过覆盖率巡检来实现。在实际场景中,许多主机上都会部署入侵检测系统,但是可能存在入侵检测系统自动退出、未安装入侵检测系统等情况,导致入侵检测系统失效,从而无法有效抵御攻击,增加了安全风险。此时可以通过定期的覆盖率巡检并自动化启动安全能力,实现覆盖率的提升。在实践中,首先可以通过全局态势总览看到当前入侵检测系统在主机上的覆盖率,如果发现覆盖率偏低,就需要通过安全运营来提高覆盖率,然后从指标数据详情中查看未运行入侵检测系统的主机,通过自动化命令下发拉起入侵检测系统,或生成工单给到系统运维人员,从而实现安全防护能力覆盖率的提高。

安全策略的有效性可以通过安全策略自动化生成来提高。安全工程师需要对海量日志进行分析,制定合适的策略,使得安全产品可以防御攻击。策略的制定离不开安全工程师的专家经验,且往往费时费力。但是通过策略智能生成,既缩短了策略制定的周期,又降低了人力的消耗。在实践中,可以通过聚类算法学习历史记录中的系统命令,从中提取通用的命令及结构作为安全策略,在安全工程师确认后,加入系统命令白名单策略集中。

除此之外,当策略在线上表现不佳时,还需要及时熔断,或将安全能力与安全策略临时下线。安全能力可以有只告警不拦截的观察模式,也可以有既告警又拦截的拦截模式。在拦截模式下,如果在一个时间窗口中积累了大量的告警,为了避免对业务造成影响,可以暂时切换为观察模式,即熔断策略。切换的时间点则需要借助统计趋势,如告警数量的同比与环比,这样才可以准确地熔断，否则熔断太容易被触发，安全策略就失去了其本身的意义。

传统的风险防护运营可能是一个需要堆积人力的机械式工作，但是通过数字化和自动化建设，安全工程师可以发挥自己的专家经验，并将解放出来的人力释放到其他更有意义的工作上。通过数据驱动安全运营，运营工作变得更有方向和更加高效，同时系统的安全水位也在提升。

4. 数据驱动威胁感知与响应

威胁感知与响应工作的开展依赖数据和运营平台。在运营过程中，安全工程师需要根据现有的资产数据、企业面临的安全攻击，研制出合适的感知策略。在策略上线后会产生相关的告警，这时候需要安全工程师介入，进行威胁分析研判，判断攻击是否正在发生或已经发生。如果当前正在被攻击，需要及时止血与压制，避免攻击继续发生甚至造成更大的损失。如果攻击已经发生，需要对攻击行为进行取证，并溯源攻击链路，还原攻击过程，也就是溯源与取证。整个过程依赖安全工程师的人力投入和专家经验，一站式安全运营可以更好地发挥安全工程师的力量，带来效率与效果的提升。

在威胁感知与响应场景中，首先建立安全数据模型，在建模过程中可以发现当前有哪些资产和日志数据，以及哪些数据是缺失的。策略制定、威胁研判和溯源过程依赖数据，因此需要对缺失的数据进行获取或补充。然后对安全运营过程进行建模，建模后可以定义关键的安全指标，如策略的准确度、告警的响应时效。安全指标反映了运营现状及需要提升的方向。比如当前告警研判不及时、响应流程不明确，则有针对性地简化运营动作、提高自动化水平；在一些场景下可以通过预先定义好的 SQL 模板和数据宽表进行数据的检索，并通过专用的流程平台进行威胁事件的跟进与协作。更进一步，可以通过编排平台进行运营功能的调用与联动，而这些都基于对数据模型的建立。

通过数字化和自动化建设，一方面之前需要许多人工参与的工作被流程化和自动化执行，提高了体验和效果；另一方面降低了时间成本，提高了威胁处置的效率，借助数据集成和功能集成，通过数据驱动，一站式地解决了威胁感知与响应工作中的痛点效率问题。

5. 数据驱动安全效果检验

安全效果检验是对安全效果进行验证，并根据检验结果提升安全效果的过程。对于如何进行效果检验，本书的"实战检验"章节描述了相关的理论体系，而"安全自动化平台"一节将会介绍如何基于安全编排技术搭建自动化检验平台，以执行自动化的检验动作；这里则将介绍防守方与攻击方视角检验，以及如何通过资产数字化和检验结果数据推动安全效果的提升，实现数据驱动运营。

（1）攻防视角检验

在数字化检验模型建立之前，防守方与攻击方通常会以自己的视角对企业安全能力进行检验。防守方作为安全能力的建设者，一般以编写巡检脚本的形式对自己负责的安全能力进行检查，以确保心中有数；攻击方则从外部攻击者视角，尝试各种攻击手法与工具，以攻击是否成功来判断安全能力的有效性。不同的视角往往使得双方对检验结果数据的统计口径与理解截然不同，导致无法通过检验数据驱动下一步的工作。

为了解决这个问题，首先需要建立数字化的标准检验流程。基于安全大数据平台提供的安全资产查询服务，将检验流程的入口定义为获取待检验资产。随后，检验者可按照自己的视角，编写自定义检验脚本，对单个资产执行检验，按照标准格式输出安全能力是否覆盖到该资产、检测通过的用例数量、检测未通过的用例数量、检测未通过的用例细节等。将自定义脚本通过安全编排技术与通用的统计能力进行链接，就实现了检验流程的数字化。负责具体检验任务的安全工程师只需要利用专家经验来编写对单个资产的检验用例，通用的检验流程将自动生成并通过安全编排平台调度执行。

在得到统一的数据口径后，防守方与攻击方的检验结果可以从正反两个方向验证安全能力的有效性，使得检验数据可以驱动安全有效性的提高。

（2）资产数字化

数字银行安全能力须覆盖的资产多种多样，想要产生有参考价值的安全能力覆盖率、有效率等数据，统一的分母必不可少。利用安全大数据平台的底层能力支持，可以结合各类异构信息系统的资产信息，建立检验目标资产，从而保证不同安全产品对覆盖率统计口径的一致性。

在数字化检验模型建立初期，可以建立物理机、容器、域名、办公机等基础资产模型，在基础资产模型大类下可按照外网、内网、办公网，或正式员工、外包员工等属性划分子类。完成基础资产覆盖后，一方面可以对基础资产做进一步的细化，如建立端口、API、URL 等资产模型；另一方面可以根据具体业务需求建立抽象的资产模型，如通过建立员工模型，关联权限管理系统数据，将个人信息查询管控等内部风控系统纳入效果检验的范畴。

（3）结果可视化

数字化检验流程中产生的基础检验数据可以根据不同的需求，在不同的维度进行统计。对于安全能力负责人而言，可根据单个资产上安全能力的覆盖情况、用例通过情况，统计得到单项安全能力的实时有效率与覆盖率；从蓝军视角来看，则能够依托威胁路径图，从攻击技战法的维度量化现有安全体系的安全水位。在实际运营过程中，这些指标可用于安全能力之间的横向对比，使管理层和相关能力负责人对整体安全能力建设过程中的弱项和待改进点一目了然，从而可以指导下一步的重点建设方向。同时也可在单个安全能力内部进行纵向对比，一方面可以展示单项安全能力建设在较长时间跨度上的进展；另一方面，如果指标在短期内出现较大波动，则说明该安全能力可能有故障嫌疑，需要进行排查与分析复盘。

在得到检验结果后，需要对数据进行可视化，可以通过对安全防御能力进行排序的方式发现当前的薄弱点，也可以通过历史有效率与覆盖率绘制趋势折线图。通过预先设置的变化阈值，在检验结果发生大幅变化时，可以自动创建相应的工作项和通知，从而缩短安全机制失效的窗口期，降低安全风险。

16.1.3 产品技术支撑架构

一站式运营通过集中所有安全运营场景并对其进行数字化，实现了对各域安全场景的体系化覆盖与运营效果的统一量化，从而以"数据驱动安全"的形式确保安全效果全面持续达成。为了支撑安全运营目标的达成，少不了底层技术能力的支撑。整体技术支撑架构自上而下分别是编排产品层、数据模型层和基础平台层。编排产品层通过组件化的编排流水线打造安全自动化产品，让各类自研、商业的安全能力都能够统一协作，既服务于效率提升，又提供了关键防护能力，以实现仅靠人工无法支撑的"进阶数据防护效果"；数据模型层实现了所有数据保护目标实体与关联实体的数字化，包括网络、主机、应用、权限等资产实体大类，对实体的状态观测与管控通道标准化后统一建模成可交互的数据模型，如安全数据模型和运营数据模型，作为编排产品层的"神经通路"，是数智产品的底座；基础平台层是上层能力建设的通用技术底盘，包括安全编排强依赖的调度平台、分析研判强依赖的计算引擎和数据仓库、安全运营强依赖的对话式交互与网页交互平台。

在上述支撑技术中，以数据模型和背后的安全大数据技术最为重要。如果安全资产数据不完整，变更管控和安全能力的覆盖就会不足；如果运营数据模型建模不准确，就没有办法衡量安全效果和提升运营效率。正是对安全数据进行全面的梳理、建模和计算，才使得"数据驱动运营"得以实现。

16.2 安全大数据平台

建设数字银行应当是技术和业务的深度融合。而业务本身是具有复杂性的，随着融合加深，其所涉及的资产、流程、数据、攻击面等都是呈指数形式上涨的。此时仅仅依靠安全工程师进行人工风险运营以及告警跟进是不太现实的。因此需要通过技术手段来提升安全工程师的效率，减轻工作负担。而这个技术手段就是本节所要讲的安全大数据平台，通过大数据技术来解决大数据带来的问题。

16.2.1 技术架构

安全大数据平台整体可以分为存储层、计算层和数据模型层，如图 16-2 所示。存储层作为数据存储的载体，是数据作为生产要素的承载方。计算层作为计算能力的提供方，通过数据计算进而对上层的业务提供支撑。数据模型层则规划了安全所需要的数据的组织方案。网商银行安全团队依托内部大数据平台搭建了基础的计算存储的底座，完成对离线计算和实时计算等多种计算需求的支持。同时，网商银行安全团队自研的一套湖仓一体计算引擎实现了多数据源情况下的联邦查询，从而能够支持快速的分析工作，而且基于同一套数据存储结构实现了图分析功能，为安全分析需求引入了快速接入图分析算法的能力。下面先从计算平台的角度讲一下具体的问题和解决思路。

图 16-2　平台架构

1. 流式、批计算平台

批计算的能力依托于公司层面的大数据底座。首先，在该大数据底座上可以实现大规模数据的离线分析，借助其强大的分布式计算能力能够快速实现一些想法的验证。其次，它也提供了不同部门间数据互通的渠道。由于在公司层面各个部门都基于这一套平台做大数据计算，因此可以很方便地实现一些有价值的数据共享。譬如，对于安全所必需的基础设施部分的原始数据，就可以直接依托基础架构部门产生的数据来生成。

然而，仅仅拥有批处理的能力是不够的。在安全工程师的日常运营工作中，往往也要处理一些实时性很强的需求，譬如异常告警等。对于此类对时效性要求比较高的任务，我们依托于公司 Blink 资源集群搭建了服务于安全的流式计算平台，满足了基础设施数据同步、信息上报、威胁感知等具体的需求点。

2. 湖仓一体计算引擎

由于安全业务所面临的数据的复杂性，如果能快速进行多来源数据的关联分析，就能大大加快安全研判分析的效率。因此这也催生了研发一套服务于安全业务、能够实现多种数据源联邦查询和分析的一体计算引擎的需求。

该计算引擎的分布式存储依托 OceanBase[①]来打造，异构计算引擎可以把多种不同格式的数据

---
① 阿里巴巴集团研发的分布式关系存储数据库。

统一成二维表格式来计算，而不需要额外的 ETL 动作。引擎架构如图 16-3 所示。

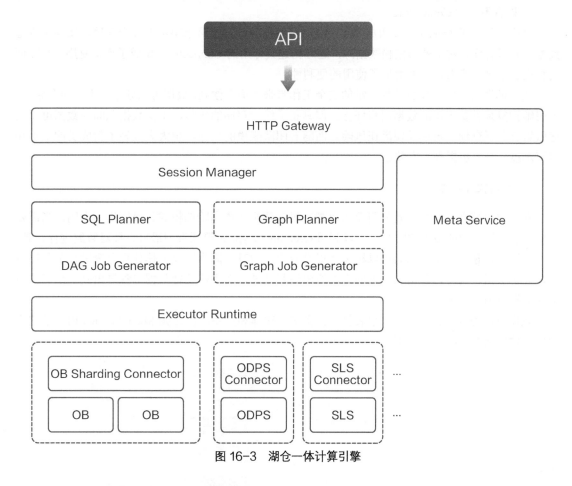

图 16-3　湖仓一体计算引擎

各层子系统介绍：

- HTTP Gateway：网关层提供了对外的服务能力，可以基于 HTTP 提供 RESTful 风格的 API 服务，同时也能基于类似 Apache Calcite Avatica 的技术提供 JDBC/ODBC 等访问方式，提供便利的可扩展接入层。
- Session Manager：会话管理层提供了会话上下文维持能力，对长链路会话提供了支持。
- Meta Service：元数据服务提供全局元数据管理能力，同时也把异构数据的格式统一抽象为二维表格式进行管理。
- Planner & Generator：优化器层负责把具体的 SQL 查询转换为具体可执行的物理执行计划。
- Executor Runtime：执行层提供了分布式计算原语，用于管理和施行执行计划。
- Connector：连接器层提供了把异构数据转换为统一二维表的具体物理实现的能力，该层屏蔽了不同异构数据之间的细节差异。在每一次查询时，执行器都需要从不同的连接器中拉取统一格式的数据。按照不同的存储介质（如关系型数据库、分布式存储和消息队列）可以有不同的 Connector。

其中，依托于 OceanBase 组成的 Sharding（数据分片）集群承担本地数仓存储，实现了本地数据的有效管理。对于外部依赖数据源，通过构建其专用的 Connector，集成了连接复用、Join 谓词和投影下推等能力，大大增加了使用的便利性。

集中的湖仓一体计算引擎为日常的安全工作带来了很多便利，数据可以分散在不同的存储中，不用维护复杂且易出错的数据同步任务；但具备了统一存储的优势，不同数据源间的数据可以快速做聚合关联查询，迅速发现潜在风险。而随着团队规模的扩充，也大大减轻了新成员的上手和学习难度，进一步提高了人效。

3. 多模建模引擎

在计算引擎之上，多模建模引擎可以把二维表建模成更高阶的模式。以图模型为例，当需要分析关联比较复杂的数据的时候，可以利用 Gremlin、Cypher 等图查询语言直接对数据进行计算，而不需要先行导出数据，从而可以极大地提升效率。同时也因为湖仓一体计算引擎进行了分层设计，高阶数据查询可以复用二维表的查询原语进行处理，而不需要把数据单独导出到一个其他模型的数据查询平台中。

以图查询为例，其可以把二维表抽象为图中的实体和关系边，比如 Meta Service 内置了这样的抽象建模能力，如图 16-4 所示。

图 16-4　图模型与建模

在图查询过程中，以 Gremlin 为例，图查询优化器会把查询分解为多个通用二维表查询原语，如 g.V().has().out().list()。具体的查询过程如下。

1）Gremlin 经过解析器和语义分析，生成关系逻辑计划。
2）关系逻辑计划经过基于代价的图优化器形成了图物理执行计划。
3）最终，物理执行计划在执行层被转换为二维表计算原语并被执行。

得益于分层抽象解耦的设计，可以支持在一份数据上进行不同的数据模型建设，降低了知识建模的成本。屏蔽底层查询的细节，可以很方便地支持多跳关系的数据提取，这极大地提升了日常安全运营工作中使用数据的效率。

16.2.2 数据模型

有了完善的大数据平台作为底部支撑，可以满足很多设想中的安全数字化运营需求。然而，仅仅有平台是不够的，如果缺乏有效的数据构建规划，最终收获的只能是野蛮生长的数据堰塞湖。如何构建一个可持续发展的数据花园，在一定程度上依赖是否有行之有效的规划。正如安全建设要贯穿软件构建的整个生命周期一样，数据模型建设也要贯穿安全数字化建设的整个生命周期。业务模型建设会作为安全运营业务数字化的指导，数据模型建设则可以作为整体数据接入和清洗的准则，提升整体数据的质量以及可关联性。此外，数据质量管控意识也尤为重要，只有从开始建设阶段就考虑好数据质量的管控，才能避免建立起一座根基不稳的数字大厦。

下面就从资产模型、安全模型和运营模型三个角度来大致讲一下网商银行安全在数据角度的一些实践和思考。

1. 资产模型

资产是安全运营中的一个很重要的要素，所谓"知己知彼百战不殆"。资产所代表的就是"知己"的这一部分，只有先知道自己要保护什么才能在安全这个攻防游戏中占据先发优势。

为什么要建立一套统一的资产模型呢？这也是安全运营过程中实际遇到的问题。在规划初期，很多安全工程师抱怨指标计算不准确，对外输出口径无法统一。现有风险面梳理过程无比冗长，大家重复工作严重，想要做一个策略的验证分析不知道到哪去找数据。这其实也反映了一个很严重的问题，即安全运营团队内"数据孤岛"和"信息茧房"问题频发。

为了解决上述问题，构建一个统一的资产模型迫在眉睫。因此，我们依托领域建模的思想，按照图 16-5 所描述的八个域做了基础资产数据的划分，构建了一整套安全数据集市。

图 16-5　统一资产层各域

通过对上述各个域的基础数据的梳理，搭建了基础资产、数据资产等主要数据板块。这些数据板块可以有效地满足基础设施安全领域、应用安全领域、数据安全领域等对于基本数据资产的需求。然而，只有资产的骨架是不够的，在安全问题分析过程中往往要把多种元素串起来看，因此资产能否有效关联也很重要。

资产本身存在关联性，可以梳理出一部分基础关系，譬如应用与容器之间的关系，或者应用与 IP 之间的关系。这些简单资产关系也能够满足安全工程师探查资产基础情况的需求，但是业务是在实际运行着的，还存在很大一批运行时的资产没有被囊括在内。这也对资产构建提出了刻画动态链路的新需求。其中较为重要的一个就是线上调用链路。得益于网商银行强大的云基础设施，应用系统都会接入 SOFATracer①中间件，这也为重建调用链路提供了可能。SOFATracer 会产生接口级别的较粗粒度的调用日志，包括消息队列和数据库访问都能够被记录下来。通过其产生的日志数据能够重建实际调用链路。有了该部分数据的支持，就能够满足资金防盗链路探查等需求。

此外，通过对内收集各需求方关于标签定义上的需求，给资产标注上了丰富的标签。借助标签体系，采用视图模式生成一批定义明确的标准资产数据视图，可用于解决口径统一问题和同类型数据重复建设的问题。该数据集市的建立也初步解决了安全工程师关于资产数据部分的数据孤岛问题。

2. 安全模型

对于安全运营工作来说，建立可用的资产模型仅仅只是第一步而已。所有模型建立的目的都是为了解决实际问题。而当前面临的实际问题是安全问题。现在已经有了资产层这个基本骨架，要让这些数据直接驱动安全业务还需要一个把这些数据跟业务关联起来的黏合层，这就是本节要讲的安全模型。

建立安全模型即，用数据化的语言描述安全域内各要素和它们之间存在的关系。从常规的安全要素描述上，可以分为风险域、威胁域和防护域模型。风险域将资产的重要性、保密性、完整性和可用性等属性作为评定维度，可以辅助衡量整体的风险面情况。威胁域将实际威胁发生频次作为评定标准，用于衡量实际威胁情况。防护域从防护产品、防护策略、感知策略等角度来衡量整体的防护情况。

通过上述三层模型的建立，可以量化内部风险面等情况，进而用来指导具体的安全建设规划。

3. 运营模型

运营模型处于整体数据模型建模的顶层，是跟安全运营业务最贴近的一层模型。根据当前安全运营的主要工作，该层模型被分为风险防护、风险治理、威胁对抗、有效性检验四大模块，这些模块分别支撑了前文提到的安全能力的数字化运营工作。

---

① SOFATracer 是 CNCF Opentracing 的一套实现，例如 Uber 开源的 Jaeger，也是一个 Opentracing 的实现。

16.2.3 数据案例

依托安全大数据平台,可以建立以下几个基础服务,用于支持安全数字化建设的一些具体场景。

1. 安全资产查询

基于资产数据实现了一个安全资产查询平台,可以有效提升安全工程师查询资产的效率。在这个平台上,安全工程师可以通过基础的资产信息或者资产标签快速提取感兴趣的资产数据。

此外,该平台也提供了标准资产数据的管理和展示页面。在这个地方,安全工程师可以看到当前有哪些已经存在的标准资产,每一个都有其对应的详细说明。当安全工程师构建了一个可以复用的标准资产时,他也可以将其自主地配置在平台上。

2. 快速溯源

基于湖仓一体计算引擎,可以对告警事件进行快速的关联分析。安全大数据平台支持异构数据源的关联查询,并且通过二级索引、查询拆分等方式加快了查询速度,使得溯源工作可以更快完成,减少了风险的暴露,实现了快速响应的效果。除此之外,通过实现 SQL 解析器,统一了不同类型存储介质的查询操作,降低了上手难度和学习成本。

例如在 SLS 中的多个日志流可以和数据库中的信息安全资产进行实时 Join 关联。在发现非法入侵后,安全人员往往需要将日志流与资产进行关联,得出攻击者 IOC。借助湖仓一体计算引擎,可以快速进行联合查询,从而达到快速溯源的目的,提升整体运营效率。

3. 威胁路径

基于安全模型构建一整套用于管理具体威胁路径的服务。该模型具体可分为攻防实体、攻防场景、攻击方法、攻击技术和攻防关联等要素。攻防实体是对企业内的 IT 资产的抽象化描述,是用来构建攻防场景的基本单元。攻防场景是攻击发生的载体,承载了攻击方法、攻击技术、防御感知能力等。攻击方法是对一个阶段性攻击目标的描述,如 IM 聊天钓鱼攻击、Web 接口敏感信息泄露、本地敏感信息收集等。攻击技术是最小的攻防实施单元,主要用于构建攻击方法,每个攻击技术可以用于不同的攻击方法。框架中有了攻防场景和攻击方法,接下来就是把攻击方法关联到对应的攻防场景,且攻击方法可以出现在多个攻防场景中。

依托威胁路径服务,可以对实际攻防场景中的各个要素进行数字化管理,辅助安全工程师更好地了解当前风险情况。

4. 安全知识图谱与画像

基于多模建模引擎,可以很方便地构建相应的图数据库模型。依托数据资产、基础设施资产、数据链路资产等低级表模型,直接对元数据进行知识建模,就可以得到包含这些数据的一个图数据库模型。通过建模引擎对图查询语句进行拆分重写,屏蔽用户对底层查询的感知,用户可以像查询普通图数据库一样查询该图数据库。基于这个图数据库模型可打造不同角度的安全知识图谱，如应用画像、接口画像、敏感数据分布画像等。

依托上述画像数据实现了对安全运营平台辅助决策能力的支撑。相关细节在本章的安全智能平台小节做了介绍，这里就不详述了。

16.3 安全自动化平台

正如大数据平台小节所描述的那样，随着业务复杂性的提升，对安全运营业务的需求是持续提升的。随着业务的快速增长，系统规模也在快速增长，承载的服务也在快速迭代。然而，培养成熟的安全工程师的速度无法跟上业务增长的速度。要想用有限的人力解决无限的业务增长带来的问题，唯一的解决办法就是采用自动化手段。通过自动化技术将安全工程师从日常繁重的运营工作中解放出来，帮助工程师将有限的精力投入到解决一些核心的安全问题上，这样的发展模式才是可持续的。

数字银行安全自动化平台的发展大致可分为三个阶段：自动化辅助阶段、自动化决策阶段、智能化决策阶段。在不同的发展阶段，自动化能力有不同的体现，在自动化辅助阶段，安全工程师是安全工作流程的主导者，自动化能力主要以运营平台与辅助工具的形式收集并展示信息，减少重复繁琐操作，而是否需要执行攻击压制或止血动作之类的关键处置决策必须由安全工程师做出；自动化决策阶段的标志是部分核心工作流程由安全工程师主导变为由自动化流程主导，对于已知场景安全事件的处置不需要安全工程师介入，安全工程师负责处理少数未知场景；在智能化决策阶段，随着人工智能技术的发展，自动化系统能够通过持续学习和演进，在未知场景拥有决策能力。在这个阶段，安全工程师主要承担的工作是维护整个自动化系统，并根据安全态势与业务发展对自动化系统进行调整。

目前银行业安全自动化发展大多处于自动化辅助阶段和自动化决策阶段。以内部安全隐患消除和安全加固工作为例，如果依靠安全工程师不定期进行项目式安全评估来推进，则可以说是处于自动化辅助阶段，另外像很多应急式的安全工作流程（止血处置、漏洞应急等），也主要由安全工程师主导，同样处于自动化辅助阶段；如果可以依靠自动化的风险决策能力，在安全事件发生时自动化完成安全工作流程，则可以说是处于自动化决策阶段，比如在本书默认安全一章中，经自动化改造后的安全流程（比如 SDL/DevSecOps 流程）能够根据多维度变更信息采集能力与专家经验建立部分场景下的直接通过策略，而安全工程师仅对风险较高的未知场景变更进行人工审批。

为了提高数字银行安全自动化的发展水平，需要建设若干安全流程自动化基础能力，只有依托这些自动化基础能力，才能不断地提高自动化流程在安全工作中的占比及提升自动化流程的主导性，逐渐在多种场景中将安全自动化流程沉淀到数字银行安全运营中心，最终形成完善的安全自动化体系。

16.3.1 基础能力

安全自动化整体架构如图 16-6 所示。首先,任何自动化能力建设的前提都是流程化与数字化,这意味着安全部门能够对安全事件定义可执行的标准流程,并且能够在流程中访问与操作各类数字资产。在基础能力建设中,除了前文中提到的数字化平台,任务调度、原子能力标准化、服务编排等能力也值得关注。

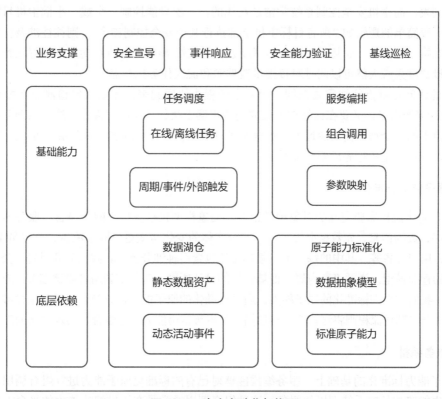

图 16-6 安全自动化架构图

1. 任务调度

不同于离线计算任务的高吞吐量、批量式的调度模式,也不同于在线计算任务的低延时、流式调度模式,安全任务调度的特点是涉及的技术场景非常广,安全是一个应用场景,而非一个"特有的调度模式"。在安全这个场景中,既有可以定时批量执行的主机巡检调度场景,也有必须实时响应的入侵检测场景。

所以适合安全的调度系统,一定是联邦式混合调度系统或原生混合调度系统。联邦式混合调度系统将多种不同场景的调度系统组合起来,共同作为底层平台使用,不同的调度系统之间比较分散,互相配合较难。而原生混合调度系统在底层就融合了流式、批量两种调度模式,当每次调度的目标数量为 1 时，则相当于一个纯流式的调度系统；当每次调度的目标数量较大时，则相当于一个纯批量的调度系统；而当调度目标数量较少时，也可以称为微批量调度模式。当一个调度系统的底层直接支持对调度目标数量进行配置的时候，这样的调度系统就是原生混合调度系统，也称为流批一体调度系统。

基于流批一体的调度系统，在线/离线的任务可以通过流批一体方式进行混合调度执行，同时基于有向无环图安全流程的调度模式，可以支持多个安全控制点的协同控制。

举例来说，从积累的安全资产处获取主机列表的任务常常是离线的，调度执行后的结果是大量的主机列表，而主机安全控制系统常常是在线的，一次只能控制一个或一小批主机目标。如果想要执行一段简单的逻辑如"所有目标主机全部执行某个安全控制指令"，则往往涉及任务的适当拆分、分批执行等操作。而基于流批一体调度系统的在线/离线任务执行功能则很好地解决了这个问题，流批调度系统天然可以同时对接批量数据源和流式任务执行器。

不同的访问控制点往往需要在同一个安全流程中协同起来，比如入侵检测止血操作既要在 WAF 上进行来源封禁，又要在已经被入侵成功的机器上执行环境清理操作，这一系列分布在多个访问控制点上的安全动作需要通过安全流程来进行多点协同，多点之间的关系既可以是与/或逻辑依赖关系，也可以是执行先后顺序关系。

2. 原子能力标准化

安全自动化流程需要交互的对象种类繁多，抽象模型包括主机、网络设备、服务器端与客户端应用程序、数据信息、元数据血缘关系、安全实体的变化与变更、网络流量、公司员工、权限、办公终端、用户设备等，其中的每一类对象都可能包含多种细分类型。我们需要对每一类交互对象建立统一的管控模型，遵循"高内聚，低耦合"的设计原则，对外部调用者隐藏细节；对于这样的管控模型，我们称之为标准化的原子能力。通过标准化的原子能力，管控目标的复杂性被封装在能力内部。安全自动化流程则将这些能力与扫描、分析等常用能力进行组合，实现预设的工作。

3. 服务编排

在原子能力标准化的基础上，服务编排能够对已有的标准化原子能力进行组合调用、出入参映射，产生能够被外部系统调用的服务，这种组合调用通常是在提供编排能力的平台上以拉拽的形式定义。与传统的服务全生命周期对比，图形化的拉拽编排操作对应传统服务的代码开发与发布；编排操作产生结构化的服务定义，编排平台执行引擎解析并执行这些定义的过程则对应传统服务的上线运行。

利用服务编排能力，安全工程师能够制作包括可信模型在内的各类安全自动化任务，包括：

- 对可信模型进行编排，包括添加和修改安全产品及其基础策略、优化安全研发流程等，其编排模式类似于在 K8s 上构建一个应用。
- 把跨产品的计算、处置运营工作编排为工作流，从而令可信计算架构按预期自动化运转，其编排模式类似在计算平台上构建计算作业。
- 查验全链路安全态势，阅读安全报表，推进研发人员修复漏洞等。

以安全扫描为例，通常一次巡检式的主机扫描包括以下几步。

1）从资产库获取扫描目标。
2）将扫描目标写入调度引擎缓冲区。
3）调度引擎根据优先级调度主机 Agent 来执行扫描。
4）处理扫描结果。
5）安全风险告警。

这些步骤被封装为原子能力后，在服务编排平台顺序调用，就形成了开箱即用的主机巡检服务。在另一些场景中，安全工程师需要对某些特定主机进行深度扫描。此时只需要在服务编排平台中复制主机巡检服务，移除"获取扫描目标"的原子能力，修改执行扫描原子能力中扫描目标参数映射关系，同时将"执行扫描"原子能力配置为深度扫描，就迅速完成了主机深度扫描服务的上线。

16.3.2 典型场景

安全部门用于建设自动化能力的资源是有限的，不同组织面对的主要安全风险通常不尽相同，因此安全自动化建设的侧重点也不同。这里依据安全运营生命周期各个阶段的顺序来讲解自动化带来的提效场景。

1. 自动化安全宣导

从历史经验来看，大量的安全风险来源于员工的安全意识不足、对安全要求理解不到位、不知道如何使用安全能力或不重视安全。防患于未然是尤为重要的，安全部门需要持续性地对员工进行安全宣导，从而将大部分漏洞扼杀在上线前。常见的传统宣导形式是由专门的运营人员使用邮件群发功能推送相关材料，但随着人员数量的增加、业务与组织架构的复杂程度加深，这种宣导形式会遇到多种痛点：首先，发送邮件的数量与频率会以几何级数增加；其次，为了降低员工的学习成本，一些安全知识通常只需要向涉及相关场景的员工推送。然而，随着人员的流动与业务的变化，安全知识与相关员工的映射关系维护将会变得非常复杂，通过传统的手段进行圈人宣导费时费力，而效果可能反而不佳。

引入自动化方案可以有效地解决其中费时费力的环节。首先需要做到对员工信息的数字化，建立完善的员工画像，打通安全宣导系统与员工画像；然后，通过对员工属性表的查询，根据员工的职位、部门、上下级信息、办公地点等基础信息进行有针对性的安全宣导。更进一步，当更多信息被数字化之后，可以通过关联查询，获取员工是否是应用负责人、是否完成了安全培训与考试、是否申请差旅、是否使用 BYOD（自带设备）办公等多维度的信息，进行更为细致的安全知识普及。

这样依托宣导平台，运营人员可以通过简单的 SQL 语句或通过图形化的标签选择工具进行"圈人"操作，配置对应的宣导策略和宣导内容。系统会根据相应活动的配置，周期性地唤起宣导活动。之后，依托培训平台和考试平台的反馈数据，可以就常出问题的场景或者存在知识缺失的群体加强宣导，从而形成一个自动化的依托数据驱动的宣导循环。这样就可以极大地缓解运营人员的心智负担和确认宣导结果的压力。

2. 安全编排与风险治理

企业或组织拥有基本的安全能力后，通常会建立一个安全事件处置平台，以工单的形式将安全事件汇集起来由安全运营人员进行响应和处置。然而，随着安全能力的接入与扩展，运营人员每天要处理的安全事件将持续增加，而安全运营人员的数量不能无限增长，导致安全事件响应的核心指标——安全响应平均耗时（MTTR）持续增长。并且，很多企业虽然拥有纸面上的标准规章制度，但通常可操作性不强，一旦出现运营人员的变动，相关知识与能力将可能随着有经验的操作人员的流失而流失。通过安全编排的引入就可以有效地解决运营人员这一块的痛点。

安全编排是流程编排技术在安全领域的应用。与前文中提到的服务编排不同，流程编排指将企业和组织在某个业务中涉及的不同系统提供的服务以及可能的人工检查点按照一定的逻辑关系组合到一起，形成对流程的形式化描述，并使用编排调度引擎驱动形式化的业务流程。安全编排的实现一方面依赖于安全原子能力标准化、服务化等安全自动化基础能力，另一方面要求安全部门有着标准化的安全运营流程。使用安全编排技术对标准化的安全运营流程进行形式化描述后的产物通常被称为剧本。剧本按照需求在安全事件发生时运行或周期性地运行，运行时驱动被编排起来的各类服务化的安全能力，实现安全流程的自动化以及专家经验的留存。

值得注意的是，人们常常将安全编排与近年热度较高的 SOAR（安全编排与自动化响应）概念混为一谈。实际上，安全编排的核心思想是利用编排技术提高运营效率、节约人力，适用于安全运营防御、检测和响应的各个环节，而用于安全事件响应的 SOAR 是一个市场需求较大、产品化程度较高的安全编排应用场景。本节会从风险治理的各个角度来讲述如何通过安全编排实现这个场景的自动化，以及自动化是如何为运营人员提效的。

（1）自动化风险发现与评估

正如前文所述，不断深化的安全能力建设会极大地提升安全工程师的工作复杂度和工单增长的速度。如果能够通过自动化策略实现对风险的发现和评估，则可以让安全工程师将精力集中在策略的研制上，而不是永无止境地解决工单问题。依托安全编排平台，就可以建立一套针对风险的自动化发现和评估机制。

自动化风险发现能力依托扫描器和数据分析策略，可以实时监控日志流来提取风险行为，也可以定时地运行扫描器来发现系统中存在的风险。之后可以将发现的风险事件推送到自动化决策平台，依托数据底座提供的更丰富的数据特征来实现风险的自动化决策。这样可以过滤很大一部分误报的风险事件，安全工程师就可以集中精力处理一些棘手的风险，从而快速提升整体的安全水位。由此可以发现，自动化决策对于风险发现和评估的自动化建设是比较重要的。

1）实现架构。

基于服务编排和调度平台可以建立安全自动化决策平台，自动化决策体系的实现结构如图 16-7 所示。整个架构除了相对独立的接口感知模块外，主要的决策能力或功能全部集成在安全运营中心内，其中与决策相关的功能主要抽象为 4 层，即接口总线层、引擎层、规则层和应用层，下面分别介绍这几个模块。

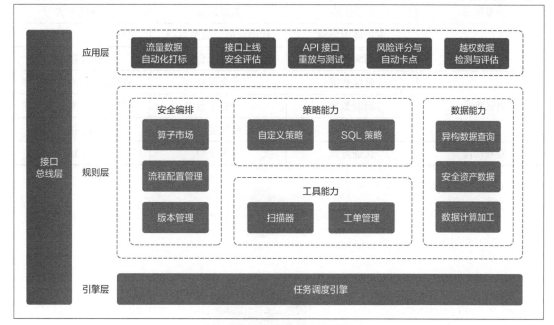

图 16-7　自动化决策架构图

- 应用层：承接与用户直接交互的功能模块，目前风险决策中心应用层包含多个子模块。
- 规则层：一套基于算子的安全编排能力，将底层工具和内外部数据源抽象成一个个安全算子，通过对这些算子的编排来实现某个场景下的安全需求或流程，利用该能力可降低安全需求/方案设计或实现的复杂度，从而提高自动化运营的能力。
- 引擎层：任务调度引擎，支持安全运营中心各类离线任务与准实时任务的调度与执行，实现较为复杂，这里不详述。
- 接口总线层：一种 API 触发器，可配置触发器参数，通过注册事件的方式将外部场景、工具/流程和规则层编排好的剧本做关联，使通过接口对接的需求能更便捷地实现。

2）具体实现。

- 数据采集

众所周知，在一个软件研发生命周期中，风险发现的阶段越靠后，其修复或总的投入成本就越高，而且是呈几何级数的增加，这还不包括漏洞或风险上线后所产生的额外损失。因此，应该尽可能早和尽可能多地拿到一些关键数据，供自动化决策引擎消费，以便尽早发现安全风险。

哪些数据是关键数据呢？我们结合软件研发阶段和专家经验分析，认为关键数据如表 16-1 所示。

- 数据底座

为了更好地服务于自动化决策流程的实现，需要一套逻辑以帮助组织不同来源和不同实时度的数据。数据底座的作用就是给出一套方案，让上层决策逻辑在对数据采集实现方式无感知的同时高效使用各类来源的数据。数据底座架构如图 16-8 所示，数据底座的实现可以分为两层。

表 16-1 关键数据列表

研发阶段	数据类型	数据来源	获取方式
编码阶段	应用调用链路	代码解析、流量数据	API 接口、图数据库
	漏洞数据	扫描平台	API 接口
测试阶段	画像数据	安全策略	API 接口、离线数据库
	漏洞数据	扫描平台	API 接口、离线数据库
	测试文档	研发提供	API 接口
发布阶段	认证方式	网关平台	API 接口

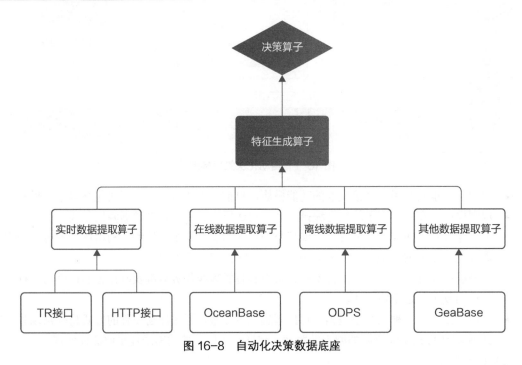

图 16-8 自动化决策数据底座

第一层为特征生成算子，通过该算子能够展平各个来源数据的结构，给后续决策算子提供一个标准的数据使用方法。

第二层为数据接入层，该层会根据数据接入的方式和数据的特性分类给出不同的通用提取算子。通过在 SOAR 平台上配置更改参数，可以方便地实现查询 TR 接口、HTTP 接口、在线数据库、离线数据库和图数据库等功能。

- 决策引擎

决策功能在技术实现上依托安全编排能力，它将整个决策逻辑抽象成一个 DAG（引擎层面的概念），我们可以在 DAG 内自由增加决策相关的各种算子，如取数算子、决策算子或处置算子，然后进行灵活的编排，从而实现一套可执行既定逻辑的策略，如图 16-9 所示。

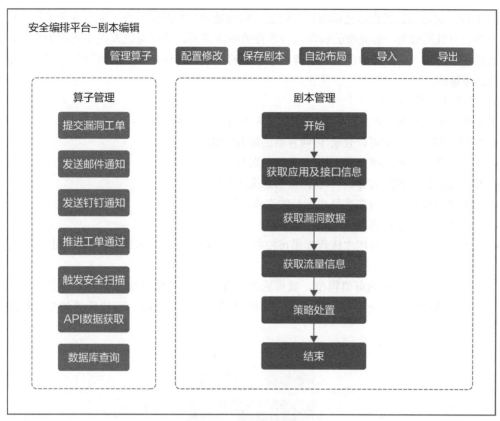

图 16-9 决策流程编排页面

3）小结。

通过安全自动化决策平台，在对增量接口的安全评估中可以做到自动化评估，实现了 48%的自动决策率。安全自动化决策平台节省了安全工程师们大量的时间，并有效提升了安全运营场景下的效率和效果。

（2）自动化响应

安全编排与自动化响应平台建设的核心目标是通过基于流程编排的跨系统协同与人机交互能力，提高安全事件处理效率，降低响应时间。具体来说，安全编排与自动化响应平台利用灵活丰富的安全编排和流程表达能力，将日常工作中重复的安全事件处理通过流程编排形成可自动化执行的剧本。同时，该平台支持自由的扩展和适配能力，将分散在各个系统的安全能力通过标准化原子能力调用的方式，插件式地集中在平台中，作为安全编排的可用节点。另外，该平台能够集成可靠稳定的操作界面和任务调度系统，支持人机交互能力、灰度处置能力，且具备流程逆向执行操作能力，用于处置错误的补救。

以反入侵的处置场景为例，发现员工办公机器遭受病毒入侵后，需要执行由攻击面确认、恶意进程终止、病毒查杀、通知相关员工、结果与损失判定等步骤有机组合的安全响应流程。通过

SOAR 平台，安全运营工程师能够将日常的安全响应处理经验沉淀下来，通过安全编排形成一个由多个节点有机组成的一套完整的病毒入侵事件的响应流程，并且通过拖拽和连线的方式对其进行清晰描述。在相关基础能力已预先配置到系统的前提下，在整个响应流程设计上线过程中甚至可以做到零编码。

1）安全可信模型编排。

典型的可信模型编排场景是设计应用容器内部的防护体系，包括：

- 访问控制层：控制可以登录/访问容器的源 IP 地址。
- 账号治理层：控制可以登录/访问容器的账号。
- 信息采集层：控制容器的日志/流量信息采集和输出。
- 进程巡检层：控制可在容器内运行的进程。
- 主机入侵检测层：容器内的入侵检测。
- 安全虚拟机层：为应用主线程提供可控的安全虚拟机，控制可访问的系统调用、文件、共享内存等。

一旦编排了各个领域的可信模型，就可通过工作流将可信模型部署到各个业务领域，并进行定期巡检，从而保障在全局架构下时时、处处有相同的安全标准。可信模型与多领域编排结构如图 16-10 所示。

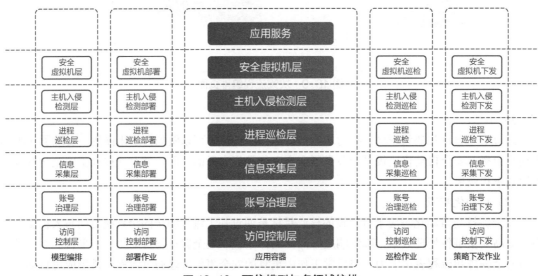

图 16-10　可信模型与多领域编排

2）漏洞运营流程编排。

典型的漏洞运营流程是定期采集漏洞数据并通知应用责任人，具体流程如下。

- 筛选资产范围：筛选需要采集漏洞数据的资产，如容器、物理机等。
- 制定灰度采集策略：制定资产采集的批次、量级，减少资产本身的资源消耗，避免引发稳定性问题。

- 批量执行采集动作：对目标资产执行特定脚本，进行批量数据采集。
- 集中分析采集数据：对采集信息进行分析、关联。
- 评估漏洞分析结果：剔除无效信息，补全缺失信息，并对信息进行结构化处理，将其转换成漏洞数据。
- 批量漏洞提交：将漏洞数据输送到相应的运营平台中，以进行多平台联动。
- 推送漏洞事件给应用责任人：将漏洞信息推送给相关应用责任人，并展开后续的漏洞修复工作。

一旦编排了漏洞运营工作流，即可自动化完成相关的安全工作，除了能精准、高效地解决漏洞运营问题，还能大幅减少人力投入。漏洞运营工作流如图 16-11 所示。

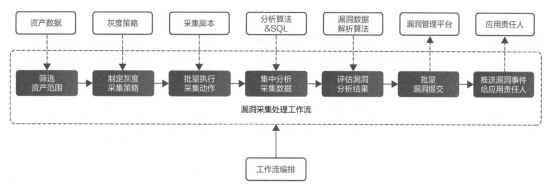

图 16-11　漏洞运营工作流

3. 自动化检验平台

为了保证企业安全能力建设的有效性与完整性，除了建设过程中理论论证上的测试和验收外，还需要在实际环境中进行检验，从而反映其真实的安全水位，并通过检验结果提高安全水平。在企业内部，可以通过安全攻防演练来进行检验，同时也可以通过自动化的方式进行周期性的安全验证。现阶段较为常见的检验方式是在蓝军周期性实战检验过程中，通过攻防双方的对抗以及事后的复盘来了解安全能力是否有效、完整。这种检验形式最贴近实战，但也存在下面的一些局限。

- 消耗的人力成本较高。
- 蓝军攻击有自己的方法论和目标，通常不会覆盖所有安全能力。
- 安全系统可能在运行中出现故障，或出现许可证到期等问题，无法通过周期较长的蓝军检验来及时发现。

因此，为了提升安全能力检验的时效性和覆盖面，需要建设自动化检验平台，支持安全效果检验工作。自动化检验平台的建设可以划分为四个层次的能力建设：展示层、安全编排层、任务调度层和用例执行层，如图 16-12 所示。

自动化检验平台的底层能力是在服务器、员工 PC 上执行检验用例，以模拟员工违规操作或入侵行为。在服务器端，通常可以利用现有的服务器运维客户端，在此基础上进行封装，建立加载并执行 Shell 脚本、Python 等高级语言脚本或二进制文件的能力。对 PC 端来说，需要在测试机上利用 RPA（机器人流程自动化）技术来模拟员工的浏览器或软件操作，同时也需要接入 EDR 管理端控制检验脚本的下发范围。另外，可以考虑在测试机上部署第三方的开源工具来模拟攻击，以降低攻击用例编写的成本。

图 16-12　自动化检验技术架构

在保证了底层的调度能力与用例执行能力后，还需要在安全编排层建设一系列与自动化检验相关的标准化原子能力。例如，为保障各项安全能力的检验数据能够横向对比，需要保证检验的分母一致，也就是需要建设统一的安全资产库以及资产获取能力；对于不做直接拦截，而是产生告警的安全能力，需要打通底层数据，建设从安全事件运营平台获取告警的能力，以计算安全有效性与时效性。最终，利用安全编排能力，将以上的各类原子能力进行排列组合，就形成了可在自动化检验平台供用户配置的剧本。将剧本与对应的安全能力关联起来，就能够通过剧本的周期性运行，在实际环境中对各类安全能力进行检验，并将检验结果展示在平台中，为攻防双方提供安全能力有效性的直观展示。

在这个场景中，自动化检验平台将 RPA 等复杂度较高的自动化子系统封装为标准化的原子能力，结合其他原子能力，通过编排能力形成剧本，并结合任务调度等其他基础能力，实现了执行复杂安全任务的大型自动化平台。通过自动化、周期性的任务实现了常态化的效果检验，保证安全效果的达成。

16.4 安全智能平台

国内外的网络安全形势日新月异，黑灰产、黑客团队对金融行业的攻击日益增多，同时伴随着国内合规监管要求的变化，对金融行业在网络安全上的要求越来越严格。传统的安全防护与运营思路面临实效性差、人力成本高、运作僵化等问题，不能适应动态变化的安全形势。随着安全自动化的演进，结合抽象程度更高的数字模型与人工智能模型，可以构建自动化程度更高的安全智能分析能力。例如，将机器学习、知识图谱等人工智能技术融合到威胁感知与响应、可信策略运营等安全业务场景当中，从而提高安全运营效率，提升应对难以识别的、多态变化的、未知的安全问题的防御能力，从被动防御转为主动防御。

在通过数字化对资产等信息进行建模后，就可以借助智能化，使数据产生更大的价值，提高人效。相比自动化，智能化更多的是对知识的表达和推理演绎。相比"人肉智能"，在某些领域，人工智能可以做得更好，从而解放人力去做更有意义的事情。而将其应用在安全领域，则是安全智能，可以改进传统的防护与运营思路、提高效率与效果。

16.4.1 智能化演进过程

智能化是自动化的高阶阶段，"超自动化"是智能化中的一个阶段，"超自动化"是机器人流程自动化（RPA）、机器学习（ML）和人工智能（AI）等技术的融合。相比自动化，智能化具有拟人智能的特点或功能，如自学习、自适应、自协调、自诊断等。由于人工智能技术的高速发展，许多曾经看似遥不可及的功能也逐渐有了实现。如通过语义知识、黑白样本的积累，防火墙不用再依赖专家规则，甚至可以抵抗 0Day 漏洞的攻击。

但是，智能化的实现并不是一朝一夕的事情，而是一步一步实现的。比如最早期的脚本阶段，通过简单的条件与规则，程序替代了人力的重复性劳动，释放了大量的人力。接下来通过数据量相对较少、可解释性强的机器学习算法，如支持向量机、决策树，在复杂的场景下增强了规则的能力，加入了智能化的元素，能够辅助运营人员进行决策。之后，知识图谱、深度学习等新技术在某些领域的应用甚至比人类还要出色，可以取代人工的角色，进入智能化阶段。最后，随着已有技术的完善、新技术的产生，智能化程序具备了自学习、自适应的特点，能够自主学习、自主决策，理想成为了现实。

在安全业界，安全事件的分析和处置往往依赖安全工程师的参与，面对大量需要维护的安全策略与海量的安全告警，人力显得捉襟见肘。因此需要通过自动化覆盖高耗时、耗力的环节，减少人工的参与，提升效率。在部分场景中，自动化水平不断提高，甚至达到智能化阶段，可以处理未知的安全场景。除了效率外，数智产品不断建设，最终实现仅靠人工难以实现的关键防护能力的突破。

关于常见的安全智能化技术都有哪些、这些技术的原理和常见应用有哪些、如何将智能化方案与安全业务场景结合落地,下文将通过一些安全智能化技术和实践案例展开讨论。

16.4.2 基础能力

安全场景与智能算法相结合可以提高运营效率,实现依靠人工无法达到的安全效果,而这少不了底层的基础能力。本小节将介绍常见的安全智能基础能力:安全规则引擎、安全画像、安全知识图谱和安全机器学习。

1. 安全规则引擎

人工检查当前系统有没有被攻击是不现实的,一方面数据量非常巨大,另一方面一天 24 小时都可能存在攻击行为,所以需要使用规则将检测攻击的专家经验沉淀下来。如果把规则逻辑硬编码到代码中,那么规则的新增和维护代价非常大。这就需要用到安全规则引擎了,安全规则引擎是安全领域的规则引擎,它通常使用形式化规则。

不同于自然语言规则,形式化规则指的是一种普遍的、没有歧义的规则。通过这种规则,可以把智能化的策略明确化,不会有模糊不清的解释。典型的形式化规则有 Drools 和 URule,除此之外,常用的脚本化编程语言也可以作为形式化规则语言来使用,如 Python、Groovy 等。

形式化的规则主要有以下几种表述方式。

- 规则集:又叫决策集,由一组普通规则和循环规则构成的规则集合,是使用频率最高的一种规则实现方式。一般分为图形向导式和脚本式两种,二者的区别在于是通过图形界面还是通过特定的 DSL 定义。无论是决策树、决策表还是评分卡,都可以通过规则集来实现,只是某些情况下通过决策树、决策表或评分卡展示起来更为直观和形象。
- 决策表:对于规则是表格的特定策略场景,可以使用决策表来进行规则运算。决策表会列出所有的情况,只要根据决策表中的条件判断,即可得出决策表中的结果。
- 决策矩阵:又称为交叉决策表,扩展了条件的维度,决策结果由单一的一维向量演变为二维表格。
- 评分卡:评分是对目标对象的各种相关信息进行分析之后的一种数值表达,表示一种综合的可能性。评分卡通常使用二维表的形式来详细展示目标对象各个属性对应的评分值。
- 决策树:决策树又称为规则树,决策树的规则都在树的底部,决策结果都在顶部,决策树的表达更加形象。
- 规则流:规则流又称为决策流,它的结构类似于工作流,用来对已有的规则集、决策表、交叉决策表、决策树、评分卡或决策流的执行顺序进行编排,以清晰直观地实现一个大的复杂的业务规则。规则流内既可以串行执行,也可以并行执行,还可以根据条件选择分支执行。

通过形式化规则,可以达到在日志数据基础上发现风险的目的。比如在安全事件运营中,利用专家经验,沉淀规则决策或评分机制,最后形成检测能力。在这个过程中,除了对规则和评分的测试和校验外,也需要注意日志数据的丰富度和质量,保证人工提取出合适的特征。得到合适的规则机制后，便可以将其应用到实际工作中，智能地发现存在的风险与威胁，减少人工运营的成本。

例如评分卡机制，根据员工的行为日志，可以检测到员工是否存在高风险行为。首先我们需要积累历史的风险数据。接下来对数据进行特征分析，从中提取如离职状态、设备类型、违规软件、敏感操作、岗位职责等对结果影响权重大的信息作为变量。然后将每个变量按照程度转换为一个数值，转换可以将数据归一化，同时减少噪声。最后就是模型的训练和调试，使得模型可以计算出合理的风险评分。通过评分卡可以计算出员工的某个行为属于中高风险还是低风险，进而进行告警或跟进处置。

2. 安全画像

谈到"画像"，有一个词——"标签"与它密不可分，标签是通过对某一类事物进行统一分析得到的高度精炼的特征标识，标签属技术语言，而画像属业务语言。"群体画像"代表了对现实世界中某一类事物的数据建模，某种程度上也可以理解为标签的集合，但画像是一个整体，典型的如用户画像，由于用户的数量非常大，通过传统的研究方法无法对用户群体有深刻的理解，所以可以根据用户的特征，抽象出某类标签化用户模型，将相似用户统一分群研究，这便是用户画像。画像跟业务是紧密相关的，它是从业务中抽象出来的，来源于业务本身，又高于业务。

而安全画像主要应用于安全场景，比如对应用与接口进行画像，了解接口使用了哪些安全产品、接口实现了什么功能、历史上是否存在漏洞等。接口画像有助于了解接口的安全水位，并针对不安全的情况进行改进。同时，安全画像对应的现实世界的事物也不限于用户，比如对每天面对的大量攻击者也可以总结出标签，制作画像以便防御方理解和应对攻击。通过构建画像，可以了解攻击行动，从而发现攻击热点、新型攻击技术。并且，通过对攻击手法的分析，可以有针对性地查漏补缺，实现数据的价值挖掘。

除了对攻击者进行画像外，也可以对公司的员工进行画像，进而发现可能造成数据泄露的行为。员工的安全画像有许多内容，其中重点关注的有常用设备、常用登录地、应用系统的在线时间、权限敏感度、系统访问频次等信息。通过这些信息，可以对某位员工或某组用户有大概的认知，进而构造出一个简单的基线，检测出异常行为，进而对这些风险行为进行处理。

3. 安全知识图谱

知识图谱最早由谷歌提出，用于增强搜索功能、提高用户的体验。在知识图谱这个概念产生之前，就有了关于语义网络（Semantic Network）技术的研究，如数据链接的思想、统一资源标识、资源描述框架和万维网本体语言等。

知识图谱是一种图结构，图结构中基础的元素是节点与边，大量的节点与边组合在一起形成一系列链路，乃至达成网状的结构。在知识图谱中，节点是实体，边是关系，知识图谱的基础组成单位是"实体-关系-实体"三元组，在实体中有相关的属性。可能上面的例子有些抽象，可以设想如下场景：现在有许多表示中国省与市的实体，它们之间可能会有许多关系，比如省会城市、相邻、同省等。如果询问哪个城市是浙江省的省会城市，那么就可以通过实体之间的关系得到"杭州市"这个答案。因为实体与实体之间通过关系关联起来,所以"关系"类似于关系型数据库中的外键。外键确实也可以模拟实体与实体之间的关联,但是知识图谱有自己特殊的应用场景。通常知识图谱的数据来源是异构的,数据的来源并不统一,数据源的质量也参差不齐。实体之间的关系也不是简单地通过一两跳就可以关联到的,需要构建与使用的链路与数据量可能都十分巨大。因此,知识图谱有其独特的存在价值,在很多场景下发挥着自己的作用。

安全知识图谱是知识图谱在安全方面的应用,相比传统知识图谱,它的数据通常来自多元异构的网络安全数据,比如日志数据、告警数据和安全文章等。知识图谱可以应用在搜索问答、社交网络等关系场景,这是因为知识图谱可以更便捷地发现两个点之间的关联、对数据进行聚类或找到某种通用的点边模式。在网络安全领域,知识图谱则主要用来对抗攻击和黑灰产,例如用于发现洗钱、诈骗等场景。

安全知识图谱实际上是对专家经验的表达。在日常运营工作中,可能需要在多个数据表如资产信息、漏洞信息、活动日志和告警信息中查询数据。由于这些查询可能是并列或者先后进行的,因此会面临查询时间长、依赖人工的问题。通过使用知识图谱可以将异构数据统一起来,并通过专家经验的数据建模、图推理等方式改善传统的运营流程,借助图的能力来挖掘未知的信息。

除了上述的例子外,还可以通过知识图谱进行风控场景下的刷单刷量分析和攻防演练场景下的攻击路径构建。利用图数据的存储结构,也可以沉淀微服务之间的调用关系,当发生数据泄露、资金盗用等安全问题时,可以对调用关系形成的链路进行排查。

4. 安全机器学习

机器学习是实现人工智能的途径,涉及概率论、统计学等多门学科。机器学习算法可以利用特征从数据中学习规律,并利用规律对数据进行预测。按照输入数据是否有人工标注,可以把机器学习算法分为有监督学习、半监督学习和无监督学习。

深度学习是机器学习的分支,它以人工神经网络作为架构。人工神经网络的基础是人工节点,称为神经元,它是可以对输入数据进行运算的非线性函数,其中具有可以被调节的权重。多个神经元连接在一起,即可形成类似神经网络的结构。将数据输入人工神经网络中,后者通过运算得出结果。深度学习可以应用到多个领域,如图像识别、自然语言处理。

安全机器学习是指将机器学习应用在安全领域,并产生不错的效果。在网络安全领域,系统中有大量的日志数据,如系统流量日志、员工访问日志、DNS 查询日志等,同时也有大量需要人工运营的内容,如情报信息和漏洞信息的内容提取。机器学习可以将简单的、需要人工参与的工作交给机器来做,既能节省人力,又能提高工作效果,实现数据智能和决策智能。

16.4.3 典型场景

智能基础能力与安全业务场景是相辅相成的关系,既不能只关注智能算法而忽略其将要承载的业务,又不能只关注业务层面而错失效率、效果提升的机会。在介绍底层的智能基础能力后,下面介绍安全智能平台的典型业务场景。

1. 分析洞察中心

在公司的安全建设中，业务风控系统与反入侵系统通常需要对数据进行分析，并制定相应的安全策略。除此之外，由于钓鱼邮件和内鬼的存在，在办公网中也存在威胁，需要制定策略来检测异常行为和可能存在的风险。而这些都少不了与数据和规则打交道，因此如何提高人效、提高规则的效果是值得思考的问题。想要解决这个问题，首先需要对运营现状有所了解。

在规则的制定过程中，首先明确规则要解决的风险，接下来对数据进行特征提取，了解阈值和统计学数值的取值，合理制定规则与策略，最后在数据上测试规则的效果，并不断校准与调优。在企业安全建设初期，风险较为明显，如 SQL 注入、CC 攻击和 DDoS 等。但是随着安全水位的提升，策略制定逐渐走向深度运营阶段。红蓝演练可以有针对性地发现当前存在的脆弱点和安全建设盲区，通过对风险的主动发现来指导规则与策略的构建。除此之外，还可以通过对攻击的模拟，检测某种攻击手法是否可以被策略检出，进而实现规则的完善。在找到风险后，需要收集数据源，如当前存在哪些日志数据、缺乏哪些日志数据，并有针对性地补充数据。得到数据后，需要对数据进行检索与分析，了解数据源中数据的含义，以及一些数据的分布情况。接下来需要人工定义最初版本的规则，并验证规则。规则的验证可以分为两种，一种是在历史数据的基础上验证规则的有效性，另一种是在未来的数据上测试，如在线上试运行。规则运行的结果通常伴随着误报与漏报，这时就需要通过人工来调整规则，直到规则效果符合预期。由于规则的局限性，通常需要抉择需要漏报少还是误报少。在得到合适的规则后，还需要对规则的检测结果进行运营，并且在未来还可能对规则进行进一步的优化。因此，整个过程存在规则覆盖周期长、人力成本高的问题。

分析洞察中心的重点就是智能化地从数据中发现可能存在的风险，并对已有的数据进行分析，提取数据特征，进而减轻人工工作，提高效率。从上文的介绍可知，策略规则的制定需要不断地与数据打交道，所以如何加快数据检索速度是最直接的问题。比如可以将某一段时间内的数据全部加载，然后统计某个字段的取值范围，比如 User-Agent、系统版本等字段，这样可以减少在刚接触数据时的数据查询。对于常用的数据表，可以通过创建索引、优化子查询、切换存储介质等方式提高查询速度。接下来，可以借助智能化能力来优化策略的制定和调优，并将安全风险转换为数据视角，黑名单行为可以理解为对异常点的检出，白名单行为可以理解为通用模式的提取。为了让支持的日志数据更丰富，可以将日志数据进行归一化。在安全领域，打标的数据往往较少，因此在算法选择上比较偏向于无监督算法。无监督算法还有一个好处是可以自动发现数据的规律，找到异常的模式和通用的模式。在设置好规则后，往往需要验证规则的效果。分析洞察中心可以对规则结果进行标记，标记结果作为样本存储起来，规则更新后，可以使用样本来验证规则的效果。通过辅助安全人员发现数据规律、制定规则并进一步生成简单的规则策略，可以有效地提高效率与产出。

在中心的构建过程中，少不了数字化与智能化建设。因为公司内部数据源众多，所以如何补充缺少的日志、对多源异构数据进行查询、保证查询速度尽可能快是数字化要解决的问题。而智能化中，则需要使用合适的算法模型，对海量的数据进行分析，如建立时间序列、计算离群点和异常点。同时，智能化也需要对数据进行统计学的特征提取，辅助人工分析数据的内容，这样即便是刚接触数据的人也可以对数据的使用了如指掌。

借助分析洞察中心，可以使制定的规则更加贴合实际情况。并且，通过对数据的洞察，可以检出未知威胁，有效提高安全水位。但是，分析洞察中心的建设并不是一蹴而就的，在建设的过程中需要不断地分析需求，提高模型效果，最后应用到实处，切实提高安全效率与效果。

2. 智能答疑机器人

在企业中，安全部门并不是与业务部门互不接触的，相反在很多环节需要紧密配合，而聊天机器人可以作为沟通的"窗口"。安全部门可以通过聊天机器人推送安全文章、安全通知给业务部门，业务部门也可以通过聊天机器人联系安全部门。面向业务部门，聊天机器人可以提供人工客服和智能答疑两个功能。人工客服是指安全工程师充当客服的工作，与业务部门人员进行沟通，解答安全方面的问题。智能答疑是指，事先对常见的问题进行记录，当业务部门人员咨询相关问题时，自动予以回复，从而减少安全工程师的人工参与，起到解放人力的作用。

传统的智能答疑的实现方式是使用关键字匹配问题，在简单场景下可以满足需求，但是无法理解对方话语的含义，命中率和效果较低。但是通过使用智能算法，机器人可以理解使用者的意图，从而解答使用者的疑问，这种机器人就是智能答疑机器人。智能答疑机器人能结合事先定义好的问题与答复，以对话的形式与使用者进行沟通。ChatGPT 发布后，智能聊天机器人大热，吸引了大众的注意力。之所以机器人可以理解使用者的意图并反馈信息，主要在于人工智能算法的应用。为了实现智能答疑，可以使用安全方面的文章、规章制度和网络公开的数据源作为训练的语料，接下来根据相应的场景选择合适的深度学习算法，并根据训练结果对模型和参数进行调整，达到基本可用的状态。

除了可以对话并解答安全问题外，机器人还可以支持一些简单的指令，以减少人工的操作，比如查询待处理的安全工单、查询当前拥有哪些系统的权限等。机器人背后的技术是对接口的调用和对功能的集成，从而可以实现许多丰富的功能、满足多种安全场景的需要。除了面向业务部门，它也可以面向安全工程师提供服务，如查询资产数据、处理安全告警等。相比通过运营平台来操作，对话的方式相对简单、上手成本更低。在将智能答疑机器人接入即时通信后，即便身边没有电脑，也可以进行简单的威胁响应和安全应急处理。

智能答疑机器人与电商的智能客服相似，通过意图识别和推荐问题解决使用者的疑问。在应用过程中，可以起到减少人工参与、贴近业务部门的效果。与机器人进行聊天和对话并不是很新颖的事务，但是随着科技的进步和人工智能算法的发展，未来聊天和对话的形式将可以承载更多的功能，在安全场景也会有更多的应用。

3. 策略的智能化生成

在软件开发过程中，安全需要覆盖其整个生命周期。在各类安全能力的使用过程中，如何判断一次代码变更是否有风险、一次网络请求是否异常、一个进程是否正常等，都会成为影响安全能力强弱的重要因素。这些判断依据通常由安全工程师的专家经验沉淀下来的规则所承载，规则的集合形成了安全策略。

在企业安全建设过程中，安全工程师通常需要维护大量的安全策略，这种安全策略的规模量级体现在广度和深度上。广度上，一个安全工程师可能维护不止一个安全产品的安全策略，且需要维护多个安全策略以应对多种不同的安全攻击方式；深度上，一个安全工程师对于某一个安全产品的细节要非常了解，每次更改策略都要考虑影响面和产生的实际效果。对于安全策略的制定，往往还要基于大量日志进行人工分析，且策略的上线可能需要经过较长的空窗期，导致安全水位降低。因此，安全策略的维护往往需要占用大量的人力。这里将介绍安全策略的智能化生成，一方面，通过策略生成与推荐降低安全策略维护的人力成本、提高效率；另一方面，通过智能算法发现依靠人工难以制定的安全策略、提高防护效果。

（1）平台架构

面向不同的业务场景，策略的智能化生成平台架构能够拓展与适配，其中的关键在于智能化算法的计算过程与业务是分离的、独立的。如图 16-13 所示。

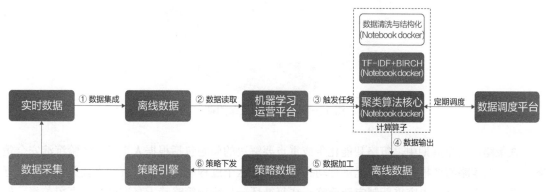

图 16-13　策略的智能化生成平台架构

从上述架构可以看到，数据源与计算过程分离，决策中心与数据采集分离，根据不同的业务场景我们可以方便地切换智能化算法，以适配不同的业务场景。这种架构方案具备以下优点。

- 数据采集过程可以准实时采集物理机、容器或者应用程序产生的日志、文件等数据，然后通过流式计算的方式完成数据收集与数据清洗，并转储到离线数据平台。
- 机器学习运营平台支持各类机器学习、深度学习等建模、训练、预测任务，可以灵活调整算法与参数范围，与业务域分离，具备通用性、可拓展性。
- 数据调度平台支持动态调整机器资源的分配和定期进行模型更新、模型训练等。
- 机器学习任务完成后，生成离线数据结果，对这些数据进行加工可生成新的策略集，并下发至策略引擎。新的策略集会影响数据采集的范围，循环往复，最终产出完备、准确性高的策略。

（2）策略生成流程

在安全场景中，根据运营的不同阶段，将策略的生命周期分为以下几个阶段，如图 16-14 所示。

- 策略生成：根据安全运营工程师的专家经验或特定算法固化下来用于决策的依据。
- 验证审核：验证生成的安全策略的实际执行情况，上线前进行策略影响面的审核评估。
- 策略应用：安全策略的下发执行，之后安全能力将根据策略进行决策。
- 监控审计：对安全能力决策的效果进行验证、监控和审计，根据实际情况进行下一轮策略调整。

图 16-14　策略的生命周期

在策略的生命周期中，策略智能化生成重点要解决的问题包括根据人工运营经验沉淀安全策略、相关的策略需要根据执行情况进行动态更新。在这个过程中，安全工程师需要关注策略执行的结果，并根据这些内容重新制定新策略，往复循环，最终让策略趋于高准确性及高覆盖率。但是策略执行过程中会产生大量数据，对安全工程师的人力要求很高，如果可以从人工经验和执行情况中学习，自动生成合适的安全策略，用智能算法来减少工程师的人工决策过程，将极大提高安全工程师的效率。

传统安全能力的策略基本都是以黑名单规则为主，安全策略的生成基于对安全漏洞、风险操作等比较明确的能力点进行匹配，依赖攻击流量、业务日志、情报等数据。对于黑名单规则所形成的策略，其有效性对策略更新的实效性要求更强，需要更加紧凑的策略生命周期来保障。因此，对验证审核、策略应用和监控审计过程的要求更高。在策略生成阶段，可从数据来源中通过算法（比如：按照业务流量关联之后的聚类算法；通过沙箱对请求中混淆的 Payload 进行语法分析等）对黑名单特征进行准实时提取并归纳规则匹配模式；在验证审核阶段，通过自动化验证能力进行验证审核；完成审核之后的策略，按照预先配置好的灰度发布流程进行自动灰度发布、监控和发布上线。通过这个流程，可持续提升以黑名单策略进行决策的安全能力。

传统的黑名单策略的主要目的是防范已知的攻击行为，但是当攻击者利用 0Day 漏洞进行攻击时，其行为可能是未知的，所以黑名单策略在应对未知的高级别安全攻击行为时存在滞后性、易绕过性。使用可信防御策略可以将业务行为限定在预期内,非预期的行为将会被拦截。关于可信防御策略的维护,由于需要考虑到业务连续性,在策略本身的管理运营层面需要更加严格。策略模型的设计需要包含观察模式,在开启拦截之前需要充分的灰度观察验证;在防御策略执行层面需要更加敏感的监控和降级机制,以保障业务的正常运行。基于以上两点,在可信防御策略的生命周期内,对于应用本身的行为分析会成为较大的难点,分析产生的策略的粒度决定了业务运行和防御效果。因此,可信防御策略在业务和安全之间需要寻找一个平衡点。以下主要对部分可信防御策略的生成进行介绍,根据安全能力方向的不同,有不同的处理方式。

- 网络类的可信防御策略:主要是对五元组相关的信息进行收敛,对 IP 段进行重组,按网段或范围进行聚合。
- 办公网员工权限类的策略:根据员工入职之后所在团队/项目,对相关人员进行权限分配、定期分析和权限回收。
- 应用可信类的策略:通过聚类算法对进程启动记录进行训练,对聚类之后的命令行提取其匹配模式,按照模式的覆盖程度进行推荐筛选,最终生成可供下发的防御策略;也可以通过最大公共前缀/公共后缀等方式进行匹配,以快速、简单地实现对策略匹配模式的粗粒度提取。通过聚类算法生成策略的一个示例如图 16-15 所示。

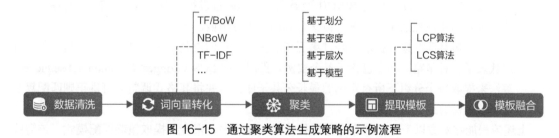

图 16-15 通过聚类算法生成策略的示例流程

在实际落地的过程中,对于不同类型的安全能力,其策略的聚类方式也不相同,同类型(比如服务器的进程和办公终端的进程)策略可以通过算法迁移改造来扩展支持范围,在小范围内达到通用化的目的。通过智能化生成安全策略,并在不同的安全场景下复用,大幅降低了人力消耗,提高了安全运营的效率。

(3)智能化算法

从原始数据到策略生成,其中一个关键的环节是智能化算法。智能化算法利用人工智能技术和大数据分析技术,通过模拟人类的智能思维过程,对各种复杂问题进行分析、预测、决策和优化。智能化算法具有高效率、高精度和高可靠性等特点,常见的智能化算法包括神经网络、遗传算法、蚁群算法、机器学习、深度学习等。在上述安全业务域的背景下,用到的主要智能化算法是自然语言语义分析与聚类算法。

下面以可信策略生成的过程为例来展开描述。

- 第一步:数据获取。首先我们需要在物理机或者容器上部署主机入侵检测系统(HIDS),它将持续收集、监视和检测主机上的各种活动,并记录系统日志、文件系统、网络通信和进程等。随着时间推移，我们会收集到足够多的观察数据，这些数据将会作为智能化算法的输入。
- 第二步：数据清洗。原始的数据可能存在很多质量上的问题，例如记录缺失、字符编码格式不统一、掺杂大量无用数据等。因此，在进行智能化算法训练前，需要对输入的数据进行清洗，以得到更好的训练结果。
- 第三步：结构特征提取。根据不同的业务场景，需要定义特征工程，对数据进行初步分类，并提取基础的结构特征。例如对于主机执行命令行，我们可以使用 cmd、source、param 这 3 个标签对其进行打标，分别代表执行命令、资源、命令参数。另外我们还可以使用一些正则匹配方式，将常见的数据类型进行格式化，如 IP 地址、MAC 地址、日期、端口号、手机号码、URL 地址等。
- 第四步：词向量转化。TF-IDF（Term Frequency–Inverse Document Frequency）是一种用于信息检索与数据挖掘的常用加权技术，常用于挖掘文章中的关键词。我们使用 TF-IDF 将字符串类的数据转化到词向量空间内，并得到每个词的重要程度量化数据。
- 第五步：聚类算法。BIRCH（Balanced Iterative Reducing and Clustering Using Hierarchies）是一个非监督式的基于层次聚类的聚类算法，它能够利用有限的内存资源完成对大数据集的高质量的聚类。我们使用 BIRCH 聚类算法对词向量进行聚合，得到多个词向量的分组，此时具有高相似性的字符串都会被聚合到同一个分组内。
- 第六步：策略匹配模式提取。经过第五步的操作，我们得到了多个词向量的分组。每个分组代表了一种策略，其中包含了多个实例。我们使用 LCS（Longest Common Subsequence）算法来提取每个分组下所有实例的最长公共子序列，并将其格式调整为可供正则匹配算法使用的、带有通配符的策略。

上述流程能够对数以千万计的命令行进行分类、标签化、聚合并提取策略匹配模式，该智能化算法将大幅度降低人工检索的成本，提高安全工程师的运营效率，减少人工出错的概率。

16.5 安全管控平台

在《国家安全法》《网络安全法》之后，国家相继颁发和实施了《数据安全法》《关键信息基础设施保护条例》《个人信息保护法》等多部相关法律法规。当前，数字银行面临更加隐蔽、更加智能、更具破坏性的安全威胁。与此同时，随着数字化水平不断提升，信息系统的复杂度和规模持续扩大，企业的资产变得无处不在，业务的访问场所变得捉摸不定，传统网络边界被彻底打破，攻击面也随之扩大，威胁敌手增多。安全系统面临全新挑战，比如海量原始日志采集、孤岛式安全能力集成、高人力占比的安全运营及响应的实现等。在当前复杂的安全环境下，我们需要构建一种可靠、灵活、智能、经得起实战检验的安全平台来满足安全需求，也就是安全管控平台。

16.5 安全管控平台

安全管控平台位于安全大数据平台与安全自动化平台的下层。一方面,安全管控平台提供了对数字基础设施和安全产品日志的采集通道,可用于构建资产数据;另一方面,安全管控平台提供了对数字基础设施和安全产品的策略下发通道,是自动化动作的核心组成。本节将首先对安全管控平台的架构及架构中涉及的切面管控机制进行概述,最后介绍安全管控能力的实际案例。

16.5.1 安全管控平台架构

安全管控平台构建了一种具备一致性的控制能力,以一种紧密集成、可扩展、高度灵活并富有弹性和韧性的方式,拉平不同管控安全环境的差异,为上层业务提供相对统一的安全环境和安全机制,打破传统安全产品竖井式、孤岛式的技术架构和部署形式,将各种各样的安全设备通过一张相互联通、相互协作的网络有机地联系在一起。

1. 整体架构

安全管控平台的整体架构如图 16-16 所示。作为上层,安全管控平台可以采集到数字基础设

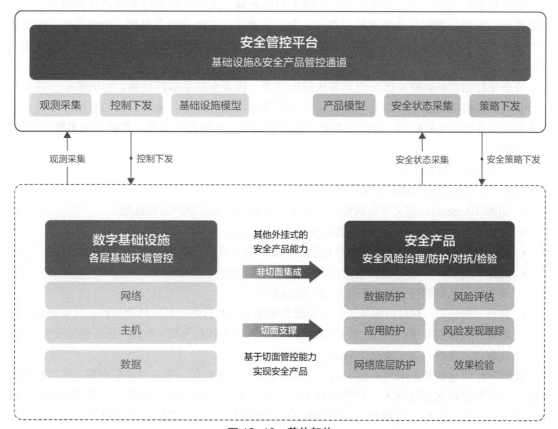

图 16-16　整体架构

施与安全产品的状态,并下发控制策略。对于数字基础设施,由上到下可以分为网络、主机和数据三层,控制命令的下发可以对数据进行采集,从而形成服务上层安全平台的数据资产。除此之外,基于外挂形式的安全产品能力或切面管控能力可以形成一系列安全产品。一方面,安全产品自身具有日志、结果等信息;另一方面,安全产品可以接受安全策略,起到风险治理、风险防护、威胁对抗与效果检验等目的。相比针对不同数字基础设施与安全产品定制开发相应的状态采集与策略下发,安全管控平台通过相应的数字模型减少了共性功能的重复开发,同时降低了耦合程度,形成了统一管理的渠道。

2. 切面管控机制

在介绍安全管控平台的整体架构后,下面将针对安全管控平台中的切面管控机制进行介绍。

(1) 切面能力概述

随着业务的爆发式发展,对应的技术设施的复杂性也呈指数增长,而安全建设和治理往往受制于复杂的技术设施和业务场景而进展缓慢,甚至常常还会因为遇到各种问题而停滞甚至回滚。另外,技术架构和安全能力缺乏长期规划,导致在快速达成短期业务目标的同时,加剧了长期安全技术的负债;并且在进行技术负债治理的时候,又会遇到来自业务的各种阻力。此时就需要安全机制既能够与业务逻辑交织到一起,又能够让安全和业务解耦、独立发展,能够做到不修改业务代码,安全治理仍然可以进行,实现"可治";能够与攻击方(黑灰产)对抗,实现"可战"。

安全平行切面是蚂蚁集团在业界首次提出的下一代安全原生基础设施。它的核心思路是建立一套与业务相交织且平行的安全层,让安全能够深入业务逻辑,实现细致的观测和攻防;同时又保证业务和安全的解耦,使得业务和安全各自独立、各自高速发展,也就是要兼顾"内生"和"解耦"。

(2) 安全平行切面基本架构

安全平行切面需要关注的实现技术如下。

- 切面(Aspect):定义安全的切点和对象,形成成熟的安全产品和机制。
- 连接点(Joint Point):被感知到的安全事件、方案、对象、服务、业务数据。
- 切点(Pointcut):一个或多个连接点的集合,对需要安全看护的点进行环绕增强。
- 通知(Advice):对拦截到连接点之后要执行的处理。基于智能计算和处理实现管控,包含安全从业人员的日常工作应急原则、SOAR等。
- 代理(Proxy):对目前服务进行安全能力的增强。如日志记录、性能监控、异常处理、熔断限流这样的非核心功能,被单独抽取出来,与业务代码分离,横切在核心业务代码之上。实现形式多样,如 Sidecar、Proxy、Gateway。

安全平行切面的基本架构如图 16-17 所示,上方是业务空间,下方是平行空间。在平行空间里面,安全平行切面通过注入、代理等技术,可以在不修改源代码的情况下动态添加新的(或修改程序原有的)逻辑,这部分动态逻辑称为切面应用。切面应用的作用位置(切点)是应用运行逻辑中的某一代码位置。一个切面应用可以作用于一个或者一组切点。类似于 AOP 的机制,安全平行切面可以将切点位置的代码执行流程引至切面应用中,并对其原有逻辑进行观测或干预。安全团队可以通过研发部署各种作用于不同切点的切面应用,为应用服务动态扩展出各种丰富的安全增强能力。这就如同通过给应用注射各种疫苗,提升应用服务自身应对安全风险的"抵抗力"。

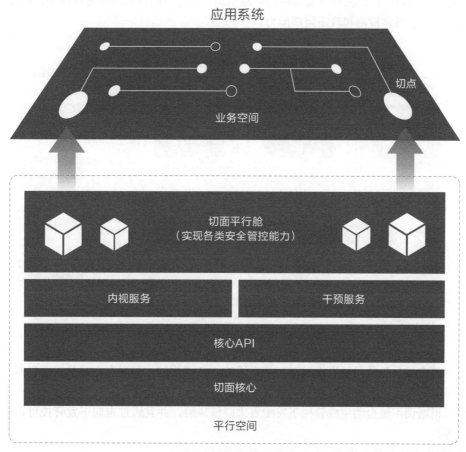

API: 应用程序编程接口

图 16-17　安全平行切面基本架构

切面应用的动态扩展能力能够很好地降低日常安全治理成本,实现高效的安全响应能力。对切面应用的模块化管理方式,不仅能使各类安全能力实现独立开发,还可使不同切面应用研发人员之间相互解耦,互不影响。

为了保障平行空间内各种切面应用能够平稳、有序、可控、安全地运行,我们在系统运行时对切面应用进行了一层封装,即切面平行舱。这就像给疫苗加上一层"胶囊"一样,能够控制其在何时、何处、以何种规模生效。平行舱有三大特性:隔离性、可调度性和可管控性。借助平行舱,可以对切面应用的作用和影响范围、组件依赖、可执行动作等进行相应的隔离与管控。

(3)切面管控平台架构介绍

切面管控平台架构如图 16-18 所示。整体而言，切面是核心点，切面能力嵌入整个平台框架中，同时保持独立运行的规则引擎和升级能力。对于所有数据安全相关的接口，都有切面进行保护。切面逻辑融入整个系统内部，所以可以获得大量真实、完整、细致的数据，安全切面在判断某个调用是否合理时，会追溯和查看调用的链路信息，对链路的调用风险进行透视，以做出准确、全面的判断，构建异常检测和攻击阻断能力。

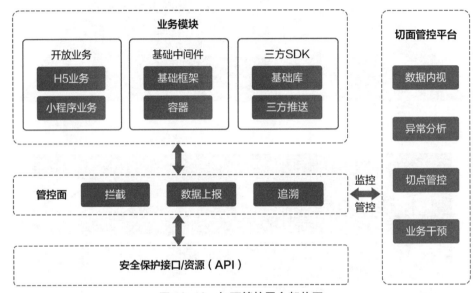

图 16-18 切面管控平台架构图

一般"请求信息"是可以直接发送到最下层的 API 调用的，但现在它被管控面拦截，通过这样的路径可以掌控线上整体情况，遇到问题时就可以进行回溯和管控，从而释放风险。当风险发生时，可以根据调用链自动生成管控下发配置来降低风险，并且通过定向下发管控可以做到不影响其他业务。

1）框架中切面的核心理念。

该框架中切面的核心理念、主要能力和特点如下。

① 安全切面逻辑融入基础架构中。

② 通过对调用链路的还原，实现安全内视和追溯，具有强大的感知能力。

③ 通过代码节点信息，分析和定位应用内部更精细化的角色信息。

④ 与业务解耦，能够不依赖业务代码更新来进行安全治理。

2）切面赋能管控。

安全切面给管控带来的好处主要有以下几点。

① 安全逻辑与业务逻辑解耦：基于切面把安全能力系统化地融入技术基础设施和应用服务的内部，同时保持安全响应能力与复杂业务逻辑的解耦，形成独立的功能切面，安全既在应用内部，

又是解耦的。

② 策略下发提效：拉平不同管控安全环境的差异，统一策略下发通道，策略下发时业务应用零改造。

③ 碎片化安全管控环境的封装：管控生态非常碎片化，系统千差万别。通过安全切面拉平不同管控安全环境的差异，为上层业务提供相对统一的安全环境和安全机制。

④ 恶意行为追溯：即通过安全切面的行为追溯能力，追溯分析调用链中的恶意行为。

⑤ 风险模块的软隔离：通过安全切面对风险模块的调用进行强安全管控，实现安全隔离。

除此之外，还有风险事件的快速响应处置。

16.5.2 管控能力案例

在介绍完安全管控平台和切面能力后，本小节将介绍安全产品管控、基础设施管控中的典型管控场景。

1. 安全产品管控

安全产品管控指通过安全管控平台支撑安全产品，实现高效、动态的控制策略下发，提高安全水平。

（1）应用防护产品

应用防护产品通常部署在主机上，如 HIDS、RASP 等。基于安全管控平台可以对环境信息和数据进行采集，如主机流量、进程列表，并进一步加工出哪些 API 接口涉及敏感信息的使用、命令执行记录等信息。同时，基于安全管控平台的策略下发通道，可以实现防护规则的动态高效下发，达到防护规则的轻量化更新效果，达成针对应用的访问行为合法性验证、恶意进程阻断等防护功能。

（2）风险评估平台

常见的风险评估平台有软件安全开发生命周期管理平台、安全扫描服务平台等，通过在变更前进行安全评估，使得漏洞在上线前就被发现，从而有效降低了安全风险。基于安全管控平台，可以感知到变更的发生，如代码发布、镜像编译、数据表创建等环节，对多种变更环境的集成使得风险评估覆盖得更全面，减少漏洞发生的概率。同时，基于安全管控平台的策略下发通道，可以实现统一的安全评估规则下发、工单流程管理、通知上升与催办等功能。通过风险的评估有效实现安全风险处置的闭环，降低企业的风险敞口。

（3）演练检验平台

基于安全管控平台的统一状态观测与管控能力，演练检验平台可以更容易地了解到需要检验的资产及状态，并通过管控通道下发脚本模拟攻击行为，实现演练的自动化，从而起到降低人工演练成本、实现检验能力复用和覆盖更多风险管控场景的目的。

2. 基础设施管控

基础设施管控可以分为网络、主机与数据三类，其中数据指的是数据存储介质，如针对在线数据库的管控。

（1）网络

基于终端、接入层和应用层三层防线，可以对恶意流量进行清洗，甚至实现反爬虫、人机识别等能力。基于安全管控平台，可以采集到当前的网络流量，并且在每一层防线上都可以配置并推送相应的安全策略，既实现统一的安全防御，又可以在遭遇攻击时针对攻击者实时阻断。同时，在接入安全产品时不需要业务研发团队改造代码，只需配置运营规则即可实现接入，并最终实现立体化的流量风控体系，为基础安全、数据安全和业务安全保驾护航。

（2）主机

在对机器资产的统一管理和对主机安全的实时感知方面，基于安全管控平台，我们可以实现对所有主机统一下发巡检命令、采集所有机器上的安全环境信息。在网络环境复杂、机房数量众多的情况下，存在因采集方式不通用而导致缺少数据的问题，这使得安全难以全面实现，所以健全的安全管控平台十分重要。同时，安全管控平台集成了 HIPS、WAF、安全切面等多种安全产品的命令下发通道，并为上层业务提供了相对统一的调度能力接口，在主机层实现了复合的安全防御手段。

（3）数据

传统的数据库身份体系使用账号和密码对登录用户身份进行认证，存在账号和密码泄露的风险。并且，数据库很难通过网络边界来降低账号、密码被盗用的危害，如应用服务 IP 变动、可访问 IP 段定义过宽等情形。所以在账号和密码外，寻找一种新的凭证方式来控制数据库的访问就显得尤为重要。安全管控平台对数据库访问提供统一认证管控和密码管控的能力，访问数据库必须符合管控平台的认证规则。密码不再保存在本地，而是动态配置和动态更新，规避了账户、密码泄露的风险。

16.6 小结

本章讲解了安全数智化体系建设方案，依托多层次和精细化的安全运营体系的建设，可以很好地提升整体的安全水位。安全运营中心的目的是，通过数据驱动安全有效性的全面持续提升。安全大数据平台为安全工程师提供了高效操作数据的平台，并通过安全相关数据模型构建一批高质量的数据资产，为实现安全数字化提供了可能。安全自动化平台解放了安全工程师的人力，高效处理了重复却又不得不做的、被比喻成"流水线上打螺丝"的工作。安全智能平台则通过将智能算法与业务场景相结合，进一步提升了工作效率。安全管控平台提供了针对多样化的数据采集通道与策略下发通道的统一管控途径，有效支撑了上层的数字化、自动化与智能化平台，最终达成安全运营的目标。